앞으로의 경제학

칼 폴라니와 스피노자로 읽는 경제학 에세이

앞으로의 경제학

칼 폴라니와 스피노자로 읽는 경제학 에세이

초판 1쇄 인쇄 2022년 12월 20일
초판 1쇄 발행 2022년 12월 30일

지은이   원용찬
펴낸이   박미옥
디자인   황지희
펴낸곳   도서출판 당대
등록   1995년 4월 21일 제10-1149호
주소   서울시 마포구 독막로3길 28-13(서교동) 204호
전화   02-323-1315~6
전자우편 dangbi@chol.com
ISBN   978-89-8163-176-5 (03320)

앞으로의
경제학

칼 폴라니와 스피노자로 읽는 경제학 에세이

원용찬 지음

당대

책을 펴내며

신학기에 대학서점에 들러 경제학 코너를 들러보니 시대의 키워드가 무엇인지 대번에 잡힌다. 책제목이 코로나, 기후위기, 불평등, 불로소득, 공유지 약탈, 지속 불가능한 자본주의, 디그로스(degrowth, 탈성장)까지 이어진다.

바닥에는 번역본 『맨큐의 경제학』이 신학기 교재로 수북이 쌓여 있어 발 디딜 틈이 없다. 보통 크기를 넘는 호화양장 크라운판의 칼라편집에다, 들춰보니 책값도 너무 비싸다. 10년 전에 경제학 무용론의 대명사였던 책이 아직도 왕좌의 자리에 있는 것을 보니 씁쓸하였다.

2011년 미국 하버드대 학생들은 유명한 그레고리 맨큐 교수에게 공개적으로 서한을 보내고 경제학 수업도 거부했다. 인간의 이기심과 편협한 시각을 전제로 하는 맨큐 경제학이 2008년 세계적으로 금융위기를 야기한 미국 금융자본의 탐욕과 도덕적 파탄에도 책임을 져야 한다는 것이었다. 이보다 10년 앞서 프랑스 경제학과 학생들은 강단과 순수이론의 감옥에서 벗어나는 탈자폐적 경제학(post-autistic economics)이 필요하고 더 늦기 전에 교수들이 깨달아야 한다고 청원했다.

오늘 다시 만약에 서구의 대학생들이 맨큐와 강단의 경제학을 거부한다면 그 이유는 무엇이 될까?

지금 지구는 인간과 자연이 혼돈의 용광로 속에 갇혀서 뜨겁게 달아오르고 있다. 유한한 지구에서 무한한 욕망의 궤도에 따라 자연을 수탈하는 경제성장의 종말은 기후재난으로 임박했다.

경제학은 단순한 학문이 아니다. 우스갯소리로 물리학은 우주를 있는 그대로 연구하는 데 반해 경제학은 천체운동의 궤도까지 변경한다고 말한다. 실제로 경제학은 연구대상에 영향을 끼친다. 경제학 교수는 다른 전공자보다 연봉이 높은데 기부금은 적다. 경제학을 배운 학생들이 더 이기적이라는 실험통계도 있다.

주류경제학은 지구 전체를 시장경제의 수요와 공급의 메커니즘에 집어넣고, 노동과 자연생태계를 상품화하여 뽑아내는 착출경제(extractive economy)를 자본활동으로 정당화하는 신자유주의 권력의 지식담론 체계였다.

팬데믹, 불평등, 기후위기에 "문제는 바보야, 경제학이었다"(It's the economics, stupid).

재난시대에 요구되는 생태계 회복과 탈성장의 '거대한 전환'

은 기존 경제학의 패러다임을 바꾸지 않고는 아무런 의미가 없게 되었다.

신고전학파라 불리는 주류경제학을 향해 방법론적 패러다임 차원에서 근본적으로 문제를 제기한 경제학자는 『거대한 전환』(*The Great Transformation*, 1944)으로 우리에게도 익숙한 칼 폴라니(Karl Polanyi)였다.

칼 폴라니는 기존 경제학이 인간의 구체적 삶과 자연생태계를 최소수단으로 최대목적을 달성하고 수요와 공급의 자기조정시장(self-regulating market)의 형식(form)에 가두어 집어넣는다는 차원에서 형식경제라고 비판했다.

칼 폴라니는 근원적인 질문을 던진다. 우리 삶에서 진정으로 그것 없이는 한시도 살아갈 수 없는 실체(substance)는 무엇인가. 바로 팬데믹의 고통에서 절실히 느꼈듯이 인간과 동료, 이웃, 사회, 자연환경이었다. 형식경제에 대항하는 칼 폴라니의 실체경제(substantive economy)는 인간이 자신의 '살림살이'(livelihood)를 위해 '자연'과 '동료'에게 의존한다는 구체·경험적 사실에서 출발한다.

형식경제는 시작 자체가 고립된 무인도의 생존경쟁을 행동원리와 서사(narrative)로 삼았다는 점에서 자폐적이었다. 후안 페르난데스의 무인도에서는 개들과 염소들이 먹이를 둘러싸고 굶주림의 생존경쟁이 벌어진다. 식량부족의 희소성이 개체수를 조절하여 마침내 안정과 균형을 이루게 한다는 동물의 행동원리가 인간세계에도 무참히 적용되었다. 『로빈슨 크루소』의 섬에서는 최소비용과 최대목적을 위해 합리 계산적이며 무자비한 호모 에코노미쿠스(homo economicus, 경제적 동물)의 전형적인 인간모델이 그려진다.

무인도에서 시신 또는 죽음의 경제학(nec-roeconomics)이 탄생하였다. 전체 인간종의 안정을 위해 생존경쟁의 과정에서 굶어죽는 사람들은 어쩔 수 없었다. 보편적 선을 위해 부분적 악은 정당화되었으며 그것이 하늘에서 보시기에도 아름다운 신의 섭리였다. 수요와 공급의 자기조정 시장경제가 신의 대리인으로서 보이지 않는 손을 통해 '경쟁과 도태'를 주관하였음은 물론이다.

개인의 행동원리와 시장의 형식경제를 만들어낸 무인도 저 멀리에 또 다른 세계가 있었다. 『로빈슨 크루소』 소설을 패러디한 프랑스 최고 소설가 미셸 투르니에는 방드르디(프랑스어로 금요일, 프라이데이)를 내세워 광대한 신화와 야성의 세계가 실체경제와 친화성을 갖는다고 말한다. 거기에는 모든 것을 화폐로 헤집어내어 가격을 평가하는 계산과 시장 교환체계가 아니라 우리의 오래된 미래로서 고유한 증여와 '주고받고 되돌려주는 호혜의 세계'가 있었다.

오늘 같은 처참한 생태계의 파괴는 자연과 물질을 수단으로만 여기는 데카르트의 이성 우위와 인간오만이 저지른 결과이다.

데카르트의 형이상학에 뿌리를 내린 경제학은 기계적이고 수학적이며 결정적이고 이성적인 세계에 의존하였다. 불확실한 감각과 경험을 배제한 데카르트의 이성은 신고전학과 주류경제학에 경험적 실재와 동떨어진 추상성, 수학과 논증, 기호로 구성된 경제모델을 통해 세계를 바라보게 하였다.

데카르트의 합리적 이성은 쾌락과 고통을 계산해서 행동의 기준으로 삼는 공리주의와 결합하여 인간을 완전한 지식과 정보를 가진 경제주체로 모델화하고 계산 측정하는 도구적 이성으로 축소시켰다.

스피노자는 정신이 불안정한 신체의 감정을 경멸하여 지배하거나 추방하는 데카르트의 이성합리론을 거부한다. 정신이 신체 없이 존재한다는 것은 불가능하다. 신체의 변용을 거치지 않은 이성적 사유와 의식만으로도 세계를 파악할 수 있다는 것은 데카르트의 결정적 오류였다.

신을 어떻게 바라볼 것인가라는 실체의 규정이 데카르트와 스피노자를 결정적으로 가른다. 신은 세상만물과 자연을 창조하는 조물주가 아니었다. 신이 세계를 창조했다면 무엇인가 아직도 못다 이룬 목적이 있었을 것이다. 완벽하고 무한한 신이 여태껏 다하지 못한 결여상태가 있어서 세상을 창조하고 어떤 목적을 위해 활동한다는 것은 신이 불완전한 존재임을 스스로 증명한 셈이다.

신 즉 자연(Deus sive Natura)이었다. 불멸의 금은 밤이나 낮이나 어디서든 아무것에도 의존하지 않고 필연적으로 자신의 본성을 은은한 빛으로 드러낸다. 그렇듯이 스피노자의 신(God)은 어떤 것에도 의존하지 않고 스스로 존재하며 '자기가 원인'이 되어 자신의 본성(nature)을 무한하게 창출하는 필연적 실체로 규정된다.

스피노자의 『에티카』 이후 경제학은 탈데카르트의 세계로 나아가 자폐성에서 벗어날 가능성을 얻는다. 정신이 신체를 지배하고 계산하는 데카르트의 호모 에코노미쿠스 대신 정신과 신체를 동등하게 바라보는 심신평행론의 차원에서 새로운 경제학의 방법론이 구축될 수 있었다.

스피노자는 '부분적 쾌락의 수동성'과 '전체의 기쁨과 능동성'을 확실하게 구분하면서 협소한 경제학에 넓은 시야를 제공한다. 쾌락과 고통의 부분적 자극에 촉발되는 수동적 감정을 행위의 기준으로 삼는 호모 에코노미쿠스는 '신체의 정념을 계산하고 측정하는 합리성과 도구적 이성에 근거하는, 즉 부적합한 인식에 의해 작동되는 수동적 감정의 노예'에 지나지 않았다.

계산합리의 도구적 이성을 넘는 '상위의 이성'은 무엇인가? 인간에게 중요한 자아실현, 자유, 역량, 인간발달, 윤리적 가치를 구현할 수 있는, 말하자면 개체주의와 도구적 이성을 넘어 가치와 목표의 성찰, 자아발달과 역량의 확대, 조화롭게 협력하는 공동체 사회의 구축, 인간의 진정한 자유와 기쁨을 얻는 길에서 찾아봐야 한다. 이런 차원에서 스피노자의 『에티카』가 보여주는 인간의 역량, 협력, 진정한 자유와 이성의 역할은 데카르트 경제학을 넘어 새로운 경제학의 지평에도 일정한 방향을 제시한다.

스피노자의 말대로 신체의 감각이나 경험의 경로를 통하지 않고는 어떤 지식과 이성도 성립하지 못한다. 신체가 유능할수록 정신도 유능하다. 기후위기와 생태계의 파괴도 알고 보면 신체를 게으르게 하고 편리만 추구하는 우리 삶의 방식에 기인한다. 신체활동은 근육의 기억을 축조하고 뇌가 발전하는 방식을 빚어낸다.

시장권력에 대항하여 사회를 보호하기 위한 칼 폴라니의 이중운동 역시 스피노자의 정서(affect, 정동), 슬픔과 기쁨의 정서로 접근할 수 있다. 그것은 바로 슬픔의 정서가 분노로 이어지고 인간 삶의 실존역량을 되찾기 위한 행동력의 분출로 나타난다. "슬픔이 크면 클수록 인간은 슬픔을 제거하고자 하는 행동력도 커진다."

지금 혼란스러운 한국의 정치상황과 불평등한 시장권력으로 슬픔의 정서가 곳곳에 스며들어 분노가 된다. 촛불혁명과 같은 분자혁명은 자기로부터 소외된 권력(potestas)의 슬픔 또는 악을 자기원인의 역량(potentia)과 행동결정력으로 제거하고자 하는 능동적 욕망의 흐름에서 나온다.

스피노자에게 모든 존재는 인간이든 비인간이든 신의 완전성과 역량을 나눠갖고 변용된 양태들이다. 실재(reality)하는 것은 완전(perfection)하다. 실재하며 완전한 모든 것들은, 역량의 차이는 있을망정 서로가 끊임없이 변용하며 영향을 주고받는 활력의 존재들이다. 최근 신유물론처럼 모든 사물은 역동적으로 결합되는 과정에서 씨줄과 날줄처럼 복잡하게 연결된 채 서로 정서의 감응 즉 정동(affect)한다. "인간과 비인간은 서로 엉키며 언제나 춤을 춰왔다. 지금껏 인간의 행위가 인간과 비인간이 겹치고 맞물리는 네트워크를 벗어난 적은 한번도 없었다."

무한한 그물망과도 같은 신 즉 자연(God or Nature)의 세계에서 인간과 비인간의 활력들이 함께하고 수많은 사물과 영혼과 생각들과 관념이 내 몸에서 부딪히고 서로에게 빠지면서 우리는 더 나은 완전성을 향한 코나투스(conatus, 자신을 유지하고 보존하려는 욕망·본성·노력)와 기쁨의 삶으로 나아간다.

스피노자의 '신 즉 자연'을 무한하게 변용하면 정신 즉 신체이며, 나인 즉 너이며, 너와 나인 즉 우리이며, 사물 즉 정서이며 온갖 삼라만상이 접속하여 전체 그물처럼 펼쳐져 있다. 칼 폴라니의 실체경제도 나=너=이웃=자연=동료=환경의 연결망으로 이어져 있다. 스피노자의 형이상학과 실체경제는 공통성을 갖고 새로운 경제학 패러다임의 뿌리와 줄기로 작동할 수 있는 가능성을 지니고 있다.

이 책은 투박하지만 신고전학파의 주류경제학을 바꾸기 위한 '거대한 전환'의 시도다. 낡은 거목을 해체하기 위해서는 신과 인간의 본질적 관계를 규정하는 형이상학의 뿌리까지 접근해야 한다.

보다 근원적인 공부를 위해 철학으로 관심을 돌리다가 스피노자를 만나게 되었다. 스피노자와 함께라면 누구나 그렇듯 행복한 시간이었다.

칼 폴라니와 스피노자가 함께 가는 새로운 경제학은 어렵고 힘들어 보이는 여정이다. 그렇지만 팬데믹과 기후재난 시대에 함께 가야 할 길이라는 것은 분명하다.

스피노자는 『에티카』 마지막 대목에서 눈물겹게 말한다. "내가 제시하는 길은 매우 어렵게 보일지라도 발견될 수는 있다. …그러나 모든 고귀한 것은 힘들 뿐만 아니라 드물다."

올해 2월 말로 그동안 정들었던 대학을 떠나 퇴임하였다. 그때에 맞춰 책을 출판하려고 원고작업에 매달렸다가 문득 부질없음을 깨달았다. 시간을 늦춰서 작업의 고통과 행복한 시간을 느긋이 즐길 수 있었다.

뒤돌아보니 많은 분들에게 신세졌다. 그저 고마울 따름이다.

어렵고 힘든 시간을 함께해 준 가족들에게도 깊은 애정의 말을 건넨다.

당대출판사는 언제나 어려운 시기에 나와 작업을 함께해 줬고 행운도 가져다주었다. 한 권은 고등학교 국어 교과서에 지문으로 실려 인세를 보탰고 또 한 권은 대한민국 학술원 우수도서로 선정되어 출판사에 자그만 도움이 되었을 것이다. 이번 출판까지 포함해서 다시금 감사드린다.

2022년 10월 황방산 자락에서
원용찬 드림

차례

프롤로그

5천 원과 외상장부

누군가 지갑에 5천원 지폐 몇 장을 넣어두면 꼭 필요할 때가 있
다고 귀띔해 줬다. 그날은 고등학교 친구들과 막걸리 약속이 있어서
뛰어가다시피 걸어가고 있었다. 어느 정도 땀이 몸에 찰지면 막걸리
맛도 좋다.

굽이굽이 좁은 골목길로 사정없이 걷는데 저 멀리서 기울어가
는 오후 햇살에 인영(人影)의 실루엣이 눈부시다. 점점 모습이 다가
온다. 허리가 굽고 남루한 행색의 할머니가 리어카에 종이박스를 위
태롭게 묶어서 느릿느릿 밀고 있었다.

할머니에게 슬그머니 가서 5천 원을 쥐여드리며 행여 부담이 갈
세라 경쾌하게 말을 붙인다.

"사탕 사 잡수세요!"

당황해하시던 할머니가 잠깐 있다 정신을 차린 듯 "고마워유!"라는 들뜬 말이, 얼굴 마주칠세라 서둘러 돌아서는 내 귓등에 내려앉는다.

내가 드린 5천 원은 용돈 한번 제대로 챙겨주지 못한 외할머니의 기억이 실려 있었지만, 또 다른 뜻도 담겨 있다.

사회적 '가치'와 존재의 쓸모 있음

할머니가 길거리에서 수거한 종이박스와 폐지로 동네는 깨끗해진다. 환경미화원이 다른 곳에서 더 많은 일을 할 수 있도록 도와준다. 할머니는 생계를 위해 폐박스를 줍겠지만 크게 보면 사회적으로 편익을 늘리고 새로운 사회적 가치(social value)를 창출하였다.

돌봄, 가사노동, 동네청소, 자원봉사, 시민사회 활동, 폐지 줍기, 교육과 훈련 참여, 시민사회운동과 같이 사회적으로 유의미한 활동을 보상해 주는 '참여소득'(또는 기여소득 participation income)은 적극적인 소득 개념으로 새롭게 주목받는다.

일단 나의 5천 원은 사인(私人)으로서, 아니 동네주민으로서 사회적 가치를 보상하는 작은 실험의 하나라 하겠다.

할머니는 종일 폐지를 주워야 기껏 5천 원도 만지지 못한다. 그런데 깨끗해진 골목, 폐지 재활용을 통한 리사이클링의 주기 단축,

일할 수 있는 활력, 만성적 노인질환율의 감소 효과만 거론해 봐도 할머니가 사회에 기여하는 하루의 가치는 5천 원보다 훨씬 크다. 이 경우 폐박스를 매입하는 중간고물상에게 국가나 지방자치단체가 사회적 가치를 인정해서 5천 원을 더 보조금으로 지급하여 할머니에게 하루 최소 1만 원이 귀속되도록 할 때 참여소득이 발생한다.

참여소득은 1996년에 부의 소득분배와 불평등 역사의 대부라고 불리는 영국의 앤서니 앳킨슨(Anthony Atkinson)이 처음으로 제시했다. 그가 플라톤의 고전에서 "폴리스 도시국가의 사회적 분열을 막기 위해서는 최고 부자가 최하층의 빈자보다 4배 넘게 부를 가져가서는 안 된다. 그렇지 않으면 모두에게 재난을 가져다줄 것"이라며 4 : 1의 분배한도를 민주사회의 존립조건이자 정의(justice)로 삼은 논문은 인상 깊다.

일찍이 기본소득을 지지한 앳킨슨은 영국에서도 일하지 않는 자는 밥을 먹지 말라는 보수사회의 저항과 재원마련으로 격렬한 반대에 부딪혔다. 기본소득으로 가는 우회로이자 징검다리 단계로서 결국 참여소득이 제시되었다.

켄 로치 감독의 영화 〈나, 다니엘 블레이크〉(2016)는 블레이크가 시민의 권리와 인간 자존심이 무참히 짓밟혀서 끝내 죽음에 이르게 되는 비극을 보여준다. 블레이크의 장례식장에서 울린 마지막 음성은 절절하다.

나는 게으름뱅이도, 사기꾼도 아닙니다. 나는 보험등록번호도, 컴퓨터 화면의 점도 아닙니다. 굽실거리지 않았으며, 성실히 살았고, 자선에 기대지도, 그에 빌어 게으름도 피우지 않았습니다. 도움이 필요한 이웃은 언제든 도왔습니다. 인간은 자존심을 잃으면 모든 것을 잃습니다. 나는 단지 인간으로서 존중만을 바랐을 뿐입니다. 나는 개가 아니라 사람입니다. 나는 한 사람의 시민, 그 이상도 그 이하도 아닙니다.

영화에서 다니엘 블레이크는 심장병이 도져서 도저히 일할 수가 없었다. 병원에서는 일하지 말라고 한다. 고용지원 수당을 신청하러 갔더니 팔다리가 멀쩡하다고 쫓겨난다. 어쩔 수 없이 무료급식센터에서 겨우 끼니를 잇는다. 블레이크는 몸이 불편한 와중에도 가난한 이웃모녀를 따뜻하게 돌보고 목수기술을 발휘하여 집 안팎도 수리해 주고 낡은 가구도 말끔하게 고쳐준다.

블레이크는 따뜻한 온정과 솜씨를 가지고 여느 건강한 노동자보다도 사회적으로 더 많은 가치창출에 기여하였다. 참여소득이 있었다면 그는 '개가 아니라, 자존을 잃지 않고 한 사람의 시민'으로 당당히 살아갈 수 있었을 것이다.

가치는 눈에 보이지 않지만 인간질서와 사물체계를 근본적으로 재배치하는 본질이며 힘이다. 가치는 돌멩이 하나에도 의미를 부여하여 우주존재의 상징으로까지 끌어올린다. 사회적 '가치'는 폐박스를 줍는 할머니에게, 비록 가난하지만 예나 지금이나 당신의 삶은 언제나 우리에게 고마운 존재이자 '우리 동네의 성자'라는 존엄성을 부여해 준다.

엊그제 단골 중국집에서 점심을 먹고 나오는데 전봇대에 스티로폼에 매직으로 꾹꾹 눌러 쓴 글귀가 걸려 있었다. 그동안 박스를 수거해 팔았던 어느 할아버지가 쓴 내용이었다.

재활용 × (더 이상 박스를 버리지 말라는 표시)
그동안 감사했습니다. 건강문제로 박스수집을 할 수 없사오니 다른 곳으로—이곳('이곳'의 오자)에 버리지 말아주세요!!

동네주민들이 거동이 불편한 할아버지를 위해 폐박스를 전봇대 앞에 쌓아놓았던 것 같다. 감사하다는 현재형도 아닌 '감사했습니다'라는 과거형 문장이 몹시 아프다. 이제 더는 자신의 몸도 추스를 수가 없게 되었다. "신이 쉼표를 넣은 곳에 [인간이-인용자] 마침표를 찍지 마라"는 인도격언도 있는데 쓸쓸하게 마침표로 읽힌다. 생이 소멸하는 시간에 어느 누가 그동안 자신을 배려해 준 모든 분에게 고맙다는 인사를 문장으로 내걸 수 있을 것인가?

시장경제의 횡포에 사회가 무너지는 것을 막기 위해 평생을 바쳤던 칼 폴라니(Karl Polanyi)는 말한다. "인간이 영혼을 가지고 있다는 것은 그들이 무한한 가치를 지닌 개체라는 말과도 통한다. 그들이 평등하다는 것은 영혼을 갖고 있기 때문이다. 공동체는 무한한 가치를 지닌 인격들의 관계로 그 모습을 드러낸다. 개인에 깃들인 영혼을 찾는 일은 공동체를 발견하는 것이다. 공동체를 현실로 드러내는 것이야말로 신의 의지다."[1]

영혼은 모든 인간을 평등하게 하며 무한한 가치를 부여한다. 사회는 인간의 영혼과 무한한 가치의 관계망으로 이뤄진다. 사회를 살아가는 우리는 서로가 서로의 영혼을 찾아서 드러내주어야 한다. 사회에서 인간은 서로가 서로를 의미한다. 그것이 신의 의지다.

우리가 할머니에게 위대한 고마움을 느끼고 할아버지는 이웃사람들에게 고마움을 전한다. 동네 골목길 담벼락을 걸쳐 지상으로 내려앉는 햇살에 할머니와 할아버지가 천천히 리어카를 밀고 간다. 눈부시다.

성스러움과 속됨

지갑에서 돈을 꺼내 5천원짜리를 만지작거려 본다. 앞면에는 한국은행권이라는 글씨와 이율곡 선생의 초상이 보인다. 뒷면에는 그의 생가인 오죽헌이 그려져 있다.

몇 년 전 아버지의 위패를 모시고 눈 내린 선산을 오를 때였다. 문득 파란 하늘을 바라보다 뜬금없이 지폐 한 장이 너울너울 올라가는 환영에 눈이 시렸다. 병실에서 거죽만 남은 듯했던 육신을 가누지 못해 힘들어하던 아버지의 모습도 겹쳤다.

아버지의 육신은 재가 되어 지상으로 흩어진다. '나의 아버지'라는 특수성과 구체성은 사라지고 '아버지라는 보편적 이름'만이 영원한 정신의 표상으로 새겨진다. 거기에는 인간이었기에 드러났던 흠이나 부족함은 모두 없어지고 아쉬움과 회한의 통곡만 서린다. 일점 오류도 없는 완벽한 신의 기호(symbol)만 잿빛하늘에 걸려 있었다.

금은 모든 상품 가운데 최고 상품이자 화폐이며 다른 모든 상품 중에 만물의 척도로 불멸의 지위를 차지한다. 그 이유는 다름 아니다. 금은 육체성과 질료성 또는 거추장스러운 구체성을 버리고 '상징성, 보편성, 추상성'을 얻어 완전무결한 '아버지 또는 신이라는 보편적 상징'을 획득했기 때문이다.

니체는 『차라투스투라는 말한다』에서 정확히 짚는다. "어떻게 금이 최고의 가치를 지니는가? 그것은 금이 흔하지 않기 때문이고 다른 용도나 쓸모를 갖고 있지 않은(useless) 데 있고 번쩍이면서도 그 빛이 부드럽기 때문이다. 금은 이렇듯 언제나 자기 자신을 베푸는 것이다." 금은 실생활에 쓸모가 없다. 영원히 은총을 베푸는 신전이나 불멸의 장식에 쓰이는 성스러운 작업에만 필요하다.

금은 세속의 일과 무관하다. 무관하기에 화폐의 척도가 된다. 지폐가 소재로 삼는 빳빳한 특수 종이도 실생활에서는 화장지보다도 쓸모가 없다. 단 하나의 생활용도나 사용가치도 갖지 못하고 질료를 상실한 지폐는 5천원이라는 형상의 추상적 기호로서만 존재하기에 지존의 화폐가 된다.

지폐는 속된(the profane) 육체성을 버릴 때 화폐라는 성스러운(the sacred) 지위를 얻었다. 5천원 지폐에는 이율곡 선생으로 표상되는 우리 모두의 아버지가 그려졌다. 돌아가신 아버지는 지폐였다.

화폐가 신성하기만 하면 숭배의 대상이 될 뿐 세속의 시장에서 적당히 때를 묻히고 인간 손에 부대끼며 유통되지 못한다. 속된 성격도 가져야만 한다. 화폐는 성과 속의 속성을 양면으로 가진다. 화폐를 경제인류학에서 접근한 하트(K. Hart)의 구분에 따라 지폐의 앞면을 머리(head)로, 뒷면을 꼬리(tail)로 보면 훨씬 이해하기가 쉽다.[2]

5천원짜리 지폐의 앞면은 이율곡 선생으로 표상되는 민족정신 그리고 마르크스(Karl Marx)의 표현처럼 왕이 왕인 까닭은 자신의 권위가 아니라 사실은 백성이 따르고 복종했기에 비로소 왕이 될 수 있었던 것처럼, 만인이 떠받들고 화폐에 복종할 수 있는 믿음과 신뢰의 상징이 그려진다.

지폐 머리의 본질은 국가가 한국은행권을 조세수단으로 삼는다는 화폐주권성을 나타내고 권력의 강제성에 성스러움을 부여하는 데 있다. 신성한 납세의무를 위반하면 어떤 처벌도 달게 받아야 한다는 위협도 도사린다. 하트의 말을 따라 "주화의 앞면 머리는 사실상 국가의 권위를 나타내고 국가가 발행하는 권위의 증표(token)이자 계산화폐"이지만 여기서 그치지 않는다. 화폐 머리는 공동체의 구성원들을 사회적으로 이어주고 묶는 커뮤니케이션의 징표로서 작용하는 사회통합의 가치도 담겨 있다.

앞면 머리는 사람과 사람을 이어주는 '가치'(value)다. 뒷면 꼬리는 사물과 사물의 관계를 나타낸다. 이는 시장에서 상품교환의 척도와 매개수단이 되는 최고의 상품으로서 화폐적 성질을 나타낸다. 경제적 교환 '가격'(price)이라고 해도 좋다.

이런 내용을 뭉뚱그려 정리하면 이렇게 된다.

화폐 앞면(머리)=(국가의 주권표현) 인간공동체의 가치=사회=
가치(성스러움)
화폐의 뒷면(꼬리)=(익명의 시장교환) 상품=시장=가격(속된 것)

여기에도 우리의 속언처럼 꼬리(속된 것)가 몸통이나 머리(성스러
운 것)를 흔들어서는 안 된다는 경고가 그대로 적용된다. 시장상품의
이익 극대화는 공동체 사회의 소중한 가치를 뒤엎기 위해 끊임없이
도발한다. 그런 결과로 속된 화폐의 전복적 행위는 태양과, 바람과,
별과, 빗방울과, 사랑과, 희망과 같이 도저히 돈으로 살 수 없는 것들
(priceless)을 무한히 확장하여 가격을 매김(pricing)으로써 만물을 상품
화하고 이득의 대상으로 삼아왔다.

우리는 애경사에 부조를 할 때도 5만원짜리 지폐 앞면을 위로
보이게 놓는다. 그것도 불경스러워서 속지에 간절한 축원이나 애도
의 문구를 쓰는 것도 가치의 성스러움이 속된 가격을 누르고자 하는
인간적 발로다. 우리들 인간본성은 화폐를 인간화하여 비인격화된
만물이 본래의 의미를 되찾도록 노력한다.

화폐는 사람과 분리된 영혼 없는 사물로 묘사되곤 하지만,
사람들은 사회를 살아가는 사람들의 관계는 물론 모든 것들에
따뜻함을 불어넣기 위해 끊임없이 화폐를 인간화하고자 시도한

다. 화폐는 사회를 몰인격적으로 만드는 으뜸의 원천이기도 하지만 동시에 비인격적인 세상에 우리 각자 의미를 되찾도록 해주는 매우 중요한 실질적 상징이다.[3]

전주 A태국음식점은 식당을 찾은 손님들에게 감사의 뜻을 담아 현금 1천원과 로또복권 1장을 제공해 왔다. 그중 손님 B씨가 2등에 당첨돼 3700만 원가량의 금액을 받게 되었다. B씨는 다시 식당을 찾아와서 "회식비로 쓰세요!"라는 말만 하고 흰 봉투를 내밀고 사라졌다. 영문을 몰랐던 식당 주인과 종업원들은 봉투를 열고 깜짝 놀랐다. 봉투 안에는 현금 100만 원과 함께 "이 식당에서 선물 받은 로또가 2등에 당첨돼 고마움을 전하고 싶다"는 내용의 편지도 함께 들어 있었다. 모두가 감동하였다. 식당주인은 선물 받은 100만 원 중에서 50만 원은 직원 5명에게 나눠주고 나머지 50만 원은 코로나19로 힘든 이웃에 기부할 예정이라고 한다.

우리를 물화시켰던 시장화폐는 몰인격화된 세상을 끊임없이 인간화하려는 사람들에 의해 다시 존재의미와 따뜻한 영혼을 불러일으키는 최고의 상징이 된다.

칼 폴라니 경제의 핵심은 사회적 뿌리와 가치에 묻혀 있던 또는 착근된(embedded) 시장경제가 어느 날 거기서 뽑혀나와(탈착근) 모든 것을 상품화하는 시장 유토피아 사회에서 벗어나 '시장경제를 사회에 다시 묻는(reembed)' 작업이다. 이것은 화폐의 성스러움과 인간화 작업을 통해 꼬리가 머리를 흔드는 속된 상품 물신화의 세계를 전복시키는 작업과도 같다. 칼 폴라니 명저의 제목처럼 『거대한 전환』(*The Great Transformation*, 1944)의 길이다. 5천원짜리 한 장에도 인간의 이야기가 수북이 담겨 있는 것이었다.

함께 살아감의 이치

지갑에 있는 5천원짜리 몇 장은 대학후문의 식당 메뉴가 거의 5천 원이어서 거스름돈으로 주고받느라 생겼다. 일주일에 4~5일은 야간수업을 하거나 연구실에 죽치느라 저녁을 사먹는다. 열흘 전인가 평소대로 음식점에 들어서니 코로나 거리두기로 텅 비어 있었다. 인근 여사장님들이 앉아서 도란도란 대화를 나누는데 원룸도 입주학생이 없어서 힘들단다.

혼자서 김치찌개를 먹는다. 오늘 담갔다는 김치가 아삭하다. 밥값을 계산하면서 5만 원을 선결제하니 여사장님이 "나 돈 많다!"고 막무가내로 말린다.

앞으로 오늘 먹은 저녁을 포함해서 5천원짜리 김치찌개 아홉 그릇을 먹어야 한다. 그 뒤로 몇 번 저녁식사를 하고 혼자서 밥그릇 수를 헤아렸다. 어떤 날은 7번 왔나 8번 왔나 헷갈리기도 했다. 선결제를 했지만 일주일 정도 시간이 지나자 공짜로 밥 먹는 기분이 들어서 내심 불안하다.

어느 날 아홉번째 그릇을 먹는 날인데 긴가민가해서 오늘로 선결제를 끝낼 생각이었다. 뜨거운 찌개를 훌훌 먹고 나서 "오늘로 다 끝났죠?" 하고 물어보니 "아니다!"라고 대답하면서 달력 모퉁이에 외상장부처럼 표시해 둔 작대기를 가리킨다. 한 그릇 더 남았단다.

연구실로 돌아와서 몸을 의자에 묻은 채로 엊그제 도착한 시집을 꺼내 든다. "…무엇이 되지 않을 자유, 그 힘으로 나는 내가 된다. 세상을 멈추는 힘, 그 힘으로 우리는 달린다. 정지에 이르렀을 때, 우리가 달리는 이유를 안다. 씨앗처럼 정지하라, 꽃은 멈춤의 힘으로 피어난다"는 시 구절이 힘차서 구입했던 백무산 시집에 뜻밖에도 눈길을 끄는 시가 있었다.

> …사실, 글이 어두운 시대에 한 동네의 최초
> 기록은 주막집의 외상장부 아닌가…
> 주막집 주모는 외상으로 먹은 자의
> 용모와 금액을 그려두어야 했다
> 인간에게 문자가 필요했던 것은 태어나면서 우리가
> 이 땅에 역사에 외상을 먹었기 때문일 터이다
> …그 외상장부가 말의 가락을 담아내었을 때
> 나는 비로소 그곳에 거주하기 시작했다.
> (백무산, 「외상장부」, 『이렇게 한심한 시절의 아침에』)

화폐를 단순히 교환가치를 위한 대표상품으로 간주하고 밥 먹고 돈만 내면 거래가 끝나는, 속된 시장교환만을 유일한 세계로 상정하면 나는 아무런 부채의식 없이 떳떳할 것이다.

나는 밥을 얻어먹는다. 얻어먹는다는 표현은 내가 밥에 관해서는 아무런 노고도 보탠 적이 없기 때문이다. 내가 먹는 끼니를 비롯해 나는 수많은 사람의 수고와 사랑에 의지한다. 이 땅에 태어나 사회적 존재로 살아가면서 나는 타인의 의존에 빚졌음을 깨닫는다. 칼 폴라니는 "진정으로 자유로워지려는 사람들은 타인에게 빚지고 있다는 채무(indebtedness) 의식을 갖고 그 부채를 갚아나가는 데서 시작해야 된다"라고 말하면서 사회적 책무를 강조한다.

내가 5만 원을 선결제를 했다고 해서 열 그릇의 권리를 갖지는 않는다. 선결제를 하든 후결제를 하든 내가 밥을 얻어먹는다는 사실은 변함이 없다. 나는 언제나 달디달고 소중한 밥을 얻어먹는 빚진 생명이다.

우리는 태어나면서 외상장부에 기록된 청구서를 받아든다. 태양과 달, 구름과 비, 벌과 나비, 나무와 숲, 부모와 형제, 동료와 이웃, 식당의 아줌마를 비롯하여 우리는 태어나면서 뭇 존재에 외상을 빚진다.

"그 외상장부가 말의 가락을 담아내었을 때 나는 비로소 그곳에 거주하기 시작했다."

내가 외상장부를 꺼내서 나의 빚을 커다란 목소리로 셈하고 고마운 마음에 노랫가락을 흥얼거릴 때 나는 비로소 그들과 함께 거주하며 더불어 삶을 살아가게 된다.

제1부

무인도와
죽음의 경제학

동물의 왕국과 인간경제

이솝우화에 '늑대와 염소'의 이야기가 있다.

암염소 한 마리가 절벽 높은 벼락 언저리에서 풀 뜯어먹는 모습을 늑대가 보았다. 늑대는 가까이 다가갈 수가 없자 암염소에게 높은 곳에서 실수로 떨어지는 일이 없도록 거기서 빨리 내려오라고 말했다. 자기 옆은 풀이 무성하게 잘 자란 곳이어서 풀을 뜯어먹기 더 좋다고 했다. 그러자 암염소가 대답했다. "당신이 나를 부르는 것은 나를 위해서가 아니라, 당신 먹이가 다 떨어져서 나를 잡아먹기 위한 것이겠지요?"

'늑대와 염소' 우화는 보기에 따라, 아는 사람들끼리 악한 짓을 하려면 소용이 없다, 처음 본 사람을 조심하라 또는 간교한 술책에 넘어가지 말라는 다양한 메시지가 들어 있다.

2500여 년 전 이솝우화는 오랜 시대를 거듭하면서 많이도 각색

되어 그때마다 다른 메시지를 전달해 왔다. '늑대와 염소'의 이야기도 15세기 유럽이 바다로 진출하여 대외적인 수탈체제를 구축한 대항해시대와 영국이 산업혁명을 일으키는 혼돈의 시대에 새로운 각본으로 모습을 바꾼다. 더욱이 '늑대와 염소'의 우화는 단순한 인생교훈이 아니라 '시장자본주의에 내재한 치열한 생존경쟁과 주류경제학의 원형'을 제공하기에 이른다.

염소들과 개들의 행동공리

남미의 칠레 해안에서 남태평양 쪽으로 675km 떨어진 거리에 크고 작은 섬이 푸른 파도와 부딪히며 옹기종기 모여 있는 군도(群島)가 있다. 후안 페르난데스 제도(Juan Fernandez Islands)라 부르는 곳인데 스페인 출신 해양탐험가인 첫 발견자의 이름을 땄다. 이 섬들은 육지와 멀고 은밀히 바다에 숨어 있어서 18세기 스페인 상선을 공격하던 영국의 사략단(privateer, 적국 내 영토의 자산을 약탈하도록 허락받은 해적)이나 해적들이 곧잘 피난처로 삼았던 특이한 이력의 장소였다.

후안 페르난데스 섬을 처음 발견했던 해양탐험가는 염소 몇 마리를 무인도에 방목했다. 언젠가 이 섬에 들를 때 식량으로 쓸 요량이었다. 염소들의 번식력은 무서웠다. 그런데 결과는 엉뚱한 곳으로 번졌다. 영국해적들이 무인도를 피신처로 삼으면서 염소떼를 식량

창고로 삼아버렸다. 이에 골머리를 앓던 스페인당국은 염소들을 박멸하기 위해 그레이하운드 품종의 암수 한 쌍을 섬에 풀어놓았다. 굶주리다가 야생성이 드러난 개들이 염소를 다 잡아먹을 것이라 기대했다. 예상과 달리 해적의 식량감으로 둔갑해 버린 염소떼는 전혀 사라지지 않았다.

평화로웠던 무인도에서는 이제껏 볼 수 없었던 처절한 싸움이 벌어졌다. 한 쌍의 개와 염소들이 극한대립을 벌였다. 염소떼는 개들이 쫓아오지 못하도록 험준한 암벽으로 도망갔다. 극도의 공포와 경계심을 품은 염소들은 깎아지른 바위 밑으로 잠깐씩 내려와서 겨우 풀을 뜯어먹었다. 그러다가 잠깐 실수해서 바위를 헛디디거나 더는 도망칠 여력이 없는 허약한 염소들이 개들의 먹이로 바쳐졌다. 이마저도 용의주도하고 강하고 활동적인 개들에게만 식량자급용의 몫으로 돌아갔다.[1] 점차 늘어나던 개들 중에 비실비실 허약한 놈은 먹이를 구하지 못해서 죽게 된다. 이렇게 밀고 당기는 치열한 생존투쟁 속에서 개들의 숫자가 일정하게 증가하고 반대로 염소는 감소하는 '억제와 균형'(check and balance)의 세계가 무인도에서 그려진다.

이처럼 풍문으로 떠돌던 후안 페르난데스 섬의 이야기는 영국에서 의사이자 지질학자였던 성직자 조셉 타운센드(Joseph Townsend)의 『구빈법에 대한 논고』(*A Dissertation on the Poor Laws*, 1786)에 다시 등장한다. 그는 염소들과 개들의 싸움을 마치 실험실의 객관적 결과처럼 활용하여 인간세계의 행동공리로 정식화하였다.

타운센드는 동물의 왕국 같은 정글의 법칙에 따라 무인도에서 개들이 증가하고 염소 숫자가 감소하는 자연적 현상을 통해 "새로운 종류의 균형이 다시 나타났다"고 단정했다. "양쪽 생물종(種) 모두에서 가장 약한 것들이 자연에 진 빚을 갚기 위해 제일 먼저 희생당했고 가장 활동적이고 가장 센 것들은 목숨을 보존했다." 여기에 그는 덧붙인다. "인간종(species)의 수를 조절 또는 규제하는(regulate) 것은 식량의 양이다."

이솝우화는 다양한 동물군상의 캐릭터와 이야기를 통해 인간세계에 풍자와 교훈을 주는 대칭적 비유의 알레고리로서 작용한다. 그렇지만 타운센드는 그 내용이 허구든 아니든 상관없이 개들과 염소들의 이야기에서 뽑아낸 행동공리를 일방적으로 인간세계에 철저히 적용시키는 타락상을 보여주었다. 어떤 생물종이든, 더욱이 인간의 종이 지금껏 유지되었던 까닭은 개체의 이익을 극대화하기 위한 치열한 생존경쟁이 아니라 연대와 협력에 있다는 것도 무시해 버렸다.

타운센드는 식량을 둘러싸고 동물세계와 같은 치열한 다툼과 싸움이 인간사회에서도 벌어져야 '자연적으로' 조화롭고 안정된 세계가 이뤄진다고 주장했다. 지금 빈민을 구제하고 최저생계를 보장하기 위한 구빈법(the poor laws)은 가난한 최하층을 언제나 빵을 달라며 칭얼대는 어린아이로 만들고 있으며 그것은 경쟁을 본질적 토대로 삼는 자연의 운용법칙에도 어긋난다는 것이었다. 인간이 자연법칙에 간섭하여 인위적으로 "빈민을 구제하는 일은 신과 자연이 이 땅에 확립한 체제의 조화와 아름다움, 대칭성과 질서를 파괴하는 것이었다."² 인간사회에서 실현되어야 하는 염소들과 개들의 행동공리는 누구도 거역할 수 없는 자연법칙으로서 세상을 아름다운 조화와 균형의 질서를 이끌도록 하는 신의 섭리였다.

식량이 부족하면 죽음의 행렬이 줄을 잇는다. '악마는 꼴찌부터 잡아먹는다'는 속담처럼 열악한 빈민(pauper)이 가장 먼저 굶어죽는다. 치명적인 유행병이라도 닥치면 인구는 더욱 줄어든다. 덕분에 생존자들의 식량사정은 종전보다 좋아진다. 죽은 자의 불행은 산 자에게 행운을 가져다준다. "이로써 한때 불행이라고 생각했던 것이 안락과 기쁨의 원천이었음이 증명된다. 적어도 그들(생존자)에게 부분적 악은 보편적인 선이었다"고 타운센드는 덧붙인다.

산 자와 죽은 자가 대칭과 균형을 이뤄서 마침내 신이 보시기에 아름다워진 이 땅은 결국 보편적 선을 위해서는 불행과 악이 필연적으로 뒷받침되어야 하는 세계였다. 굶어서 지치거나 힘이 약해 먹이가 된 존재의 죽음은 강자의 생존에 반드시 필요했고 그렇게 해서 '약육강식의 균형 잡힌 안정'은 주류경제학의 토대에 무시무시한 영향을 끼쳤다.

굶주림의 공포

칼 폴라니(Karl Polanyi)가 『거대한 전환』(*The Great Transformation*, 1944)에서 인간세계를 동물의 실험으로 추락시켰던 페르난데스의 '염소들과 개들의 행동공리'를 신랄하게 비난했던 것은 두말할 나위도 없다. 식량부족의 희소성이 염소와 개들의 숫자를 스스로 조정하여 팽팽한 균형과 안정을 이룬다는 경향성을 인간세계에 자연법칙으로 적용시키는 것 자체가 애초부터 허구적 발상이었다.

칼 폴라니는 인간사회의 모든 질서가 가격을 중심으로 수요와 공급의 균형법칙에 따라 스스로 알아서 자동적으로 움직이는 자연법칙, 즉 자기조정 시장경제(self-regulating market mechanism)를 이 땅에 뿌리내리려는 작업 자체가 결코 실현될 수 없는 시장유토피아의 환상일 뿐이라고 밝힌다.

16세기 네덜란드의 모직물산업이 성행하자 영국에서도 양모의 수출가격이 치솟았다. 때마침 농업불황으로 수익이 줄어들던 영국의 귀족 영주와 지주들은 농경지를 양의 목장으로 바꾸기 위해 대대적인 작업에 들어갔다. 물리적인 폭력과 함께 농민들에게 마지막 생존공간이었던 공동경지는 목초지로 바뀌고 아무도 침입하지 못하도록 경계선마다 울타리(enclosure)가 쳐졌다.

목양업은 피리 부는 목동과 개 몇 마리만 가지고도 넉넉한 수익을 안겨주었다. 『유토피아』를 저술했던 토마스 모어(Thomas More)가 "양이 사람을 게걸스럽게 잡아먹는다"고 비난했던 것처럼 온순한 양은 아프리카의 야수보다도 훨씬 탐욕스러워져서 사람도 집도 온 마을도 먹어치웠다.

영국의 튜더왕조 시대(1485~1603년)에 집중적으로 벌어진 인클로저 운동(enclosure movement)은 농민들을 전통적 삶의 거주지에서 쫓아냈다. 촌락공동체는 사라지고 마을의 가옥은 파괴되어 앙상한 뼈대만 남았다. 농민들도 격렬하게 저항했지만 부질없는 짓이었다. 잉글랜드에서는 1086년부터 1900년까지 당시 기준으로 1천 개 이상의 촌락들이 없어졌다. 대부분 15~16세기의 인클로저 운동으로 소멸하였다. 몇몇 극심한 지역에서는 소작인의 90%가 농촌에서 쫓겨나 먹고살려고 도시로 몰려들었다.

농민들이 토지에서 추방당하자 전국은 부랑민(vagabond)으로 넘쳤다. 시골과 도시마다 빈민들이 떠돌아다녀서 거지떼가 나타나면 모두가 문을 걸어잠갔다. 그런 풍경은 어린아이들이 철없이 불러댔던 전래동요에서도 잘 나타난다. "컹, 컹, 개들이 짖어대요. 거지떼가 마을로 몰려오고 있네요. 누더기를 걸친 사람, 너덜너덜한 옷을 입은 사람들 그리고 한 사람은 벨벳 가운을 입었네요."

양의 목초지는 기름진 농경지에 울타리를 쳐서 만들어졌다. 덕택에 푸른 풀들이 잘 자라고 양들은 토실토실 살이 쪘지만 정작 비옥한 경작지가 대량으로 감소한 탓에 사람들이 먹어야 할 곡물생산량은 급속히 줄었다. 특히나 양모는 런던항을 통해 네덜란드로 수출되었기 때문에 런던 근처의 곡창지대가 먼저 인클로저 되어 식량난을 부추겼다.

거지가 된 부랑민은 떠돌다가 대도시 런던으로 몰려들었다. 꼬불꼬불한 골목마다 오물이 넘치고 악취가 풍기는 하수구에서는 쥐들이 난리를 쳤다. 주택난은 더욱 심해졌으며 일자리 다툼도 치열했다. 런던에서 턱없이 올라버린 식량가격은 다른 물가도 자극하여 빈민들을 처참한 몰골로 내몰았다. 유령과도 같이 '거칠고 게으른 무뢰배와 부랑자'들의 떼거리는 당시 입법자들의 머리를 끈질기게 괴롭혔다.

골치 아픈 빈민들을 어떻게 처리할 것인가? 빈민 떼거리는 범죄자로 분류되어 감시·처벌·통제에 들어갔다. 영국은 일련의 구빈법을 제정하여 노동능력이 없는 빈민은 구제라는 명분으로 구빈원에 가두었다. 감옥보다 나을 것이 없는 구빈원에서 불쌍한 사람들은 영양실조로 굶주리고 병들어 죽었다. 구제가 아닌 도태의 과정이었다. 노동능력을 갖고 있으면서 일하지 않는 빈민들은 작업장에 가둬서 강제로 일을 시켰다.

칼 마르크스는 가혹한 구빈법을 '피의 입법'이라고 불렀다. 길거리에서 떠돌아다니는 부랑민은 심할 경우 줄줄이 사형을 당했다. 헨리8세 치하에서는 7만 2천 명의 크고 작은 도둑들이 처형당했다. 뒤이어 엘리자베스 시대에도 법규를 어기는 거친 빈민들은 가슴에 V(vagabond, 떠돌이) 또는 S(slave, 노예) 자의 낙인이 찍혀지거나 교수형에 처해졌다. 당시 300~400명이 교수대에 오르지 않은 해는 거의 없었다.

죽어도 될 부랑민은 '죽이거나 아니면 죽게 내버려두고' 요행히도 살아남은 빈민들은 '일하지 않으면 굶어죽는 노동규율의 과정'에 몰아넣었다. 아직도 빈민의 책임은 국가에 있다는 선의의 원칙이 작용하고 있었다. 국가의 구빈지출로 재정적자는 눈덩이처럼 불어났다. 빈민들의 자립심을 해치는 구빈법은 폐지돼야 한다는 여론이 들끓었다. 여기에 염소들과 개들의 행동공리를 손에 든 타운센드가 앞장셨음은 물론이다. 맬서스(Thomas R. Malthus)도 1789년 『인구론』(*An Essay on the Principle of Population*)을 출간하여 배고픔이 사라지면 성욕이 생겨나 인구가 번식하고 빈민은 더욱 늘어날 것이라며 구빈법 폐지의 대열에 나섰다.

살릴 사람은 살려서 일을 시키고(구제), 그렇지 못한 사람들은 가둬서 죽든 말든 내버려뒀던(도태) 전통적인 영국의 구빈법은 1834년에 오랜 논쟁 끝에 폐지되었다. 대신에 빈민들의 생존을 박탈하여 '굶어죽을 수도 있는 생활 불안정(insecurity)의 극한상황'으로 몰아넣는 새로운 구빈법이 만들어졌다. 이제 빈민들은 일할 것인가 아니면 굶어죽을 것인가를 선택해야 했다. 굶어죽는 일은 게으르고 무책임한 개인의 탓으로 돌렸다.

굶주림은 분노에 찬 사람들을 길들이는 채찍이었다. 빵 한 조각은 입법자가 보기에 사납고 게으르고 횡포한 빈민들을 근면 성실하게 일하도록 철저히 길들인다. 굶주림은 사나운 빈민들이 묽은 스프 한 접시도 감지덕지 받아먹는 온순한 동물로 키운다.

칼 폴라니는 굶주림의 고통이 주는 '길들임'의 효과에 대해 타운센드의 주장을 길게 옮긴다.

굶주림은 제아무리 흉맹한 동물이라도 순하게 길들이는 법이며, 또 제아무리 비비꼬인 꼴통들이라도 그들에게 예의, 공손함, 순종과 복종 등을 가르치는 법이다. 무릇 그들[빈민들]에게 일하고 싶은 맘이 들도록 자극하고 부추길 수 있는 것은 오직 굶주림뿐이다. …굶주림은 평화롭고 조용하면서도 끊임없이 압력을 가해 가난한 사람들이 일하지 않을 수 없도록 만들 뿐만 아니라, 사람이 근면·성실과 노동에 나서도록 만드는 가장 자연적인 동기이기 때문에, 그들이 온몸을 바쳐 전력투구하도록 이끈다. 게다가 굶주림이라는 것이 만약에 대가도 요구하지 않는 타인의 자비로 충족될 경우, 주는 자와 받는 자 사이에 선의와 감사의 감정을 자아낼 확실하고도 지속적인 기초가 된다. (GT, p. 341, 342)

후안 페르난데스 섬에는 정부나 법도 없다. 그런데도 염소들과 개들 사이에 하나의 균형이 생겨났다. 오직 "안정과 균형은 한편에는 굶주림의 고통, 다른 한편에는 식량의 희소성이라는 두 요소로 계속해서 회복되는 것이었다"(같은 책, p. 342, 343).

큰 가뭄이나 재해가 닥치더라도 전체적으로 보면 식량은 부족하지 않다. 평상시처럼 식량은 지주의 창고나 부잣집 마당에 넘쳐 있다. 부족한 것은 빈민들의 식량이었다. 그렇다고 배고픈 빈민들에게 곡물을 골고루 분배하는 인위적 방식이 동원돼서는 안 되며 자연 상태로 놔둬야 한다. 식량부족의 희소성이 창출한 안정과 균형이 자연질서에 부합하기 때문이다. 굶주림의 고통은 사나운 빈민들을 온순하게 길들여 일을 시키고 부자에게 호의와 감사를 느낄 수 있도록 해준다.

백인들이 흑인 원주민들의 세계에 보여준 최초 기여는 굶주림이라는 채찍의 사용법을 가르쳐준 것이었다. 백인 식민주의자들은 식량부족 사태 또는 희소성을 인위적으로 창출하기 위해 원주민들이 주식으로 삼고 있는 빵열매나무를 베어 넘어뜨리기도 하고 울창한 바나나숲에 불을 질렀다.

폭력과 방화로 사라진 터전에는 사탕수수 농장이 들어섰다. 본래 원주민들은 공동체 전체가 궁핍에 처한 경우가 아니라면 결코 굶주림의 위협을 받지 않았다. 빵열매와 바나나를 따먹거나 전통적인 상부상조의 네트워크로 개인이 홀로 배고파 죽는 경우는 없었다(같은 책, p. 440). 백인들이 폐허로 만들어버린 생활터전에서 원주민들은 백인 사탕수수 농장에서 일할 것인가? 아니면 그냥 굶어죽을 것인가? 생사의 막다른 골목에 들어섰다.

원주민들이 생전 듣지도 보지도 못한 요상한 물체 또는 낯선 매개자가 등장하였다. 화폐라 불리는 것이었다. 백인 통치자는 화폐를 세금으로 내라고 윽박질렀다. 파운드와 같은 화폐는 백인농장에서 하루하루 힘들게 일하는 대가로서만 '희소하게' 주어졌다. 부족의 시장상인들도 화폐로 세금을 내야 했기 때문에 백인 주둔군에게 물건을 팔 수밖에 없었다. 원주민들은 농장에서 강제된 노동을 화폐와 맞바꿔서 식량을 사고 백인 정복자에게 세금도 내야 했다. 식민지에서 화폐수탈은 언제나 가혹한 폭력과 살육을 몰고 다녔다.

영국의 빈민들은 흑인 원주민보다 형편이 훨씬 나았지만 죽지 않기 위해서 일해야 할 사정은 똑같았다. 빵 한 쪽만큼의 임금화폐라도 얻기 위해서는 음습하고 열악한 공장으로 가야만 했다. 굶주림의 공포 앞에서 '온순하고 순종한 인간'으로 길들여진 빈민은 수요와 공급의 자동조절적인 시장메커니즘에 편입되어 최저생존의 임금이라도 얻기 위해 강제로 일할 수밖에 없었다. 말이 최저생존 임금이지 최저생존 이하의 수준으로서 '뼈만 앙상하게 남을 정도의 생계만 유지할 수 있는'(bare bone subsistence) 임금이었다.

　새로운 구빈법으로 더는 구빈세를 부담하지 않게 된 부자들은 가난한 자들에 대한 동정심과 자비를 신의 이름으로 베풀 수 있었다. 그것은 자신들에게 머리를 조아리고 순종하고 성실하며 예절을 알고 감사하는 빈민들에게만 해당되었다. 일도 하지 않고 무례하고 질서 밖으로 뛰쳐나가려는 부랑아들은 신의 눈에도 가시 박힌 존재로서 추방당하고 도태되었다. 이렇게 해서 신의 보편적 선은 경쟁과 도태 그리고 희소성과 고통이라는 악을 바탕으로 균형과 안정의 자기조정시장이 막을 올리게 된다.

　우주 천체의 조화와 질서를 설명했던 뉴턴의 만유인력 법칙만큼이나 사회의 작동에서 보편성을 갖는 법칙이 '염소들과 개들의 행동공리'에 기반을 한 자기조정시장의 자연법칙으로 강림하였다.

자기조정시장의 허구적 기원

　후안 페르난데스 섬이라는 가상의 공간에서 추출한 '염소들과 개들의 행동공리'는 애덤 스미스(Adam Smith), 맬서스, 리카도(David Ricardo)를 주축으로 하는 고전학파 경제학자에게 스며들었다.

칠레에서 멀리 떨어져 있는 후안 페르난데스 섬의 동물실험과 행동공리는 고전학과 경제학은 물론 주류경제학이 견지하고 있는 패러다임의 모든 내용을 구성한다. 허구적 명제가 실제의 진리처럼 둔갑하여 엄밀한 과학으로 자부하고 있는 경제학의 기초를 이룬 셈이다.

칼 폴라니가 가장 비판의 대상으로 삼았던 자기조정시장도 결국은 '인간종의 수를 조정 또는 규제하는 것은 부족한 식량'이라는 희소성에서 출발하였다. 자기조정시장이 '염소들과 개들의 행동공리'에서 출발했던 만큼 그것은 인간을 짐승과 같이 먹이를 둘러싸고 치열하게 진흙탕 싸움을 벌이는 동물학으로 타락시켰다. 인간 개인의 존엄과 도덕성은 사라지고 희소성의 법칙을 자연법칙으로 삼는 자연주의(naturalism)가 지배하였다. 말이 근사해서 '자연주의'이지 내용인즉 "인간세계도 동물과 본성상 다를 게 없기에 자연상태로 놔두면 저절로 해결된다는 자유방임주의"였다.

자연주의는 겉으로 보기에는 평화롭고 목가적인 냄새를 풍기지만 내면에는 참혹한 굶주림과 빈곤의 고통이 담겨 있다. 그런데도 오늘날 자기조정시장은 원래부터 스스로 있어온 '자연'이거나 자연적인 것(physis, 피시스)으로 신성화되어 왔다.

칼 폴라니는 타운센드의 염소와 개들의 행동공리에 의문을 던진다. "모든 보고서의 사례가 일치하듯 염소들이 살고 있었던 곳은 거의 접근할 수 없는 암벽 위쪽이었던 반면에 섬의 해변에는 실제로 살찐 물개들이 우글거렸다. 야생의 개들로서는 물개들에게 훨씬 눈

독을 들일 만도 했다. 하지만 염소들과 개들을 통해 새로운 공리를 만들려는 사고방식(paradigm)의 사람들은 본디 경험적 증거에 좌우되지 않는 법이다"(같은 책, p. 341).

'개와 염소의 숫자÷식량의 희소성＝안정과 균형'을 자연법칙으로 삼아 인간사회에 보편적으로 적용시키는 과정에서 살찐 물개가 우글거리는 실제 사실은 별로 중요하지 않았다. 가상의 무인도를 상정하는 사고실험은 물리학처럼 진공상태를 전제로 한다. 살찐 물개와 같이 구체적 사례나 경험은 개들과 염소들의 싸움으로 추상적 공리로 만들려는 모델화 작업에서 거추장스러운 장애물에 지나지 않는다. 개들과 염소들의 싸움만이 중요했다. 추상은 때로 경험을 비틀고 짓이겨서 작업자의 의도에 따라 엉뚱한 결과를 내놓는다.

추상화 작업이란 사회과학에서 현상과 경험적 사건들을 분석하고 미래를 예측하기 위한 하나의 개념장치에 불과하다. 문제는 '추상'이 '경험'을 왜곡할 뿐더러 자기 아래로 포획시켜 예속화하는 데 있었다.

자기조정시장이라는 추상적 공리가 실제와 경험의 세계를 올가미처럼 덧씌워서 그렇게도 막대한 폐해를 저질러놓은 경우도 찾아보기 힘들다. 타운센드가 무인도에서 염소들과 개들의 가상행동을 추상화하기 위해 실제로 해안가에서 노니는 '살찐 물개'를 임의로 제거해 버린 해악은 경제학의 방법론에까지 미쳤다.

경제학에서 호모 에코노미쿠스(homo economicus, economic animal, 경제인)라는 인간모델도 추상화 작업이 만든 가공의 산물이었다. 경제학에서 인간은 사랑하고 미워하고 때로 이기적이면서 이타적이고 헌신적이고 영악한 온갖 인간의 총체적 본성 가운데 다른 나머지는 다 잘리고 오직 '굶주림과 이득'에만 반응하는 경제적 동물로만 남았다. 다양한 경험과 본능을 지닌 현실적 인간은 '언제나 눈앞의 먹이 또는 이득의 본능에만 반응하는 동물'이라는 추상적 인간모델로만 존재하게 되었다.

시장근본주의자들과 신자유주의자들이 그토록 격찬했던 시장 유토피아도 기껏해야 후안 페르난데스 섬이라는 무인도의 허구에서 기원하였다. 거기에는 유토피아가 아니라 디스토피아가 있었다. 우리는 허구가 짜놓은 거미줄에 버둥대며 걸려 있는 신세가 되어버렸다.

칼 폴라니는 『거대한 전환』에서 시장 유토피아의 비극을 맹렬하게 비난한다. "자기조정시장이라는 아이디어는 한마디로 황량한 유토피아(stark utopia)다. 그런 제도는 아주 잠시도 존재할 수가 없으며, 혹시라도 실현될 경우 사회를 이루는 인간과 자연이라는 내용물은 아예 씨를 말려버리게 되어 있다."(같은 책, p. 94) 결국 식량부족과 희소성에서 출발한 자기조정시장과 주류경제학은 빈곤·고통·뼈만 앙상하게 남을 정도의 생계임금, 도덕적 몰락, 생물학적 본능의 강요라는 동물적 행동공리에 기초한 '시장 디스토피아'였던 것이다.

주류경제학의 허구적 원형

　　무인도에서 허구적으로 탄생한 염소들과 개들의 행동공리는 1789년 맬서스의 『인구론』 초판에 판박이처럼 옮겨졌다. 초판은 식량부족과 균형을 맞추기 위해서 인구증가를 견제하고 도태시키는 방법으로서 유행병, 전쟁, 기근을 통해 죽음을 재촉하는 무시무시한 내용까지 담았다.

　　처음에 책은 당시의 혹독한 재난과 전쟁 상황을 인구증가의 적극적 억제책(positive check)으로 버젓이 내놓아서 반발은 불을 보듯 뻔한 터라 익명으로 출간되었다. 더구나 맬서스는 성직자였기에 자기 이름을 내세우기에도 조심스러웠다. 『인구론』 제2판(1803)은 초판보다 내용을 완화하여 실명으로 나왔다. 제2판에서는 일찍부터 제기되었던 타운센드의 논문표절이라는 혐의를 벗기 위해서 책 군데군데 "구빈법에 관한 타운센드의 탁월한 논문의 결론을 읽어보면"이란 구절을 넣었다.

1838년 다윈(Charles R. Darwin)은 맬서스의 『인구론』을 심심풀이로 읽다가 '부족한 먹이를 둘러싼 개체들의 생존경쟁이 자연계에서 진화와 변이를 일으키는 동력'이라는 착상을 얻어 20년 후에 『종의 기원』을 펴낸다.

타운센드의 후안 페르난데스 행동공리에 이어 무인도에서 또 다른 경제학의 원조가 탄생하였다. 1719년에 출간된 다니엘 디포의 『로빈슨 크루소』에서 영악한 앵글로색슨인의 캐릭터는 1776년에 『국부론』(The Wealth of Nations)을 출간한 애덤 스미스 이후 주류경제학에 이르기까지 합리적 경제인의 원형으로 작용하였다. 1768년 염소들과 개들의 행동공리를 담은 타운센드의 논문은 동시대의 맬서스와 리카도에게 희소성 원리와 자기조정 시장경제를 '발명'하는 데 커다란 영향을 끼쳤다. 18세기 경제학의 원조로 추앙받는 영국 고전학파 경제학자 모두에게 무인도의 가상실험은 결정적이었던 것이다.

개들과 염소들의 공리를 낳았던 라틴아메리카 칠레의 후안 페르난데스 제도는 알렉산더 셀커크 섬, 로빈슨 크루소 섬, 산타클라라 섬으로 이뤄져 있다. 원래 로빈슨 크루소 섬은 이곳이 아닌데도 의아스럽게도 셀커크 섬과 같이 붙어 있다. 소설 『로빈슨 크루소』는 북대서양 중앙아메리카의 카리브 연안의 외딴 무인도를 배경으로 28년 동안 파란만장했던 주인공의 온갖 모험담을 담고 있다.

그렇다고 셀커크 섬과 로빈슨 크루스 섬이 전혀 무관한 것은 아니다. 셀커크 섬은 실제 인물 알렉산더 셀커크가 1704년 이 섬에 갇했다가 4년 4개월 만에 무사히 귀환했다고 해서 붙인 이름이었다. 셀커크는 18세기 영국 작가 대니얼 디포에게 자신의 수기를 헐값에 팔아서 소설 『로빈슨 크루소』(1719)에 커다란 모티브를 제공했다는 말도 있으니 서로 인연이 닿아 있음은 분명하다.

칠레 정부는 1966년 관광객을 유치하기 위해 후안 페르난데스 제도에서 마을사람들이 한데 모여 사는 생활근거지를 로빈슨 크루소 섬이라고 공식화했다. 훌륭한 작명 덕분인지 여기서 해적들이 18세기부터 은닉했던 금화와 보석 100억 달러의 보물이 발견되었다. 세계가 발칵 뒤집혔고 어른들은 잠시나마 보물섬과 해적이 활약하던 동심의 세계로 돌아갔다.

어쨌든 후안 페르난데스 제도는 허구와 실제가 애매모호하게 겹친 공간이지만 염소들과 개들의 행동공리에다 로빈슨 크루소라는 인물에 뿌리를 둔 경제학의 인간모델, 즉 호모 에코노미쿠스를 낳은 공간이 되었다.

조셉 타운센드가 무인도에서 개들과 염소들의 싸움이라는 가상의 실험공간에서 뽑아낸 행동공리는 대략 몇 가지로 정리할 수 있다.

· 경쟁과 도태
· 억제와 균형
· 인간종의 수를 조절하는 것은 식량의 양
· 굶주림의 고통과 인간 길들이기
· 죽음(불행)의 조절과 생명의 행운

· 보편적 선을 위한 부분적 악의 정당화

여기에다 로빈슨 크루소에 뿌리를 둔 '호모 에코노미쿠스의 탄생'을 추가하면 주류경제학의 원형을 보다 철저하게 추적할 수 있는 역동성을 얻게 된다.

로빈슨 크루소의 회개와 우울한 맬서스

무인도는 육지와 동떨어진 공간으로서 고독·두려움·절망의 디스토피아를 상징한다. 섬에 갇힌 인간은 시간이 지날수록 무력한 존재로 지쳐간다. 거센 파도와 암벽바위만 있는 외로운 섬에서 기댈 것은 없다. 어두운 밤이 되면 별은 신의 은총처럼 더욱 찬란하다. 오직 믿을 것은 초월자의 손길이었다. 신을 믿지 않거나 회의했던 인간도 무인도에서 자신의 삶을 반성하고 눈물의 참회로 신을 깨닫는다. 로빈슨 크루소가 그랬다.

무인도에서 더욱 처절하게 빛을 밝혔던 신의 은총은 영국의 고전경제학자에게도 공통된 에토스의 기반을 이루었다. 염소들과 개들의 행동공리에서도 부족한 식량을 둘러싸고 서로 격렬하게 싸우다 때로 죽기도 하면서 마침내 이룩한 균형과 안정은 신이 보시기에 매우 아름다웠다. 영국 국교회의 목사인 요셉 타운센드와 부목사였던 맬서스의 경우는 특히 성직자로서 희소성과 치열한 생존경쟁의 싸움에서 '산 자를 위해 도태되어야 하는 죽음'의 악덕을 신의 섭리로 정당화했던 것이 당연할지 모른다.

선과 악의 팽팽한 조화와 안정은 누구도 건드릴 수 없는 자연법으로서 주류경제학의 패러다임을 이루었다. 성경 다음으로 많이 번역되었다는 소설 『로빈슨 크루소』 역시 전환서사 또는 개종서사(conversion narrative)로서 주류경제학에 또 다른 신학의 레일을 깔아놓았다.

전환서사는 우리가 옳다고 믿었던 현재의 모습은 찌든 세속이나 인위적으로 왜곡된 결과이기 때문에 다시 본래의 자리로 되돌아가야 한다는 서사내용을 담는다. 서사(narrative)는 소설처럼 자신이나 타인이 실제로 겪었던 경험을 시간의 흐름과 장소의 구체성과 함께 인과관계를 담아 세계를 다르게 이해하도록 만드는 스토리텔링에 속한다.

개인의 종교적 체험을 중시하는 영국의 복음주의에서 전환서사(conversionism, 개종서사)는 간절한 체험적 신앙을 통해 거듭나는 회심주의 또는 간증으로 나타난다. 로빈슨 크루소가 보여주는 전환서사는 신에 대한 참회와 눈물의 회심주의를 인종차별과 식민 제국주의로까지 확장해 간다.

로빈슨 크루소는 무인도에 도착하여 온갖 외로움과 절망 속에서 1년을 보낸다. 어느 날 문득 자신이 이렇게 살아 있다는 자체가 기적 같은 행운이라고 생각한다. 난파선에서 가져온 보리씨앗이 섬에서도 푸른 생명으로 싹트는 것을 보고 신에게 감사하는 마음이 더욱 숫구친다. 종교적 깨달음은 지난 과오를 되돌아보며 회개하고 서서히 신을 내면화하는 과정에서 새로운 신앙적 삶의 각오로 이어진다. 먼저 그는 아버지의 충고를 거역하고 모험과 투기로 일확천금을 얻으려 했던 허영심을 뼈저리게 반성한다.

당시 중산층이었으며 청교도(protestant)였던 로빈슨 크루소의 아버지는 집을 떠나려는 아들에게 혹독하게 충고하고 비난까지 퍼붓는다. 뒤에 보겠지만 스피노자(Baruch de Spinoza)가 유대교에서 파문당할 때 판결문이 내린 저주와 정도의 차이만 있을 뿐 신을 배반한 분노의 결은 비슷하다.

요행수를 바라지 말거라. 세상의 재난은 거의 상류와 하류층 사람들의 것이고 중류층(middle station of life)은 재앙을 당하는 일이 매우 적으며 흥했다가 망하는 터무니없는 기복이 없어서 좋다. 자신이 행복하다고 느끼는 기분으로 살아갈 수 있는 것이 중산층의 생활이다. 만약에 네가 이렇게 집을 뛰쳐나가 어리석은 짓을 한다면 신은 너를 결코 축복해 주지 않을 것이다. …너를 위한 기도를 그치지는 않겠다만 네가 이렇게도 어리석은 짓을 그만두지 못하겠다면 신은 너를 축복해 주지도 않을 것이고… 내 충고를 무시한 것을 반드시 뼈저리게 후회하게 될 것이다.

로빈슨 크루소는 항해 도중에 풍랑을 만나거나 무인도라는 고립된 환경에 처했을 때 한결같이 하나님이 자신에게 내린 천벌로 생각하며 혹독한 죄책감에 시달렸다.

누구나 어려운 곤란에 처하게 된다. 때로 행운과 불행은 우연적이다. 그렇지만 이런 상황을 하나님의 은총과 형벌로 결부시켜서 인과관계로 필연화하는 종교적 구도는 아버지가 자식에게 끊임없이 심어놓은 관념의 반영에 지나지 않았다. 들뢰즈(Gilles Deleuze)와 가타리(P. F. Guattari)의 말을 조금 비틀자면 "죄책감은 아들이 체험하는 내면적 감정이기 이전에 아버지에 의해 투사된 관념이었다."

아버지라는 이름을 매개로 해서 로빈슨 크루소를 죄책감으로 몰아넣고 근대적 부르주아의 인간형으로 만드는 종교적 구도는 '신과 인간'의 조건이기도 했다. '뼈저리게 후회하게 될 것'이라는 부친의 경고는 아버지이자 곧 하나님(God the Father)의 말씀이었다. 로빈슨 크루소의 이야기는 불복종에 대한 신의 징벌을 계기로 인간이 회개하고 구원을 향해 나간다는 개종서사를 주제로 깔고 있다.[1]

로빈슨 크루소는 다시 아버지에 귀의하고 청교도가 내면화된 합리적 중산층으로 전환하면서 섬을 자신의 왕국으로 꾸려갈 신념체계를 마무리한다.

무인도는 외부와 완전히 절연되었기에 원자론적 개인의 배역이 실험될 수 있는 무대의 조건도 갖추었다. 홀로 존재하기 때문에 다른 사람과 함께 살아가는 마땅한 도리로서 윤리도 필요 없었다. 열악한 섬의 희소자원을 동원하고 자신이 몸담았던 문명의 사회적 지식을 최대한 활용해서 어떡하든 혼자서 생존해 나가는 일이 최대 과제가 된다. 무인도에서는 최소 비용과 자원으로 최대한의 성과를 거두는 효율적이고도 계산 합리적인 인간모델이 제대로 원형을 드러 낸다. 식인종 프라이데이(식인종이었던 타자에게는 이름도 필요 없었으며 다만 금요일이라는 기호만 부여했음)를 성경과 총으로 자신의 세계에 맞 도록 포획하여 길들이는 제국주의의 모습도 보여준다.

막스 베버(Max Weber)는 로빈슨 크루소가 신념체계로 삼았던 청 교도윤리를 근대 부르주아 정신의 출발점이었다고 높이 평가한다. 다른 차원에서 에리히 프롬(Eric Fromm)은 청교도의 내면화 과정을 정신병리적으로 분석하여 호모 에코노미쿠스의 속성을 보다 적나 라하게 드러낸다.[2]

소설 『로빈슨 크루소』는 다니엘 디포의 칼뱅주의 종교관을 그 대로 투영한다. 칼뱅(Jean Calvin)은 인간이 스스로 내면적 허약감과 비참함을 의식하는 자기부정이야말로 신의 권능에 의존하게 되는 수단이라고 가르쳤다. 개인은 자신의 하찮음과 무력함을 느껴야 신 에게 완전히 복종하여 새로운 안정으로 나가게 된다. 자기부정이 혹 독할수록 삶의 안정감은 높아진다는 종교적 패러독스가 칼뱅주의 였다.

칼뱅의 예정설(predestination)은 인간은 근본적으로 불평등하다 는 원리에 따라 사람을 두 부류로 나누었다. 운명적으로 누구는 태 어날 때부터 구원받고 누구는 영원히 천벌을 받도록 '미리 정해 져'(예정) 있었다.

칼뱅주의자들은 자신만이 유일하게 구원을 받았고 그 밖의 사 람들은 천벌 받도록 정해져 있다고 생각했다. 개인들끼리 서로를 구원의 믿음으로 인정하지 않고 어떤 연대감도 존재하지 않게 되자 그것은 심리적으로 타인에 대해 심한 멸시와 증오로 나타나게 되었다.

칼뱅의 교의는 아무런 근거도 없다. 신의 무한한 힘을 표현한 것 말고는 어떤 타당성도 찾아보기 어렵다. 인간이 아무리 선행을 베풀어도 한번 정해 놓은 무자비한 신의 결정을 바꿀 수는 없었다. 모두가 신의 손에 붙잡힌 무력한 도구에 불과했다. 개인은 어떤 행위로든 미리 정해진 운명을 고쳐볼 노력도 하지 않았다. 대개는 이미 구원받았다고 여기고 세속에서 열심히 노력하는 모습을 보여 '구원받은 사람의 확증'으로 삼았다. 게으름뱅이나 거지들은 애초부터 신에게 버림받은 자들이었다.

어떤 사람이 치명적인 암 검사를 받고 다음 예약시간에 최종결과를 받기로 되어 있었다고 하자. 의사만이 그가 죽을 운명인가 그렇지 않은가를 미리 알 뿐이다. 당사자는 일주일을 기다리는 동안 느긋하게 지낼 수도 없다. 초조하고 격렬한 불안상태에 빠진다. 단순한 업무는 기계적으로 처리하겠지만 새로운 일을 계획하고 추진할 생각은 엄두도 내지 못한다. 때로 미친 사람처럼 일에 열중하여 자신에게 불행한 사태는 없을 것이라는 확신을 가지려 애쓴다.

칼뱅주의자들은 일생 동안 암검사 환자처럼 불안을 떨치기 위해서 강박적으로 일하고 노력하는 충동을 신경증세로 보여준다. 자신이 계획하고 주도적으로 목적을 세워서 노력하는 인간이기보다는 '목적 없는 노력'이 자기중심적으로 이뤄질 뿐이었다.

프롬은 강박증세의 성격구조에서 드러난 인간의 특징을, 일하지 않고는 못 배기는 충동, 열성적인 근검절약, 자신의 삶을 쉽사리 초개인적 권력의 목적에 맞도록 바꾸는 태도, 금욕주의, 강제적인 의무감으로 파악하고 이것이 근대 자본주의를 이끄는 생산적인 힘이 되었다고 진단한다.

칼뱅주의 세계관의 주역을 맡은 로빈슨 크루소는 비참한 상태에 빠지게 되자 지난 시절 자신이 저질렀던 죄악을 반성하고 마침내 전지전능한 신에게 복종하며 구원을 요청한다. 철저한 자기부정과 복종이 심리적으로 이어진다. 그는 "신이 만물을 창조한 것이라면 신은 모든 것을 통치할 것입니다. 그렇다면 어떤 일도 위대한 작업을 수행하는 신이 모르게, 신의 지시 없이는 이뤄지지 않을 것입니다. 신은 내가 무서운 상태에 빠져 있는 것을 모를 리 없을 겁니다. '괴로운 날 나를 찾아라. 나는 너를 도울 것'이라는 성경의 말씀은 나에게 강한 감명을 주었습니다"라며 참회한다.

이제 로빈슨 크루소는 전지전능한 신의 도구가 되어 오른손에는 라이플을 들고 왼손에는 성경을 끼고 자신의 모든 행동이 신에 의해서 정당화되는 근대 유럽의 청교도적 인물로 상징화된다. 덧붙여 제임스 조이스(James Joyce)는 로빈슨 크루소의 캐릭터를 '남성적 독립심, 냉담한 잔인성, 끈질김, 느리지만 효율적인 지적 능력, 성적 무관심, 실용성과 잘 조화된 종교심, 계산 아래 이뤄지는 과묵성 등 앵글로색슨 정신의 모든 면'이 투사된 영국 제국주의의 진정한 원형이라고 말한다. 프롬이 말하는 '강박관념과 충동의 신경증세'가 뒷받침된 캐릭터도 로빈슨 크루소였다.

소설 『로빈슨 크루소』는 무인도의 절망 속에서 신을 깨달아가는 회심 또는 개종서사였으며 청교도의 신학에 뿌리를 둔 호모 에코노미쿠스가 전형적으로 탄생하는 장엄한 경제학 서사였다.

무인도에서 탄생한 염소들과 개들의 행동공리와 호모 에코노미쿠스의 캐릭터는 현대 주류경제학에 깊은 에토스를 이뤘다. 거기에는 신의 구원과 확증 노력, 근면성실과 계산합리성, 제국주의 원형, 잔인함과 냉담성, 악에 대한 징벌의 정당화, 인종에 대한 적대감까지 모든 것이 들어 있다.

로빈슨 크루소의 회심서사(개종서사)와는 다른 형태로서 공적 형태의 모습으로 나타나는 전환서사(conversionism)가 있다. 이는 현재의 지배적 관념으로는 혼란스러운 사회문제를 해결할 수 없다는 것을 보여주기 위해 새로운 논리와 이론을 내세워 세상의 생각을 바꿔놓으려는 공공서사의 성격을 띤다.

최초이자 대표적 전환서사의 주역으로서 맬서스는 구빈법을 폐지하기 위해 새로운 역발상의 논리를 내세워 공공여론을 일거에 전환시켰다. 그는 "빈곤 때문에 빈민구제가 증가하는 것이 아니다. 거꾸로 빈민구제가 빈곤을 증가시키는 원인이다"라는 역설로 여론을 단번에 바꿔놓았다. 맬서스는 구빈법의 구제가 오히려 빈민의 자립심을 해치고 빈곤(poverty)을 더욱 조장한다는 역효과 또는 '엉뚱한 효과를 낳는 명제'(perversity thesis)를 내세웠다.[3] 오늘날에도 맬서스의 전환서사는 "복지와 같이 공짜로 주는 돈은 사람을 게으르게 만든다"는 역설로 두고두고 활용되어 시장 맹신주의를 옹호하는 데 쓰이고 있다.

당시의 전환서사가 종교적 회심서사이든 세상을 전환논리로 지배하려는 정치적 레토릭이든 본질은 기독교의 신과 시장 근본주의라는 것은 변함이 없었다.

맬서스가 빈민구제는 거꾸로 빈곤을 증가시킨다고 지목하면서 내놓은 해결책은 무엇이었을까? 빈민을 감소시키는 최후 방법은 만물을 창조하시고 주관하는 엄청난 신의 능력과 섭리에 전적으로 맡기는 것이었다.

맬서스는 말한다. 인간이 자연의 법칙에 개입하여 빈민을 구제하는 인위적 방법은 마땅히 없애야 한다. 자연의 처분과 징벌에 맡기면 된다. 굶어죽는 기근은 자연이 가진 인구 억제수단 중에서 가장 최후이면서 가장 두려운 수단이다. 맬서스가 출현하면서 경제학은 우울한 과학(dismal science)이 되었다지만 오늘날에는 아예 죽음 또는 시신의 경제학(necro-economcics)으로도 불린다. 여기에는 모든 것이 신의 이름으로 정당화되고 산 자의 생명을 위해 죽음이 기꺼이 허용되는, 다시 말해 선을 위해 죽음이라는 악이 기꺼이 신의 섭리로서 옹호되는 신정론(神正論, theodicy)이 깔려 있다.

신화와 야성의 방드르디와 호혜의 섬
로빈슨 크루소는 무인도에서 청교도와 영국의 문명세계를 건설하려는 야심찬 호모 에코노미쿠스였다. 프라이데이는 거기에 딱 맞는 식민 억압질서의 도구였다.

어느 날 프라이데이가 보기에 무인도는 거대한 대지의 숨결에다 풍요가 넘치는 땅인데도 로빈슨 크루소는 항상 문명의 부족함에 허덕이고 부지런히 일만 하는 권위적이고도 낯선 인물로서 도저히 이해 불가한 존재였다.

프라이데이의 시선으로 로빈슨 크루소 소설을 패러디한 프랑스 최고의 소설가 미셸 투르니에(Michel Turnier)는 방드르디(Vendredi, 프라이데이처럼 프랑스어로 금요일이라는 뜻)를 전면에 내세워 광대한 신화와 야성의 세계를 보여준다.[4]

무인도는 더 이상 외딴 섬이 아니었다. 자연과 인간이 하나가 되고 대지는 꿈틀거린다. 뜨거운 태양빛이 작열하며 만물을 풍요롭게 만들고 거기에는 본능과 욕망과 죽음의 세계가 펼쳐진다. 죽음이라고 해도 그것은 처참한 신의 징벌이 아닌 생성과 소멸의 자연스런 순환일 뿐이었다.

로빈슨 크루소의 무인도는 홀로 고립된 개인이 구차한 문명의 지식체계를 활용하여 식민지 왕국을 건설하려는 아버지의 공간이었다. 이와 달리 로빈슨M(로빈슨 크루소의 프랑스 작품명, 이하 로빈슨M으로 표기)과 방드르디가 보여준 스페란차(무인도에 붙인 희망이란 뜻의 이름)는 자연 본연의 생명력이 신화와 욕망의 세계 속에서 꿈틀거리는 어머니의 세계였다. 당연히 로빈슨 크루소의 무인도처럼 허구의 인공적 질서를 건설하기 위해 동원한 엄숙한 청교도의 신과 경건한 도덕은 부질없고 쓸데없는 것이 되어버렸다. "어떤 기독교의 심저에는 자연과 사물에 대한 근원적 거부가 도사리고 있다"는 로빈슨M의 항해일지처럼 기독교의 신은 인간이 자연과 사물의 활력에 직접 공감하는 소통과 떨림을 주술과 야만으로 간주하여 일찌감치 추방했던 터였다.

무섭도록 혼자가 된 로빈스M은 존재의 문제에 골몰한다. 예전에 그는 누군가 타인의 부재는 나로 하여금 존재에 대해 의혹을 갖게 할 것이라는 말을 비웃곤 했었다. 이제는 아니었다. 존재한다(exister)는 말은 밖에 있다(sistere ex)는 뜻이다. 사르트르(Jean Paul Sartre)의 관점에서 실존(existence)은 자신을 부단히 극복하고 '밖으로'(ex) 향하는 '존재'(istence)로서 탈존(脫存)의 의미를 지닌다. 인간은 끊임없이 자신의 현재 모습을 뛰어넘는 지향성을 가진 자유로운 존재다. 그런데 미셸 투르니에는 로빈슨M의 입을 빌려 다른 의미로 접근한다. 존재한다는 말인즉 밖에(ex) 있는 것은 존재하고 안에 있는 것은 존재하지 않는다.

나는 나로부터 벗어나서(ex) 타인 쪽으로 도망쳐 나갈 때만이 존재한다.
너는 너로부터 벗어나서(ex) 타인 쪽으로 도망쳐 올 때만이 존재한다.
너는 나에게 나는 너에게 서로 다가감으로써만 존재한다.
타인은 서로를 존재하게 만드는 존재의 거울이다.

사회 역시 너와 나의 탈존재 속에서 어우러짐으로 구성된다. 나 혼자를 고집하는 것은 내가 존재하지 않는 것과 같다.

또 하나 끈질기게 고집하는 것이 있었다. 그것은 바로 존재하지도 않는 비존재가 자꾸 자기를 존재한다고 믿게 하려고 기를 쓴다는 사실이다. 이미지, 몽상, 계획, 환영, 욕망, 고정관념, 특히 신처럼 존재하지도 않는(exsiste) 것이 존재하려고 고집하는 것이다(insiste).

로빈슨M은 스페란차에서 신과 같은 비존재를 제거하고 자기의 존재를 위한 타자를 손꼽아 기다린다. 그러기 전에 어머니와도 같은 무인도에서 대지의 여성성을 느끼며 에로티시즘에 서서히 빠져든다. 대지와 직접 하나가 된다. 성과 죽음이다. 프로이트(Sigmund Freud)가 말하는 삶의 본능인 에로스(Eros)와 타나토스(Thanatos)라는 죽음의 본능과도 같다.

사회는 수많은 개인이 태어나서 살아가고 죽어가며, 생명이 죽음을 잉태하고 죽음이 새로운 생명을 낳는 종(種)의 유지, 말하자면 삶과 죽음의 변증법적 파노라마와 반복으로 집단적 영원성을 갖고자 한다. 미셸 투르니에는 작품 속에서 생명과 죽음의 잉태관계를 좀더 질척거리게 쓴다.

생식한다는 것은 순진하게 그러나 가차 없이, 전(前) 세대를 무(無)로 밀어내고 다음 세대를 불러오는 일이다. …어린아이는 그들이 자라기 위하여 필요한 모든 것을 받아들였던 것과 마찬가지로 자연스럽게 그들을 낳아준 존재들을 쓰레기더미로 내보낸다. 이렇게 생각해 볼 때 양성을 서로서로 끌어당기게 하는 본능은 하나의 죽음에 대한 본능이라 할 수 있다.

생명은 죽음을 잉태한다. 양성을 끌어당기게 하는 생명의 에로스는 파괴라는 타나토스의 본능과 동시적이다.

가끔 학생들에게 말한다. "에로스가 없었다면 여러분은 오늘 책상에 앉아 있지도 못했을 것이다. 에로스는 생명의 시작이다. 하루의 시간도 마찬가지다. 하루를 죽도록 사랑하라. 아침은 생명의 에로스이며 저녁은 죽음과 파괴의 타나토스이다. 아침에 눈떠서 죽도록 사랑하고 저녁별이 빛나는 시간은 하루를 죽음처럼 잊어버려라. 카뮈의 『이방인』에서 주인공 뫼르소(Mersault)가 그렇다. 뫼르소라는 이름 자체에 이미 죽음(meur)으로 인도하는 태양(sault)이 암시되어 있다."

내가 살아간다는 것은 죽음을 향해 가고 존재의 빈자리를 새로운 생명에게 내주는 일이기도 하다. 생명과 죽음은 거대한 흐름이며 어김없는 생성과 소멸의 자연법칙이다.

맬서스가 접근하는 성욕(생명)과 죽음은 전혀 달랐다. 그가 『인구론』의 첫머리에 내세운 자명한 진리는 두 가지다. 식량은 인간의 생존에 필요하며 또 하나는 남녀 간의 성욕(passion between the sexes)은 필연적이라는 것이다. 식량과 성욕은 절대권능의 신 말고는 바꿀 수 없는 절대불변의 법칙이다.

신은 두 가지의 모순된 조건을 인간에게 부여하였다. 식량은 한정되어 있는데 종족보존의 성욕 본능은 거의 무한에 가깝다. 맬서스는 일차적으로 조기결혼, 방탕, 음란, 비정상적인 성욕을 금지하는 도덕적 억제를 강조한다. 그렇지 못한 인간행동은 타락이며 불행과 악덕이었다. 금욕의 도덕적 책임을 완수하지 못한 인간에 대해서 신은 언제든 유행병, 질병, 영양실조, 기근, 전쟁으로 징벌할 수 있었다. 성욕을 인간본성으로 부여하면서 동시에 죽음의 책임을 인간에게 돌리는 신의 행위는 모순 그 자체였다.

로빈슨M의 무인도 스페란차에서는 무서운 신도 엄격한 도덕도 없다. 에로티시즘과 죽음의 본능이 서로 어우러지고 내면적으로 꿈틀거리는 원시적 야생의 공간이었다. 인간의 원초적 본능이 초월적 존재에 의해 감시되고 처벌받고 죽음이라는 모습으로 외재화되는 문명의 도시와는 완전히 달랐다. 맬서스의 공간은 허구적인 비존재의 신이 삶의 세계와 분리된 채 차갑고 엄격한 섭리에 의해 실재적 인간존재를 죽음으로 몰아가는 암울한 세계였다.

로빈슨M은 서서히 신을 추방하고 꿈틀거리는 대지의 생명력과 혼연일체가 되면서도 자신만의 문명왕국을 건설하기 위해 부단히 일한다. 그런 노력을 한꺼번에 수포로 돌리는 사건이 발생한다.

로빈슨 크루소의 프라이데이처럼 무인도에 방드르디(로빈슨M이 나중에 붙인 이름)가 출현한다. 섬으로 끌려와 사형 집행의례를 받고 있던 방드르디가 갑자기 도망치자 인디언 두 명이 맹렬히 추격한다. 로빈슨M은 덤불숲에서 자기 쪽으로 달려오는 방드르디 때문에 자신의 존재가 발각될까 봐 두려워 장총을 겨눈다. 방드르디를 쏴야만 인디언들은 커다란 총소리에 화들짝 놀라면서 천벌로 알고 도망칠 것이라 믿었다. 장총을 겨누고 방아쇠를 당기려는데 품에 껴안고 있었던 텐(로빈슨M이 난파되기 이전부터 배에서 함께 지냈던 개)이 갑자기 몸을 빼내려고 발버둥친다. 총구는 흔들리고 과녁을 빗나가서 뒤쫓아오던 인디언 한 명을 맞힌다. 그렇게 방드르디는 살아남는다. 과녁을 겨냥했던 로빈슨M의 계산 합리적인 세계가 도전받았듯이 방드르디는 섬의 기존 질서체계와는 완전히 저항적이고 대립적인 존재로 떠오른다.

어느 날 방드르디가 주인 몰래 동굴에서 담배를 피우다가 들키자 엉겁결에 불씨가 남은 파이프를 화약창고로 던진다. 섬은 순식간에 폭발하여 로빈슨M이 그동안 건설했던 주택과 창고를 비롯한 제국과 문명의 힘은 한순간에 부서졌다. 이때부터 둘은 벌거벗은 야만의 상태에서 평등한 관계를 유지한다. 오히려 로빈스M이 신화와 야성의 세계를 상징하는 방드르디에게 기운다.

현대문명이란 따지고 보면 물질과 에너지가 고도화된 방식으로 변형된 것에 지나지 않는다. 우연의 불씨로 거대한 문명이 순식간에 붕괴할 수 있는 임계점에 지구 전체가 다다르고 있음이다.

경제학의 차원에서 방드르디가 보여준 행위는 희소성과 풍요성의 문제로도 접근할 수 있다. 방드르디는 못 먹는 것이 없었다. 나무껍질, 야자수, 물고기, 새알, 썩은 내장, 햇볕에 널어놓아 파리가 엉겨붙은 염소의 내장, 구더기까지 식량과 약재로 삼았다. 방드르디는 못하는 것도 없었다. 한번은 어미에게 쫓겨나서 쇠약해진 새끼독수리를 간병하였다. 그는 조개껍데기로 썩어가는 염소의 내장을 긁어내서 구더기를 모으더니 한줌을 자기 입에 넣고 씹었다. "살아 있는 벌레는 너무 싱싱해서 병든 새에게 바로 줄 수는 없지"라고 중얼거리는 모습에 로빈슨M은 기가 찰 노릇이어서 헛구역질까지 해댔다.

문명의 지식체계에 길들여진 로빈슨M에게 섬은 모든 것이 희소하고 부족하였다. 방드르디는 자연의 풍요와 풍족함을 즐겼다. 희소성(scarcity)과 풍요성(plenty)은 상대적 속성일 따름이었다.

미셸 투르니에의 프랑스 사조를 대변이나 하듯 조르주 바타유(Georges Bataille)는 희소한 자원으로 최대 생산을 거두는 이익 극대화 논리와 희소성의 가정을 거부하고 과잉과 잉여에 대응하는 '비생산적 소비'(소모, dépense)를 새로운 개념으로 보여준다. 그는 지구 전체의 역사적인 흐름을 희소성과 결핍이 아니라 풍요와 과잉의 원리에서 파악한다.

바타유는 자연철학적으로 풍요와 발전을 제공하는 태양에너지가 "부의 원천과 본질을 아무런 대가 없이 공짜로 베푼다"[5]는 사실에 근거하여 증여의 본질을 파헤친다. 개체의 관점에서 자원은 언제나 부족하다지만 지구 생명체 전체로 볼 때 풍요와 잉여는 항상 존재하였고 역사적으로 생산 잉여문제를 어떻게 처리하느냐에 따라 위기 양상도 달라져 왔다.

인간사회는 과잉에너지를 해소하기 위해 때때로 전쟁에 기댈 수밖에 없었다. 전쟁의 비극을 사전에 해결하는 방법의 하나로 생각한 것이 비생산적 소비(소모)였다. 과잉물자가 무한한 성장으로 연결되는 데는 분명히 한계가 있었기 때문에 비생산적 소비로 미리 파괴할 필요가 있었다. 증여, 포트래치(potlatch), 희생제의, 축제, 기증, 거대한 기념물 건축, 끝없는 전쟁, 인간의 과시적 소비 등도 잉여를 처리하는 현상일 뿐이었다. "바타유가 보기에 잉여를 가장 지혜롭게 사용한 인간은 우리가 야만인이라고 불렀던 고대인들이었다."[6] 방드르디 역시 자연의 풍요와 선물을 가장 지혜롭게 사용한 야만인이었다.

마침내 거대한 배가 스페란차에 도착하자 모두가 지긋지긋한 섬에서 벗어날 수 있게 되었다. 방드르디는 배를 타고 문명의 세계로 떠난다. 로빈슨M은 원전 소설의 로빈슨 크루소와 달리 그대로 섬에 남는다.

방드르디에 동화되었던 로빈슨M에게 영국은 개들과 염소들이 생존경쟁을 벌이고 신의 지배 아래 인간이 외면당하는 섬이었으며, 새로 합류한 주디(Jeudi, 목요일이라는 뜻으로서 하늘의 신인 주피터의 요일을 의미)라는 소년과 함께 자신이 남은 무인도는 하늘과 대지와 땅을 잇는 풍요로운 욕망과 신화의 세계였다.

스페란차의 섬은 탈(脫)호모 에코노미쿠스의 세계를 상징한다. 무인도에서 출발한 염소들과 개들의 행동공리와 같은 추상의 오류도 없고 유럽문명에서 뽑아낸 호모 에코노미쿠스의 계산 합리적 행위자도 없다.

아도르노와 호르크하이머(T. Adorno and Max Horkheimer)가 『계몽의 변증법』에서 지적했듯이 근대의 계몽(啓蒙, enlightenment)은 글자 그대로 이성과 합리성의 빛이 로빈 후드가 도망쳤던 거대한 떡갈나무 숲의 어둠을 쫓아내고 파괴하는 데서 시작한다. 숲은 어둠으로 뒤덮이고 꿈틀거리는 나무뿌리 위로 요정이 뛰어다니는 마법의 세계였기에 병사들도 더는 추격할 수 없는 금단지역이었다. 이제 인간은 지식을 힘(Knowledge is power)으로 삼아 울창한 숲을 파괴하고 주술과 맹목적인 운명으로부터 벗어나 자연을 지배할 수 있었다. 계몽은 탈마법화 작업을 주도하여 인간을 야만상태에서 해방시키고 기술과 과학을 매개로 근대 생산력을 거침없이 밀어붙였지만 새로운 문명의 억압은 다시 야만을 초래하고 말았다.

계몽시대에 인간과 몸으로 부대끼던 자연도 직접적인 상호작용의 과정에서 분리되고 일정 거리 밖으로 쫓겨났다. 인간과 자연 사이에는 매개체가 끼여들고 서로 간접화된 것이다. 자연은 하나의 대상으로서 개념을 통해 분석되고 지식체계의 언어와 기호도 자연을 인식하는 계산도구로 작동한다. 모든 것은 이성과 과학기술의 잣대로 표준화된다. 계몽의 전개는 '계산 가능성과 유용성의 척도에 들어맞지 않는 것'을 제거하는 과정과 동일하였고 여기에 폭력이 수반되는 일은 당연하였다.

계몽은 인간이 세계의 주인이 되길 꿈꾼다. 계몽은 자연을 지배하는 작업에 나선다. 자본주의는 고유한 개별성(the individual)을 일반적 보편성(the general) 아래로 집합시키고 포섭해 가는 작업의 일환이었다.

혼돈(chaos)의 주술세계에서 개별성은 세계의 주인이 되는 자연과 몸으로 접촉하고 상상과 신화, 애니미즘으로 자신을 섞는다. 신과 자연과 인간이 보이지 않는 주술적 세계에서 혼연일체를 이루고 물질적 충족도 영적 교통의 호혜적 주고받음이라는 총체적 관계망과 맞닿아 있었다.

"주술세계가 카오스의 세계라면, 계몽의 세계는 체계의 세계다."[7] 로빈슨M이 떠나지 않고 남은 스페란차는 애니미즘과 마법이 살아 움직이는 카오스의 세계였다.

언젠가 도슨트 교육을 받는 아내를 따라 전시회를 갔다. 전체 그림의 주제는 들뢰즈가 철학적 주제로 삼았던 줄기뿌리의 '리좀'(rhyzome)이었다. 리좀은 덩굴식물로서 어떤 중심 구조에서 벗어나 대지와 맞닿고 접속하며 자유롭게 뻗어나가는 다양성을 뜻한다. 소년 한 명이 발가벗고 야자수가 흔들거리는 백사장에 엎드려 있는 그림 앞에서 아는 체를 했다. 방드르디가 대지의 여신 스펜란차에 엎드려 뜨겁게 교합하는 내용을 연상하면서 덧붙였다. "인간과 자연과 대지가 서로 구분되지 않고 혼연일체가 되는 카오스의 세계가 계몽이라는 야만을 탈주하는 또 하나의 방식은 아닐까?"

장 보드리야르(Jean Baudrillard)가 말하는 '불가능한 교환'(l'échange impossible)도 이 지점에서 머문다. "우리의 모든 노력에도 불구하고 불가능한 교환이 도처에 존재한다고 생각한다. 세계는 교환될 수 없다. 모든 사물 하나하나는 어느 것과도 바꿀 수 없는 고유한 선물이다. 세계는 어디에서도 자신의 등가물을 갖지 못하고 그 어떤 것과도 교환되지 않는다. 극단적으로 세계 자체를 불가능한 교환으로 사유할 수도 있을 것이다."

후안 페르난데스와 로빈슨 크루소의 무인도에서 시작한 야만의 실험은 스페란차 섬에서 또 다른 야생으로 탈주의 길을 모색한다. 거기에는 모든 것을 화폐로 헤집어내어 가격으로 평가하는 계산과 시장교환 체계가 아니라 고유한 증여와 선물의 세계가 있다. 교환할 수 없는 고유한 선물 또는 교환 불가능의 개별적인 것들을 선물처럼 주고받고 되돌려주는 어우러짐과 혼연일체가 증여의 세계다.

칼 폴라니가 경제인류학에서 끄집어낸 호혜(상호성, reciprocity)의 경제학은 남태평양 뉴기니 동북쪽 트로브리안드(Trobriand) 섬에서 보인다. 트로브리안드 섬을 포함한 서멜라네시아의 쿨라 군도에서 이루어져 온 쿨라 링(kula ring) 교역은 순환형의 호혜망을 잘 설명해 준다.

쿨라 교역에서는 주민들이 매년 섬 전체를 둥그런 원으로 그리며 카누 또는 오늘날에는 모터보트로 원정하여 조개껍데기 팔찌인 음왈리(mwali)와 자개 목걸이인 술라바(soulava)를 의례적 선물로 주고받는다. 일정한 규칙을 지니는 이 원정교역에서는 목걸이는 시계방향으로, 팔찌는 시계 반대방향으로 돌면서 각 부족끼리 정해진 상대방에게 선물로 제공된다. 일정한 시간이 지난 뒤에 답방이라는 의례적 행사가 다시 치러지며 목걸이 선물은 팔찌로 답례하고 팔찌는 목걸이로 선물하는 순환이 이뤄진다.

호혜는 시장교환처럼 즉각적 등가교환이 아니라 일정한 시간적 격차를 두고 선물과 답례가 부등가적으로 이뤄지면서 사회적 유대

관계를 항구적으로 지속시켜 준다. 증여의 호혜망은 우정과 신뢰를 유동적 힘으로 삼아 주고받고 되돌려주는 연쇄고리와 파동을 낳는 곡선이라고 볼 수 있다.

　어쨌든 후안 페르난데스의 무인도에서 시작한 호모 에코노미쿠스의 행동공리가 스페란차와 트로브리안드 섬에서 우리 삶의 방식을 송두리째 바꿀 것을 요구하는 존재론적 전회(ontology turn)가 일어나는 것도 공교로운 일이다.

애덤 스미스의 시신경제학

　미셸 투르니에의 『방드르디, 태평양의 끝』에서 로빈슨M이 방드르디를 문명의 세계에 길들이면서 가장 분노한 것은 '방드르디의 발칙한 웃음'이었다. 도대체가 도덕적으로 경건하고 엄숙한 모습은 찾을 길이 없었다.

　웃음은 엄숙한 종교적 권위에 도전하는 악마처럼 위험천만하다. 웃음은 사람을 두려움에서 해방시켜 준다. 농노도 웃으면 주인이 된다. 움베르토 에코(Umberto Eco)의 『장미의 이름』이란 소설도 웃음 때문에 연쇄살인을 저지르는 신부를 추적한다.

　로빈슨M은 일요일 종교의식을 치르면서 말한다.

　"하나님은 전지전능하시며 도처에 존재하시며, 끝없이 착하시고, 다정하시며, 의로우신 주인이니 인간과 모든 사물의 창조주이시라."

이 말에 방드르디는 신을 모독하는 듯한 웃음을 참지 못하고 터뜨린다. 로빈슨M이 따귀를 때리자 그제야 비로소 방드르디는 웃음을 멈췄다.

방드르디는 신에 불복종할 뿐더러 세상을 무질서하게 만드는 악마의 씨앗이었다. 로빈슨M이 방드르디에게 동화되기 이전까지 선과 악은 세상을 조화롭고 안정되게 만드는 신의 섭리였다. 조롱 섞인 방드르디의 웃음은 엄숙한 신의 질서와 도덕적 권위를 통째로 뒤흔드는 것이었다.

로빈슨M과 맬서스의 세계도 크게 다르지 않았다. 신의 직접적 통치에만 기대는 왕국은 취약하였다. 웃음 한 방으로 흔들릴 수 있었다.

맬서스 경제학은 보편적 선을 위해 악은 부분적으로 정당화된다는 신의 섭리를 전제로 한다. 산 자의 생명을 위해 굶주림의 고통과 죽음을 신의 이름으로 허용하는 끔찍한 세계였다. 그런데 신도 피조물이 굶어죽어 가면서 저주하는 비난을 언제나 감당하기란 벅찼다. 견디다 못한 빈민들이 분노를 폭발시켜서 체제에 저항한다면 어떻게 될 것인가?

근대국가로 넘어오면서 신의 조건도 합당하게 바꿔야만 했다. 신은 한걸음 뒤로 물러선다. 신이 창조했던 우주도 이제는 거대한 시계처럼 정밀한 부속품들이 결합하여 스스로의 운행법칙에 따라 움직이는 기계장치였다. 신은 위대한 설계자였으며 시계제작자(Great Clockmaker)였다. 신은 더 이상 맬서스의 세계처럼 인간사회에

자의적으로 개입하여 도덕적 타락을 악덕으로 여기고 죽음으로 징벌하는 인격적 신이 아니었다. 자연에 내재한 법칙에 따라 신의 계획과 의지를 구현하는 합리적이고도 이성적인 모습으로 자리 잡게 되었으니 흔히들 이신론(理神論, deism)이라고 부른다.

신이 뒷걸음쳐 물러선 공백을 무엇으로 메울 것인가? 인간세계의 질서를 균형적으로 유지하기 위해 선과 악이라는 징벌장치는 여전히 필요했다. 게으르다 못해 발칙하게 웃어대는 방드르디와 같은 악의 씨앗은 어떤 식으로든 징벌이 가능해야 했다.

신의 모습을 갖춘 대리인이 절실했다. 좀더 세련되게 신의 섭리를 대신하는 유사기구를 만들어야만 통치권력도 안정될 수 있었다. 인간이 인위적으로 설계하고 만들었지만 마치 신의 모습으로 신성시되어 어떤 비극이 일어나더라도 함부로 비난과 책임을 돌릴 수 없는 비인격적인 섭리의 메커니즘이 필요했다. 그것은 말할 나위도 없이 수요와 공급이 자동적으로 사회질서를 조절하는 자기조정시장이었다. 여기에도 어김없이 균형과 안정을 궁극적 종착역으로 삼는 신의 목적론(teleology)이 내재하게 된다.

사람이 죽어나가는 것은 여전했다. 다만 맬서스 세계에서 신의 징벌은 질병·전쟁·기아처럼 공포스럽고 노골적인 죽음으로 드러났으나 자기조정시장에서는 은밀하면서 위협적인 모습으로 나타난다.

우리가 이름도 께름칙해서 선뜻 드러내기도 어려운 죽음 또는 시신경제학(necro-economics)은 맬서스의 세계를 거쳐 자기조정시장의 속내를 더욱 확연히 드러내준다. 이것은 이탈리아 철학자 조르조 아감벤(Giorgio Agamben)의 호모 사케르(homo sacer), 카메룬의 철학자이자 정치이론가인 아쉴 음벰베(Achille Mbembe)의 시신정치학(necro-politics), 영국의 정치철학자 워런 몬탁(Warren Montag)의 시신경제학으로 이어진다.

시신경제학은 초기 경제학의 세계를 낙관적으로 그렸던 애덤 스미스의 보이지 않는 손(invisible hand)도 이를 비켜나지 못한다.

죽게 만들고 살게 내버려둔다

아감벤의 호모 사케르는 미셸 푸코의 생명관리 권력(biopower, 생체권력)의 연장선에서 이뤄진다. 어쩌면 아감벤의 논의가 생명관리 권력을 더욱 주목받게 했을지도 모른다.

푸코는 근대권력의 특징을 생명관리 권력에서 끌어낸다. 과거 국가의 존재 또는 '짐이 곧 국가'였던 절대주의 시대에 군주는 생명과 죽음을 절대권력으로 행사하여 자신의 존재가치를 증명했다. 군주(주권)권력은 신민에 대한 생사여탈권을 갖고 죽음의 위협으로 생명과 재산을 징수하여 빼앗을 수 있는 '죽이는 권력'을 가졌다. 푸코의 비유대로 군주는 '죽게 만들고 살게 내버려두는'(make die and let live, faire mourir et laisser vivre) 것으로서 죽이는 권력에 초점을 두었다.

자본주의 시대를 맞아 새로운 주권권력은 자본과 생산에 걸맞은 통치방식으로 바꾼다. 죽일 수 있는 낡은 권력이 아니라 노동력의 재생산을 확보하기 위해 생명을 살리는 쪽으로 방향을 돌린다. 이는 '살게 만들고 죽게 내버려두는'(make live and let die, faire vivre et laisser mourir) 것으로 나타난다. 생명을 자연적으로 '내버려두는'(let live) 것이 아니라 권력이 적극적으로 개입하여 이제 '생명 만들기'(to make live), 즉 생명은 관리대상이 된다. 생명관리 권력은 신체를 유순하게 길들이기, 노동의 규율, 뛰어난 노동력 육성, 산아제한, 건강, 국력을 위한 체력, 의료체계, 교육(인적 자본 육성), 인간종으로서의 인구조절로 생명을 권력 안으로 포획하고 죽음에 대해서 더는 관여하지 않고 놔두는 방향으로 나간다. 인간의 생명은 더 이상 자연상태가 아닌 정치권력의 조절대상이 되고 죽음은 권력의 경계 바깥으로 밀려난다.

생명이라고 모두가 노동력의 재생산 대상이 되지는 않았다. 더 우세한 인간종의 생명을 더욱 우세하게 조절하여 더 많은 잉여노동의 가치를 얻어야 했다. 열등한 생명은 정치 바깥으로 추방되어 밀려났다. "열등한 종(種)이 죽어 없어질수록, 비정상적인 개인들이 제거될수록, 종 전체적으로 퇴화시키는 것이 줄어들수록 나는 개인이기보다는 종으로서 더 살 수 있고, 더 강해질 것이며, 더 활력 있을 것이다. 나는 더 번식할 수 있을 것이다."[1]

푸코가 생명을 정치대상으로 삼는 생명관리 정치(biopolitics, 생체정치)는 아감벤이 보기에 근대 특유의 현상은 아니었다. 아주 오래전 서양 고대사회에서부터 생명은 이미 정치의 대상이 되어왔다.

아감벤은 호모 사케르의 개념을 통해 생명관리 권력을 거슬러

재조명한다.[2] 고대 그리스어에서 생명 또는 삶을 가리키는 두 단어가 있다. 조에(zoe)와 비오스(bios)였다. 조에는 ZOO(동물원)의 어원이 듯이 단순히 삶을 유지하고 재생산하는 동물적인 삶으로서 '벌거벗은 생명'(bare life) 또는 '자연적 생명'(natural life)을 가리킨다. 비오스는 폴리스와 같은 집단에 참여하는 로고스(이성, 언어)의 존재로서 '가치있는 생명'(good life)을 뜻한다. 조에는 정치영역인 폴리스에서 배제되고 오직 오이코스(oikos, 가정)라는 경제영역에만 국한되어 있었다.

서양 전통에서는 조에와 비오스가 각각 그렇듯이 '단순히 산다는 것'과 '정치적으로 가치 있는 삶'을 구분하였다. 아울러 조에와 비오스의 대립처럼 단순한 생명-정치적 삶, 비이성-이성, 벌거벗은 생명-가치 있는 삶, (폴리스의) 배제-참여라는 이항구조가 성립하게 된다. 그러다 근대에 결정적인 격변이 일어난다. 조에를 폴리스 영역에 도입하는 것, 즉 벌거벗은 생명 자체를 정치화하는 근대성(modernity)의 사건이 벌어진다. 이 과정에서 푸코의 용법대로 "극도로 정교한 정치기술을 통해 일종의 인간의 동물화가 벌어진다." 인간이면서 인간이 아닌, 가치 있는 삶에 포함되면서 동시에 배제되는 벌거벗은 생명의 모습이 바로 근대 생명관리 권력이 작동하는 토대가 된다.

아감벤은 호모 사케르의 형상을 고대 로마법에서 끌어내어 구체화한다. 호모 사케르는 '신성한 인간'으로 옮길 수 있지만 본디 사케르(sacer)는 성스러운 것과 속된 것이라는 이중적 의미가 겹쳐 있다. 성스러우면서 저주받은 인간이다. 호모 사케르는 범죄자로 판정

받아 법 바깥으로 추방되었으며 동시에 오염되었고 불결하기 때문에 신의 법에서도 외면당해 희생물로도 바칠 수 없는 존재였다. 누구든 그를 살해해도 면책을 받는다. 신성한 공동체에 살고 있으면서도(=성스러움) 재판 없이 누가 죽여도 상관없는 저주받은(=속됨) 이중적 인간이다. 호모 사케르의 흔적은 로마의 국외추방에서부터 중세의 사형수를 거쳐 나치 수용소의 수감자, 망명신청자, 난민의 형태로도 존재한다.

미셸 투르니에 소설에서 인디언의 죽음의식에서 탈출하여 로빈슨M(또는 로빈슨 크루소)에게 우연히 구출된 방드르디(또는 프라이데이) 역시 처음에는 호모 사케르였다.

방드르디는 완벽할 만큼 고분고분하다. 사실 그는 무당이 손가락을 구부려 그를 지목한 이후 죽은 것이나 다름없다. 도망친 것은 영혼이 없는 육체, 맹목의 육체뿐이었다. 목이 잘리고 나면 몸뚱이만 날개를 치면서 도망치려고 하는 들오리처럼. … 그후 방드르디는 몸과 넋이 다 백인의 소유다. 그의 주인이 시키는 것이면 무엇이나 선이요 그가 금지하는 것이면 무엇이나 악이다. …주인이 정해 준 몫보다 더 많이 먹는 것은 악이다.

저주받은 방드르디는 로빈슨M의 무인도 스페란차에 포함되어 있으면서도 배제되어 있고 누가 살해해도 책임을 묻지 않는 '예외상태'로서의 존재가 된다. 로빈슨M이 세운 왕국의 주권통치는 방드르디라는 호모 사케르를 창출함으로써 더 견고해진다.

방드르디가 마지막에 구출선에 올라 무인도를 떠나서 영국이라는 신성한 왕국에 포함됐을지라도 그는 여전히 버림받는 유색인종이고 떠돌이 난민으로서 배제되고 '살아 있는 물질'(biomass)에 지나지 않게 된다.

호모 사케르의 벌거벗은 생명은 생명관리 경제(bio-economy)의 메커니즘으로 넘어가야 좀더 핵심을 들여다볼 수 있다.

다시 후안페르난스 섬에서 개들과 염소들이 치열하게 생존경쟁을 벌이는 장면으로 돌아가 본다. 염소들은 험준한 바위를 건너뛰며 살아남기 위해 안간힘을 다 쓰지만 허약한 놈들은 더는 버틸 수가 없었다. 힘없는 염소들에게 뾰족하게 깎아지른 높은 바위 턱은 호모 사케르가 창출되는 경계선이 된다. 아감벤의 용어로 근대성의 생물학적 문턱이다. 바위 턱이라는 한계선까지 몰린 허약한 염소들은 전체 종이 살기 위해서 개들의 먹잇감으로 죽어야 할 존재였다. 허약하다는 것은 부지런하지 못한 개체의 책임이고 악이었기 때문에 언제든 죽임을 당할 수 있는 호모 사케르가 된다.

근대성의 생물학적 문턱에서 염소들과 개들의 행동공리는 동물화된 인간사회에도 여지없이 적용된다. 뾰족한 바위처럼 수많은 생명과 죽음의 경계선이 지금 여기 디지털의 플랫폼 자본주의 생산과 유통현장에서 거미줄처럼 늘어져 있으며 '여기 거미줄에 매달린 호모 사케르'는 어떤 식으로 죽든 아무도 책임을 지지 않는다.

한국사회에서 비록 저임금 장시간 노동일지라도 모두 정규직이었던 노동자들은 이제 정규직 외에 수많은 비정규직으로 차등 구별된다. 하청업체 비정규직의 파견 청년이 건설현장이나 지하철에서 죽음을 당해도 누구 하나 책임지지 않는다. 택배노동자들이 과로사로 숨져도 누구도 처벌받지 않는 면책살인으로 취급된다. 대표적으로 플랫폼 노동자는 사업자로 구분되어 노동법으로부터 모든 권익에서 배제되어 있다. 한국사회에 포함되어 있으면서 한국의 법체계에서 배제되어 있다. 아감벤은 이러한 호모 사케르를 포함적 배제(inclusive exclusion)라고 부른다.

푸코가 근대의 생명관리 정치를 '살게 만들고 죽게 내버려두는' 것이었다고 하지만 아감벤을 좀더 들여다보면 현재에 와서는 오히려 거꾸로 '죽게 만들고 살게 내버려두는' 절대군주의 낡은 권력이 고도의 세련된 모습으로 드러난다. 경계선에서 숱한 노동자들은 '죽도록 놔두거나 죽음에 노출되어'(letting die or exposing to death) 언제든 죽임을 당할 수 있지만, 아무에게도 직접 책임을 물을 수 없는 면책권한이 대기업을 비롯한 한국의 자본블록 동맹을 특권화한다. 미리 말하자면 시신의 정치경제학(necro-political economics)이다.

아프리카 카메룬 출신의 정치철학자 음벰베는 푸코와 아감벤의 생명관리 정치를 끝까지 밀어붙여 시신정치학(necro-politics)으로 발전시켰다. 그는 제2차 세계대전 이후 제국주의와 식민지 점령이 끝난 지금에도 깊이 존재하는 인종차별, 제국주의적인 경제적 억압, 제국주의가 부여한 식민지 정체성에서 탈피하여 진정한 해방을 주장하는 탈식민주의자에 속한다.

음벰베의 시신정치학은 나치의 홀로코스트, 아프리카에 대한 식민지 폭력, 특히 남아프리카공화국의 아파르트헤이트(apartheit, 흑백분리와 인종차별)를 염두에 두고 식민지 비극과 수용소 공간을 동일하게 여기는 데서 시작한다. 식민권력은 피식민자들의 생명을 죽여도 항시 면책을 받는다. 초법적 주권을 행사하는 식민권력 아래서 식민지 생명은 벌거벗은 생명이었으며 언제든 사법적 질서가 중지될 수 있는 '예외상태'에 속했다. 푸코와 아감벤을 경유하여 제국주의 발전과 식민지 예외상태를 분석했다는 점에서 주목을 끌었다.

시신정치학은 식민지 공간에서 "어떤 사람은 어떻게 살 수 있고 어떤 사람은 어떻게 죽어야만 하는지"(how some people may live and how some must die)를 지시하는 사회경제적 권력이었다. 시신 정치권력(necro-power)은 불특정 사람들을 죽음의 폭력으로 내몰고 나머지 생명들은 지배질서에 철저히 복종해야만 살아갈 수 있는 노예상태를 궁극적 목표로 삼는다. 식민지 사회는 대다수 사람들이 죽지 않기 위해서 '죽은 듯이 살아가야만 하는 죽음의 세계'였다. 생명은 좀비처럼 걸어다니는 시신이었다. 음벰베는 아감벤의 '벌거벗은 생명'을 식민사회에 적용하여 한층 더 처참하게 '살아가는 주검'(living dead)으로 밀어붙였다.[3]

시신정치학이 있다면 시신경제학은 없을 것인가? 극단적 허무의 니힐리즘일 수도 있다. 워런 몬탁은 푸코, 아감벤, 음벰베의 인식틀을 자본주의 시장경제에 적용하여 시신경제학으로 발전시킨다. 그 논지는 애덤 스미스의 『도덕 감정론』(The Theory of Moral Sentiments,

1759)과 『국부론』(*The Wealth of Nations*, 1776)을 대상으로 삼아 전개된다.[4]

시신경제학과 보이지 않는 손

시신경제학은 조셉 타운센드가 무인도에서 개들과 염소들의 싸움이라는 가상의 실험공간에서 뽑아낸 행동공리의 연장선을 이룬다. 경쟁과 도태의 자기시장경제에서 진행된 죽음(불행)의 조절과 생명의 행운은 보편적 선을 위해 악을 부분적으로 정당화하였다.

시신경제학을 따라가다 보면 애덤 스미스의 '보이지 않는 손'도 '죽도록 놔두거나 죽음에 노출시키는' 악을 통해 보편적 선을 정당화하는 자연적 경로였으며, 누구든 거기서 죽어도 아무도 책임지지 않고, 그것은 개인도 국가도 어쩔 도리가 없는 신의 섭리였다.

애덤 스미스의 보이지 않는 손은 『도덕 감정론』에서 '조화로운 분배의 손'이지만 실상은 초인격적 시장경제 메커니즘으로서 '죽임의 면책권리'도 갖는다.

> 거만하고 몰인정한 지주가 자신의 광대한 들판을 바라보면서 수확물 전부를 자기 혼자 소비하겠다고 상상하는 것은 부질없는 일이다. 그들도 가난한 사람이 소비할 정도만을 소비한다. …그들의 자연적인 이기심과 탐욕에도 불구하고 모든 개량(all their improvements)의 농산물을 가난한 사람과 나누게 된다. …

지주들은 **보이지 않는 손**에 인도되어 토지가 모든 주민에게 똑같은 몫으로 분배되었을 경우와 마찬가지로 거의 동일한 정도의 생활필수품을 분배하게 된다. 따라서 이를 의도하는 일 없이 (without intending it) 그리고 이를 알지도 못한 채(without knowing it) 사회의 이익을 촉진시키고 종종 번식의 수단을 제공한다. (*TMS*, p. 165. 이하 강조는 인용자)

보이지 않는 손에는 세상만사를 '그냥 놔두면'(let alone) 신이 알아서 부자와 빈자의 분배를 해결해 주는 시장경제의 자유만능주의가 깔려 있다. 조화로운 분배를 위해 국가와 개인이 직접 나서거나 지주의 인간애 또는 정의감을 기대하는 것은 헛된 일이다. 지주들의 천성적 이기심(natural selfishness)과 탐욕에 기대면 해결된다.

거대한 토지의 지주들도 가난한 사람과 똑같이 하루 세 끼 밥을 먹기 때문에 수확량 전부를 자신이 차지할 수는 없다. 지주들이 최고로 맛있는 것을 먹고, 호화로운 옷도 입고, 정원을 가꾸고, 하인을 부리고, 자질구레한 사치품도 구입하는 비생산적 소비지출을 통해 빈자들에게 생활필수품이 나눠진다. 흥청망청 사치로 탕진하고 변덕스러운 낭비로 수확물을 소비하면 넘쳐나는 물이 아래로 흐르듯이 **낙수효과**(trickle down effect, 오늘날 고소득층의 소득증대가 소비 및 투자 확대로 이어져 궁극적으로 저소득층의 소득도 증가하게 되는 효과)를 낳아 빈자들도 일정한 몫을 분배받는다.

부자들에게 전체 이익을 고려하는 의도나 미래를 바라보는 앎도 필요하지 않다. 당장 눈앞의 이익과 탐욕에 힘쓰기만 하면 '보이지 않는 손'은 가난한 사람들에게 골고루 생활필수품을 나눠주는 뜻밖의 결과를 가져다준다.

사회 전체의 이득이나 공공목적은 신의 섭리에 속하는 영역이기 때문에 개인들은 다른 것에 신경 쓰지 말고 오직 자기이익에만 충실하면 된다. 자신의 행위가 전체적 차원에서 어떤 기여를 할 것인가를 의도하지 말고(without intending it) 알 필요도 없다(without knowing it). 의도하거나 안다는 것은 신의 섭리에 속한다. 이득행위가 전체적으로 어떤 결과를 낳을 것인가에 대해서 전혀 모를 수 있는 것만으로는 부족하다. 반드시 전혀 몰라야 되는 '무지의 장막'(veil of ignorance)에 갇혀 있어야 한다.

『국부론』에서도 상인들은 돈벌이와 자기이득을 위해서 노력만 하면 된다는 것을 강조한다. 각자 이득의 행위는 전체적으로 '보이지 않는 손'에 이끌려 우리에게 저녁식사를 제공한다. 모두가 맹목적 무지의 장막에 갇혀 있기만 하면 저 너머 신의 섭리가 작동하여 모든 것을 저절로 알아서 해결해 준다.

우리가 저녁식사를 기대할 수 있는 것은 푸줏간·양조장·빵집 주인들의 자비심이 아니라 돈벌이 또는 자기이득(self interest)에 대한 그들의 관심 덕분이다. …개인은 공공의 이익을 증진시키려고 의도하지도 않고… 다른 많은 경우에서처럼 **보이지 않는** 손에 이끌려 그가 전혀 의도하지 않았던 목적(the end which no part of his intention)을 달성하게 된다. 그가 의도하지 않았던 것이라고 해서 사회에 좋지 않은 것은 아니다. (*Wealth*, p. 349)

자신의 행위에 대한 맹목성은 경제주체들에게 필수적이다. 상인들이 장사하는데 자신은 공공이익을 위한다고 애매모호하게 행동해서도 안 된다. 실제로도 그런 일은 없다고 애덤 스미스는 말한다. "나는 공공이익을 위해 장사한다(trade)고 떠드는 사람들이 좋은 일을 많이 하는 것을 본 적이 없다."(같은 책, p. 350)

가난한 자들이 다 착한 것도 아니듯이 부자들이라고 해서 모두 사치와 탐욕으로 방탕하지는 않다. 어느 날 부자들이 갑작스레 깨달음을 얻어 근검절약해서도 안 된다. 인간은 경제적 동물의 본성에 따른 자기이득의 추구자가 되어야 한다. 나머지는 보이지 않는 손이 알아서 전혀 기대하지도 않았던(unexpected) 사회의 공공이익을 실현시키고 자비로운 결과를 만들어낸다. 애덤 스미스의 신은 아무것도 의도하지 않고 알지도 못한 채로 오직 눈앞의 이익에만 힘을 쏟는 호모 에코노미쿠스의 원자론적 행동양식을 작동하게 만드는 이상한 역학이었다.[5]

신이 대지를 소수의 지주들에게 분배했을 때 이 분할에서 제외된 것처럼 보이는 [가난한] 사람들을 망각하지도 포기하지도 않았다. (*TMS*, p. 165)

신은 지주들에게 더 많은 땅을 나눠주긴 했지만 보이지 않는 손을 통해 빈자들에게도 '토지가 모든 주민에게 똑같은 몫으로 분배되었을 경우와 거의 동일한 정도의 생활필수품'이 골고루 돌아가도록 이끈다. 애덤 스미스에게 보이지 않는 손은 인간의 의도와 지식으로 도저히 헤아릴 수 없는 초월적 영역이면서 동시에 귀족과 지주들의 계급질서를 옹호하는 이데올로기 장치가 된 셈이다.

부자들이 낭비하고 탐욕으로 사치해서 낙수효과가 실현되는 동안 가난한 사람들은 벌거벗은 생명으로 굶주림에 지쳐 쓰러지거나 죽어간다. 빈자의 죽음은 전체적 선을 이룩하는 과정에서 어쩔 도리가 없는 부분적 악이며 그것도 보이지 않는 손이 인도하는 섭리였다. 자유방임의 시장경제에 맡긴 보이지 않는 손은 죽음을 면책받았다.

애덤 스미스는 신은 토지분배에서 소외된 가난한 사람들을 "영원히 망각하지도 포기하지도 않았다"고 말하지만 고작 해결책은 보이지 않는 손에 의지하여 지주들의 이기심과 탐욕에 기대는 것뿐이었다.

신이 불평등하게 나눠준 토지분배를 골고루 나눌 수 있는 현실적 방법은 미국의 독특한 경제학자 헨리 조지(Henry Geroge)에게서 나온다. 현실적으로 소유권이 굳어진 토지자산을 똑같이 분배할 수는 없다. 헨리 조지의 지공주의(地公主義, georgism)는 토지에서 발생하는 소득 또는 지대를 조세로 징수하여 모든 국민이 평등한 혜택을 받도록 한다. 토지는 그대로 놔두고 대신 토지에서 산출된 가치를 지대로 거두는 토지가치세(land value tax)를 골고루 분배한다면 보이지 않는 손이 의도하는 세계가 실현될 수 있다. 아울러 애덤 스미스의 말대로 '신이 토지분배에서 빠뜨렸으되 결코 망각하지 않은 제외자'를 포기하지 않게 된다.

신이 선물한 자연과 토지는 모든 사람들이 동등하게 사용할 평등권을 갖는다. 토지가치세는 모든 사람이 평등한 권리를 갖는 자연과 토지의 공유자산을 지주가 독점적으로 사용한 대가로서 지불하는 사용료이기도 하다.

한국사회에서 망국적인 불평등성은 부동산이나 자산의 불로소득과 직결된다. 보이지 않는 신의 섭리를 인간의 '보이는 손'으로 제도화하는 작업이야말로 오늘날과 같은 불로소득 자본주의(rentier capitalism)에서 경제학이 실천해야 할 주된 임무다.

원래 애덤 스미스는 개인의 사치와 방탕이 사회 전체적으로 이득이 된다는 버나드 맨더빌(Bernard Mandeville)을 비판하기도 했다. 맨더빌은 "개인의 악덕이 사회의 이익"(private vices, public benefits)이라는 부제가 붙은 『꿀벌의 우화』(The Fable of the Bees, 1723)에서 방탕, 사치, 명예욕, 뽐내는 마음, 이기심, 탐욕, 쾌락과 같은 악덕이 꼭 나쁜 것은 아니며 금욕, 겸손, 연민, 자선, 자기희생, 공공심이 꼭 좋은 것만은 아니라는 사실을 풍자적으로 엮어 당시에 커다란 파장을 일으켰다. 그렇지만 애덤 스미스는 개인의 악덕이 보이지 않는 손을 거쳐 사회적 이익으로 바뀐다는 신의 섭리를 내세움으로써 결과적으로 맨더빌을 옹호한 셈이 되어버렸다. 특히나 개인은 자신의 이득 추구행위가 사회 전체 차원에서 좋은가 나쁜가를 알지 못하는(without knowing it) 무지의 장막에 갇혀 있어야 한다고 주장함으로써 악덕에 대한 도덕적 죄의식마저 면책해 주었다.

보이지 않는 손은 무지의 장막에 갇힌 개인들과 달리 모든 것을 의도하고 모든 것을 아는 전지전능한 세계로서 수요와 공급의 운동법칙이 작동하는 자기조정시장이었다. 그것은 애덤 스미스의 논리로 보면 개인의 자기이득, 무지의 장막, 차가운 계산과 합리성, 도덕성의 부재, 궁극적인 균형과 안정을 도모하는 초인격적 공간이자 동시에 언제든 푸코처럼 생명과 죽음에 대한 초법적 주권을 통해 처벌이 행사되는 영역이기도 했다. 애덤 스미스는 『도덕 감정론』에서 덧붙인다. "인간과 같이 나약하고 불완전한 존재가 현실에서… 사회가 존재하기 위한 필요조건에 적절하지 않으며 합당한 이유가 없는 악의는 적절한 처벌로 자제시켜야 하며… 자연이라는 저자[the author of nature, 자연의 창조주]는 어떤 식으로든 처벌행위를 인간의 이성에 위탁하지 않았다. …그것은 '자연의 오이코노미'(oeconomy of nature)에게 맡겨졌다."(TMS, p. 69)

'자연의 오이코노미'는 국내 번역본에서는 단순히 '자연의 섭리'로 옮긴다. 이런 번역어로는 속뜻을 깊게 알 수 없다. 오이코노미는 라틴어로 오이코노미아(oeconomia)다. 아감벤은 '자연의 오이코노미아'를 '신의 섭리＝신이 배치한 질서⇒경제'로 추적하여 경제학의 신학적 성격(경제신학)을 드러낸다.

신에 의한 세계통치와 질서를 의미하는 오이코노미아(경제)는 초월적 질서를 인간세계의 내재적 질서와 연결시키는 패러다임을 구성한다. 신은 나약하고 불완전한 인간이 저지른 악을 직접 징벌하거나 인간의 이성에 위탁하지도 않았다. 대신해서 신학이라는 보이지 않는 투명복을 단단히 껴입은 경제학에 맡겼다. "근대는 세계로부터 신을 제거하면서 신학을 벗어나지 못했을 뿐만 아니라 어떤 의미에서는 그저 섭리적 오이코노미아라는 기획을 완성시켰을 뿐이다."[6]

애덤 스미스의 '자연의 오이코노미아'는 신의 섭리를 위탁받은 경제학으로서 역시 수요와 공급의 자기조정시장을 뜻한다. 현대사회의 생명관리 정치는 오이코노미아(경제)의 시장경제가 초월적 주권권력을 행사하여 사회생활 전반을 통제한다.

맬서스의 세계에서 신은 도덕적 타락으로 본능을 억제하지 못한 사람들에게 최후수단으로서 굶어죽는 기근을 징벌로 내린다. 그렇다면 시장경제가 작동하는 스미스의 세계에서 자연의 오이코노미아는 어떤 모습으로 생명과 죽음의 주권권력을 행사할까?

먼저 애덤 스미스의 시선을 따라 식량부족(dearth)과 기근의 문제에서 시작해 본다. 식량부족은 곡물의 결핍상황이 지속되면서 영양실조를 일으키고 신체는 허약해져서 질병에 쉽게 노출되어 사망률을 점차 증가시킨다. 기근은 상대적으로 짧은 시간에 대량의 사망자가 발생하여 인구도 급격히 감소하는 파국적 상황을 낳는다. 애덤 스미스는 가뭄으로 굶어죽는 기근의 원인을 우리가 통상적으로 이해하는 전쟁 또는 기후변화나 곡물상의 매점매석에서 찾지 않는다. 정부가 식량곤란을 해소하기 위해 부적절한 수단을 강제로 사용했기 때문에 기근이 발생한다고 보았다.

정부가 가뭄으로 비싸진 곡물을 합리적 가격에 맞춰서 팔도록 강요하면 상인들은 창고의 문을 단단히 잠글 것이다. 그럴 경우 곡물의 시장진입이 차단되어 흉년 초기부터 기근을 발생시킨다. 정부가 지정한 가격으로 곡물이 시장에 들어오게 되더라도 앞을 다퉈 구입하는 소비경쟁으로 식량은 빠른 속도로 소진되어 흉년이 끝나기도 전에 기근이 일어난다.

애덤 스미스는 정부가 개입하여 시장가격을 왜곡시키면 초기 단순한 식량부족이 걷잡을 수 없는 사태로 번져서 기근이라는 대참사를 낳는다고 주장한다.

애덤 스미스가 제시하는 기근의 해결책은 한 가지였다. 시장경제를 자유방임하여(laissez faire) 수요와 공급의 자동조절 메커니즘이 저절로 움직이도록 놔두는 것이었다. "곡물거래의 자유가 제약 없이 무제한으로 이뤄지도록 허용해야 한다. 이것이 기근의 고통을 막는 가장 유효한 예방책이다. 아울러 식량부족의 곤란을 완화시키는 최선의 방편이기도 하다. 실제적으로 식량부족(scarcity)은 치유될 수 없으며 다만 완화시킬 뿐이다."(Wealth, p. 407)

곡물의 수요와 공급을 시장경제에 맡기면 파국적인 기근은 일어나지 않는다. 시장기구가 식량부족 사태(애덤 스미스는 식량부족을 dearth 또는 scarcity로 번갈아 표현한다)를 해소할 수는 없지만 완화는 시킬 수 있다는 것이다.

시장법칙은 식량부족의 고통을 상대적으로 분배한다. 곡물구입이 가능한 계층의 역량에 따라 고통은 단계별로 차등화된다. 부자는 시장에서 비싼 곡물을 사먹을 수 있어서 고통은 없다. 중간계층은 조금 심하게 고통을 당하면서 식량이 귀한 줄 알고 절약하게 되어 전체적으로 식량부족이 완화된다. 소득의 최하위단계에 이를수록 식량은 절대적으로 부족해서 영양실조와 질병으로 혹은 굶어서 죽는 희생자가 나오는 비극이 아래로 퍼진다.

곡물이 희소한 상황에서 빈곤층은 기아의 고통과 죽음에 이른다. 그나마 산 자는 아사의 희생물이 남긴 식량으로 요행히 살아남는다. 지주들은 식량이 부족한 상태에서도 '결핍 속의 풍요'를 누린다.

애덤 스미스의 시장자유주의는 곡물의 '자유로운' 시장거래를 위해서 역설적으로 '독점적인' 매점매석까지 허용한다. 상인들이 일찌감치 매점매석을 해놓지 않으면 사람들은 시장에 떠돌아다니는 곡물을 너도나도 재빨리 소비할 것이다. 그럴 경우 실제로 부족한 식량마저 쉽게 동나서 나중에 격심한 기근의 고통을 당할 수 있다.

상인이 매점매석해서 곡물을 창고에 쌓아놓게 되면 가격이 턱없이 비싸져서 사람들이 쉽게 식량을 구입하지 못한다. 한번에 배불리 먹으면 식량은 순식간에 사라진다. 매점매석은 격심한 식량부족의 고통을 미리 막을 수 있는 길이었다. 오래오래 조금씩 아껴먹으면서 고통을 분산시켜서 완화해야 한다. "실제로 곡물이 부족할 때 대중을 위해 할 수 있는 최선의 것은 부족의 고통을 그해의 여러 달, 여러 주일, 여러 날 전체에 걸쳐서 가능한 한 고르게 분산시키는 것이다." 그렇기 때문에 "곡물상업은 적어도 국내시장의 공급에 대해서는 완전히 자유롭게 내버려두어야 한다"(같은 책, p. 412).

식량부족의 고통이 뒤따라야 곡물을 아껴먹고 절약할 수 있어서 전체적으로 극단적인 기근사태를 막을 수 있다. 보편적 선을 위해 작은 악과 불행은 필연적이다. 그것은 신의 통치질서를 대신하는 '자연의 오이코노미' 또는 자기조정 시장경제에 내재한 세속적 섭리였다. 가난한 사람들은 어떻든 굶어죽지 않기 위해서 최악의 생계임금이라도 감수하며 악착같이 일할 수밖에 없다. 자기조정시장은 파국적 기근으로 일시에 죽을 사람들의 사망률을 완화하여 겨우 살게 만들고 죽음의 위험에 노출시킴으로써 기아선상의 임금에도 묵묵히 견디도록 길들인다.

맬서스의 '선악에 따른 신의 징벌=비참한 기근'은 애덤 스미스의 세계에 와서 신을 대신해서 '자기조정시장=식량부족과 희소성의 고통'으로 바뀌었다. 그래도 자유시장경제 덕분에 기근의 비극이 발생하지 않는다면 다행이 아닌가라는 것이 애덤 스미스의 견해가 아닐 수 없다. 그렇지만 정부가 개입하지 않고 곡물의 수요와 공급 곡선에 따른 식량의 할당은 죽음과 생명을 배급하는 것이나 마찬가지였다.

사실 애덤 스미스 당시 인구 전체가 굶어죽는 식량난의 재앙은 더 이상 존재하지 않았다. 최소 6개월이면 외국에서 곡물이 수입되어 식량부족은 채워졌다. 매점매석한 상인들도 6개월 후면 수입으로 국내 식량이 넉넉해질 것을 예상하여 곡물을 싸게 내놓을 수도 있었다. 어떤 식으로든 국가가 개입하여 최소 6개월 동안 가난한 사람들이 고통을 당하거나 굶어죽지 않도록 인위적 조치를 취했어도 큰 무리는 없었다.

푸코의 지적대로 국가의 사법적·규율적 속박을 통해서도 식량난은 억제할 수도 있었다. 그런데도 '일어나게 내버려둬라'(자유방임), "모든 사태가 자연스럽게 일어나도록 내버려둬라"(letting things take their course, laisser les choses aller)는 것을 수단으로 삼아서 식량부족 사태를 방치하고 가격이 상승하는 곳에서는 그대로 오르도록 놓아뒀다.

바로 '가격폭등 – 식량부족의 현상'이 전개되도록 방치할 필요가 생긴 것이다. 가격폭등, 일정한 식량부족, 곡물을 사는 데 따른 곤란함을 가중시켜서 일정한 기아상태를 유지하여 전체적으로 희소성의 고통을 만들어야 했다. 어떤 사람들은 굶어죽는데도 말이다. 식량부족이 낳은 재앙(scarcity scourge), 즉 기아의 대참사는 사라졌지만 일정한 개인들을 죽음으로 몰아넣는 식량부족은 사라지지 않을 뿐만 아니라 사라져서도 안 되었다. 자기조정시장은 결국 식량부족의 고통을 창출하여 전체적으로 식량난을 완화시키면서 국가가 더 이상 끌고 갈 수 없는 인민(people)은 죽게 만들고 나머지 인구(population)를 종의 차원에서 관리하는 조절장치였다. 이렇게 해서 적합한 인구는 살아남고 나머지 개인들 또는 인민들은 사라지게 된다.[7] 여기서도 '죽게 만들고 살게 내버려두는' 푸코의 생명관리 권력과 '죽임의 권한'은 여지없이 작동하게 된다.

이 지점에서 시신의 정치학에 이어 워런 몬탁의 시신경제학도 제 모습을 드러낸다. 시신경제학은 다름 아닌 자기조정시장으로서 어떤 사람이 "죽음에 노출되어 죽게 방치되거나 죽어야만 할 것인가?" 그래서 나머지 대다수 사람이 "어떻게 살아가도록 할 것인가?"
를 생명과 죽음의 경계선으로 질서 지어주는 균형과 안정의 합리적
메커니즘이었다. "죽어가는 사람들은 천천히 죽든 빨리 죽든 죽음
에 노출되어 있으며 아무도 그 죽음에 책임지지 않는다. 이들이 바
로 호모 사케르였다. 이 사람들은 시장의 자연적 질서에서 추방되
었으며 인위적인 법질서의 바깥에 놓여 있다. 그들은 질서에 저항
이라도 하는 생명이었지만 곧 저항하기를 포기하는 불쌍한 사람(the
malheureux)이었다. 모든 것은 시장의 합리성과 균형이라는 이름으로
이루어졌다."[8]

후안 페르난데스 섬의 무인도와 타운센드의 염소들과 개들의 행
동공리는 푸코, 아감벤, 음벰베, 몬탁의 경로를 따라온 주권권력 또는
자기조정시장의 생명과 죽음의 정치경제학에서도 큰 틀을 유지한다.

푸코의 생명관리 권력이 작동하는 세계, 아감벤의 호모 사케르
와 벌거벗은 생명, 음벰베의 시신정치학과 살아 있는 주검, 몬탁의
시신경제학과 자기조정시장의 불쌍한 사람들은 시장 유토피아 이
면에 감춰진 죽음과 벌거벗은 생명의 고통을 여지없이 보여준다.

암울하고 허무적이다. 하지만 모두가 겨냥하는 탈출지점은 확
실하다. 벌거벗은 생명과 죽음의 위협이 도사리는 그곳에서 새로운
해방의 기획이 이뤄진다.

칼 폴라니의 실체경제와 탈상품화 세계

엊그제 수업에서 학생들에게 경제학의 방법론에 관한 설명에서 추상과 구체성의 개념을 언급하지 않을 수 없었다. 추상 자체가 어려운 말이라 어떻게 설명할까 궁리하였다.

우선 추상이란 무엇인가? 쉽게 예를 들기 위해 옛날이야기를 실제로 있었던 것처럼 설명하니 쉬운 듯했다.

옛날 석기시대가 끝날 무렵에 원시인들이 밤새 들판에서 모닥불을 피워놓고 잠을 자다가 아침에 일어나 보니 이상한 일이 벌어졌습니다. 모닥불이 꺼진 자리에서 이상한 파편들이 아침 햇살에 반짝이고 있었습니다. 돌보다 단단한 무엇인가가 여기저기 뒹굴고 있었죠. 나중에야 그것이 구리와 주석 쪼가리였음을 알았고 다시 그것들을 합쳐서 불에 녹여보니 청동기가 생겨난 것이겠죠. 일단 추상(抽象)은 영어로 abstraction입니다. 무엇인가를 '뽑아낸다'는 의미입니다. 흙이라는 구체성 속에서 뽑아낸 금속도구를 가지고 다시 흙을 경작하여 더 많은 수확을 할 수 있는 것이었죠. 공부라는 것도 구체적 현실 속에서 추상적 개념을 뽑아내 다시 구체성의 세계를 분석하여 더 큰 지평의 세계로 나가는 작업입니다. 추상이라는 고도화 작업을 수행하기 위한 것이죠. 추상은 생각하는 힘을 키웁니다. 여러분이 어떤 과목이든 처음에 힘든 것은 추상화의 도구로서 개념을 파악해야 하기 때문이죠. 추상의 벽을 넘으면 새로운 세계가 펼쳐집니다. 또 다른 추상은 또 다른 세계로 우리를 안내합니다.

덧붙여 분석도구로서 추상이 지나쳐서 구체적 현실을 왜곡하게 만드는 오류도 벌어진다고 설명한다. 익히 들었던 신화의 한 토막을 빗대면 이해하기가 수월하다.

그리스 신화에서 프로크루스테스(Procrustes)는 거인이면서 힘이 엄청나게 센 노상강도였다. 프로크루스테스는 '잡아 늘이는 자'라는 뜻을 지녔다. 그의 집에는 철로 만든 침대가 있었다. 나그네를 붙잡아 자신의 쇠침대에 눕혀놓고 나그네의 키가 침대보다 길면 그만큼 잘라내고 짧으면 억지로 침대길이에 맞추고 늘여서 죽였다. 어떤 나그네도 침대의 길이에 딱 들어맞을 수 없어서 모두 불구가 되거나 죽음을 맞았다.

현대 주류경제학에서도 프로크루스테스 침대는 어김없이 작동한다. 염소들과 개들의 행동공리를 사회에 적용시켜 인간을 오로지 굶주림과 이득의 동기에 반응하는 호모 에코노미쿠스로 만든 것도 그렇다. 호모 에코노미쿠스의 프로크루스테스 침대를 벗어나는 행위는 비합리적이다. 자신의 이익보다 타인을 먼저 생각하는 이타적 행위, 따뜻한 감성과 사랑의 모든 행위들은 최소 수단으로 최대 이익을 얻고자 하는 호모 에코노미쿠스의 행동원리와 어긋나고 비합리적이기 때문에 잘라내야 한다. 경제학의 프로크루스테스 침대는 우리처럼 현실적으로 살아가며 생동하는 전체적 인간(wholistic man)을 불구로 만들거나 죽음에 빠뜨린다.

일단 추상화가 되고 나면 호모 에코노미쿠스와 같은 경제학의 인간모델은 종교교리처럼 변하고 추상적 관념은 구체적 경험과 실재(reality)를 지배하게 된다. 예를 들어 어떤 사람이 과일을 사러 마트에 가는데 입구에 남루한 할머니가 사과를 팔고 있었다. 대개는 고향의 외할머니를 생각하여 가격이 조금 비싸더라도 그 사과를 사는 것이 보통사람의 심성이다. 그런데 '인간의 경제행동에서 최소 비용으로 최대 효용을 얻어야 하는 추상적 공리'는 경제학의 방법론적 근본이기 때문에 할머니의 사과를 그냥 스쳐 지나야 한다. 그래서 경제학을 배운 사람들이 더 이기적이라는 통계도 많다.

화이트헤드(Alfred North Whitehead)의 지적대로 '추상이 구체성을 엉뚱하게 대체했던 오류'(the fallacy of misplaced concreteness)라는 것에 대해선 논란의 여지가 없다.

최소의 비용과 최대 만족이라는 이익 극대화의 틀(frame) 또는 형식(form)을 인간의 현실세계에 덧씌우는 경제학을 칼 폴라니는 형식경제(formal economy)라고 부르며 비판한다. 대신에 머리 위에 이고 다녔던 무거운 '형식의 석고상'을 던져버리면 우리의 삶을 유지해 준 실체(substance)가 확연히 드러난다.

진정으로 그것 없이는 한시도 살아갈 수 없는 실체는 무엇인가? 인간과 동료, 우리 이웃, 사회, 자연, 나를 둘러싼 모든 환경 없이 우리는 결코 살아갈 수 없다. 이러한 삶의 구체성을 토대로 칼 폴라니의 실체경제(substantive economy)가 펼쳐진다. 거기에는 자기조정시장이 작동하기 위한 근본적 요인들, 즉 식량이 넘치는데도 항상 식량부족에 시달리도록 희소성을 창출하여 치열한 경쟁과 도태를 일삼는 '죽음의 시장화폐'를 넘어 '생명의 인간경제'가 숨쉰다.

호혜(상호성)와 실체경제를 축으로 하는 거대한 전환

태양이 빛나고 긴 모래사장은 은빛으로 반짝이며 바다는 언제나 풍요로움의 선물을 안겨주는 어느 평화로운 섬이 있다. 거기에는 고만고만한 섬들이 눈에 보이는 바다 저편에도 연이어 있어서 군도(群島)를 이루고 있었다. 섬주민들은 주로 어업으로 생계를 꾸리지만 한쪽에서는 짬짬이 농사를 짓거나 고구마처럼 생긴 얌(yam)도 채취한다.

섬 앞바다에는 대대로 주민들이 삶의 터전으로 삼는 공동어장이 있다. 그물을 쳐서 물고기도 잡고 여인들은 투명한 바닷속에서 자맥질하여 해산물도 채취한다. 건장한 마을청년들은 카누와 비슷한 나무배를 타고 먼바다까지 나가 헤밍웨이의 『노인과 바다』에서 노인이 사투를 벌였던 황새치도 잡아온다. 바다에서 잡은 물고기는 마을 공동으로 분배한다. 거동이 불편한 노인들이나 과부에게는 먼저 좋은 생선을 나눠준다. 일부 수확물은 촌장이 관리하는 마을 공동창고로 옮겨져서 건어물 상태로 보관하여 풍어를 기원하는 의례나 궁핍한 사람들에게 재분배되기도 하였다. 촌장 옆에는 항상 제사장이 뒤따랐다. 마을에는 상부상조와 재분배의 전통적 네트워크가 존재하기 때문에 공동체 구성원 누구도 굶어죽는 일은 없었다.

마을어장은 누구의 소유라고 할 것도 없이 모두가 공동의 권리를 갖는 커먼스(commons, 공유지 또는 공유자산)였기 때문에 물고기를 나눠먹는 것도 당연하다고 여겼다. 진즉 미국 알래스카에서도 같은 생각이 있었다. 석유와 같은 천연자원은 주민 모두의 것이기 때문에 여기서 나온 수익금을 펀드로 조성하여 주민들에게 일정한 수당을 지급하고 있었다. 기본소득의 개념은 오래전부터 있었다.

마을 저편에서 특히 잘 자라는 곡물과 양은 다른 쪽 주민들의 물고기와 교환되기도 하는데 시장거래 방식은 아니었다. 이 섬에는 선물을 주고 답례를 받는 대칭성의 호혜(reciprocity)가 몸의 핏줄처럼 자연스럽게 흐르고 있었다.

그러던 어느 날 바닷가에 거대한 트롤선(저인망 어선)이 등장하였다. 트롤선은 큰 바다를 밤낮으로 훑었다. 전통적 어업방식으로는 도저히 상대가 되지 못했다. 섬의 촌장은 백인국가령(領)이었던 그 섬을 초국적 어업회사에 팔아넘긴 모양이었다고 한탄하였다. 마을 공동어장의 커먼스는 영국이 인클로저 운동으로 공유지(the common)를 울타리로 둘러쳐서 강탈하고 사유화했던 것처럼 초국적 어업회사에 의해서 인클로저 되었다. 영국에서는 공유지에 아무도 들어오지 못하도록 쇠사슬을 쳤던 울타리를 '악마의 창자'라고 불렀다. 공유지의 숲속에서 약초를 캐고 산파와 의사 역할까지 맡았던 여성들이 마녀사냥으로 잔인하게 목숨을 잃었던 것도 이때였다.

인클로저는 공동어장에 사용료를 물리고 모두가 다니는 길목을 톨게이트로 차단하여 통행세를 받는 것이었다. 마을 공동우물을 독점하여 개인이 물세를 징수하는 것도 마찬가지였다. 만인의 길과 우물을 상품화하여 수익을 올리는 인클로저는 영어식으로 리듬을 살리면 commons(커먼스)를 commodity(상품)로 바꾸는 작업이었다. 공동의 권리를 상품 소유화하는 자본의 포획성에는 물리적 폭력이 당연히 뒤따른다.

바닷가 마을은 황폐한 상태가 되었다. 물고기와 해산물 채취로 생계를 유지했던 마을사람들이 마냥 굶어죽을 수는 없었다. 남자들은 트롤선에 고용되어 고된 노동을 하거나 여성들은 열악한 건어물 공장에 취직해야 했다. 이제 먹고사는 문제는 바다의 풍요로운 터전에서 함께 땀 흘리는 즐거운 일(work)이 아니라 최저 수준의 임금소득을 얻기 위한 고된 노동(labor)만이 유일한 방법이 되었다. 섬에서 일할 사람이 넘쳐나자 임금도 떨어졌다. 바다가 인클로저 되어 예전의 공동어장도 아무나 드나들 수 없었다. 인클로저로 사유화된 어장을 출입하기 위해서는 지대를 내야 했다. 인클로저는 지대와 임금이라는 소득범주를 탄생시켰다. 화폐도 자본이 되어 시장에서 이자를 지불해야 했다.

당연히 종전에 풍성했던 물고기도 사먹어야 했다. 전체적으로 물고기는 충분했으나 사먹을 수 있는 물고기는 늘 부족하였다. 결국 부족한 것은 화폐였다. 섬에서도 가혹한 희소성(scarcity)의 원리가 작동하였다. 희소한 화폐를 얻기 위해 마을사람들은 서로 다투고 고된 노동으로 지쳐갔다. 자기조정시장이 창출한 희소성 원리 속에서 경쟁과 도태가 일어났으니 '죽도록 놔두고 나머지는 살게 만드는' 시신의 경제학도 모습을 드러낸다.

'굶어죽을 것인가 아니면 노동을 할 것인가'라는 절체절명의 선택 속에서 굶주려 죽을망정 트롤선에 승선하지 않는 사람도 있었다. 어촌공동체와 같은 비시장경제에서 노동활동은 시장경제처럼 이익동기가 아닌 명예, 연대감, 자부심, 도덕적 의무라는 사회문화적 동기가 뒷받침되었다. 푸른 바다와 자연이 주는 물고기를 선물로서 수확하여 친척과 같은 모든 마을사람들과 공동체적 삶을 함께 누리고 조상에게 제사를 지내는 의례가 먹고사는 경제적 행위보다 더 중요했다.

이제 승선을 거부한 그 사람에게 경제적으로 돈만 벌기 위해서 강요당하는 노동행위는 무척 낯설고 두려운 일이었으며 자신이 살아갈 생의 의미마저 꺾는 것이었다. 그렇게 '죽음의 위험에 온몸을 노출시키는' 모습을 칼 폴라니는 인류학자 마거릿 미드(Margaret Mead)의 보고서를 인용하여 신랄하게 비판한다. "미개인들은 자신들의 집단이 파괴된 후 뿔뿔이 흩어져 졸지에 금광의 광부나 선원으로 전환하는 일도 있지만, 열심히 살아갈 모든 동기를 빼앗겨버린 상태로 방치되어 시냇가에는 여전히 물고기가 득실거리고 있건만 냇가에 그냥 멍하니 드러누워 고통도 모르는 채 그대로 죽어가기도 한다." "본래 문화가 심어주었던 동기부여나 삶과 행동의 목적 따위는 더 이상 희생과 노력을 바칠 가치가 있다고 생각되지 않는… 문화적 진공상태(cultural vacuum)에 빠지게 되었다."(GT, p. 423)

자기조정시장은 만물의 상품화를 필연적 토대로 삼는다. 상품화된 물고기를 구입하기 위해서는 화폐소득이 있어야 하며 그것은 시장에서 자신의 노동력을 상품화할 때만 얻을 수 있다. 화폐도 상품처럼 취급되어 수요와 공급의 자기조정시장에서 다른 상품을 구입할 수 있는 '유일한 구매상품'이 되어야 했다.

자기조정시장이 가장 두려워하는 것은 시장 바깥에서 화폐가 유입되는 사태였다. 만약에 어떤 친척부자가 섬주민들에게 일정액의 화폐를 증여한다면 어떻게 될까? 섬주민 누구도 트롤선이나 건어물공장에서 노동하지 않으려 한다. 대신 경제적 동기에 의한 노동이 아니라 일을 통해 자신의 잠재력과 창조성을 발휘하여 더 나은 삶과 생의 보람을 찾으려 할 것이다.

칼 폴라니는 노동·토지·화폐와 같이 본디 상품이 아닌 것이 상품화된 것을 '허구적 상품들'(fictitious commodities)이라고 부른다. 바다의 천연자원과 같은 자연과 토지·노동·화폐가 허구적으로 상품화되어 희소성의 원리 속에 작동되는 자기조정 시장경제의 '허구와 형식'이 대대로 풍요로웠던 섬사람들의 삶의 '진실과 실체'를 짓누르게 된다.

칼 폴라니는 섬마을에서 벌어진 자기조정시장의 형식경제에 대항하여 실체경제를 내세운다.

실체경제의 의미는 인간이 자신의 '살림살이'(livelihood)를 위해 '자연'과 '동료'에게 의존하고 있다는 사실에서 나온다. 인간은 자신과 그를 둘러싼 '사회와 자연적 환경'(his natural surroundings) 사이의 '제도화된 상호작용'(instituted process) 덕택에 살아가는데 이 과정이 바로 실체적 의미로서 경제다(*LM*, p. 110).

실체경제는 우리 삶을 미리 정해진 틀 속에 가두는 추상과 형식을 던져버리고 사실과 경험에 서 있다. 내가 입고 있는 옷이나 아침 밥상의 물질적 수단은 물론 내 삶의 모든 것들에는 이웃과 동료와 먼 지구 저쪽 어린 소년의 손길이 배어 있으며 하늘과 땅을 아우르는 자연에 빚지고 있다는 당연한 사실을 깨닫는다.

실체경제의 살림살이(livelihood)는 '서로 살리고 더불어 살아가는' 의미를 지닌다. 여기서 이코노미(economy)는 최소 비용의 최대 만족을 얻는 극대화(economizing)가 아니라 인간과 인간 그리고 인간과 자연이 서로 공생하고 함께 미래 모습을 창조해 가는 생태적(ecological)이란 뜻을 갖는다.

칼 폴라니의 핵심적인 개념고리는 의존(dependence)이다. 나무 한 그루도 땅속에 뿌리를 내려 자양분을 흡수하고 햇빛과 빗물과 바람에 몸을 맡기고 흔들리는 나뭇가지는 하늘을 향해 뻗는다. 뿌리는 다른 나무의 뿌리와 서로 엉키면서 숲을 이룬다. 뿌리가 약한 메타세쿼이아 나무는 서로가 뿌리로 잡아줘야 우뚝 솟은 긴 행렬의 숲을 이룰 수 있다.

세계에 존재하는 모든 것은 서로 관계를 맺고 유기적으로 연결된 망 속에서 존재한다. 모든 것은 상호 의존하는 흐름이며 과정이다. 나무가 서로 기대면서 숲을 이루자 이끼가 끼고 버섯이 자라고 미생물의 유기질이 번식한다. 서로가 의존하면서 새로운 것을 창조하고 서로 생성한다. 존재하는 것(being)은 어우러지면서 생성한다(becoming). "상호작용의 과정에서 단독으로 분리되어 존재하는 것은 하나도 없다. 상호작용의 실[絲]이 나뭇가지처럼 갈라지고 겹쳐져서 피륙의 망(web)을 짤 수도 있다."(같은 책, p. 138)

흐르는 물도 물줄기를 만들어야 제멋대로 흩어지지 않고 '통일과 안정성'을 유지할 수 있듯이 인간과 환경의 상호작용 과정이라는 흐름도 일정한 형식과 틀이 필요하다. 언뜻 칼 폴라니가 반대했던 '형식'과 배치되지 않은가라는 의문도 든다. 사실 칼 폴라니가 형식경제학을 반대한 까닭은 형식이 실체를 짓누르고 왜곡시켰기 때문이다. 인간생명의 전체성을 이루는 수많은 요인 중에서 '배고픔과 이익본능'만을 따로 떼어내서 이것을 전체 모습인 것처럼 형식화하고 그 틀에다 인간을 욱여넣는 것에 반대했다.

상호작용의 제도화는 세 가지의 틀과 형식 또는 사회를 통합하는 패턴으로 모습을 갖춘다.

어촌마을의 섬에서 봤듯이, 친족 같은 대칭적 관계들이 선물을 주고 답례를 받는 호혜성, 수확한 물고기 일부가 국가와 같은 권위에 기초하여 마을 공동창고로 집중되었다가 다시 나눠지는 재분배, 이득추구를 목표로 재화가 거래되는 시장교환으로 구분된다. 문제는 섬마을에 트롤선이 등장하면서 굶주림의 공포와 이득동기를 전면에 내세운 시장교환의 자기조정시장이 호혜와 재분배를 블랙홀처럼 빨아들이고 독점적인 사회통합 수단으로 작용하는 데 있었다.

'모든 것이 서로 관계를 맺고 유기적으로 연결된 생명의 세계'를 뚫고 섬마을 전체를 화폐상품관계로 만들었던 자기조정시장은 경제사적으로 영국의 산업혁명과 함께 돌출된다. 이렇게 사회문화의 공동체 그물망 속에 묻혀 있거나 액세서리에 지나지 않았던 경제가 떨어져 나와 사회를 거꾸로 블랙홀처럼 포획하는 과정을 칼 폴라니는 '사회에 묻혀 있거나 착근되어 있던(embedded) 경제'가 '사회로부터 뽑혀 탈착근된(disembedded) 경제'가 되었다고 비판한다.

사회에 뿌리를 내려 착근된 경제가 거기서 뽑혀나와 탈착근 경제로 변환되었던 과정을 칼 폴라니는 '거대한 전환'으로 표현했다. 여기에는 허구적 자기조정시장의 유토피아가 사회 전체를 디스토피아로 만드는 비극을 막기 위해 거꾸로 다시 '거대한 전환'이 일어나야 한다는 강렬한 소망이 내재되어 있다. 그것은 탈착근된 경제를 다시 사회에 되묻어(reembed) '재착근 경제'로 만드는 거대한 작업이자 저항운동이다.

다시 한번 도래해야 할 거대한 전환은 호혜성(상호성)을 중심으로 재분배와 교환을 부차화해서 실체경제에 적합한 동태적 균형상태로 만드는 작업이다. "통합형태로서 호혜성은 재분배와 시장교환을 부차화하는 방법들(subordinate methods)에 따라 강력한 힘을 얻는다."[1] 거칠게 말해서 비시장경제의 호혜성(증여와 선물의 비시장교환, 사회적 경제, 협동조합, 커먼스 운동, 두레공동체 등)을 중심축으로 삼고 국가(공공경제)와 시장교환을 부차화해서 동태적 균형상태로 만드는 운동이기도 하다.

　　호혜성은 사라져버린 전통적 미덕일 뿐일까? 우리는 기껏해야 300년밖에 되지 않은 시장교환의 경제학에 자신들의 삶을 맡길 수는 없다. 과연 수천 년 동안 인류는 어떻게 살림살이를 유지하여 여기까지 다다르게 되었는가를 살펴봐야 한다. 칼 폴라니는 마르셀 모스(Marcel Mauss) 그리고 살린즈(Marshall Shalins)와 함께 경제인류학적 탐색을 시도하여 잃어버린 호혜성의 동기를 되찾는다. 그것은 시장 지향의 심성(mentality)으로 찌들어버린 우리의 사고를 해방하고 미래의 사회기획을 위한 상상력에 새로운 샘물을 흘려보내 주고 있다.

　　프랑스의 인류학자 마르셀 모스는 『증여론』(Essai sur le don, 1925)에서 인간사회가 갖고 있는 '주고받고 답례하는' 삼중 연결고리의 호혜적 원형을 시장사회에 물들지 않는 폴리네시아와 아메리카 북서부의 부족들에게서 찾았다. 모스에게서 주고(don) 되돌려 받는(contredon) 호혜의 연쇄고리는 공동체의 심층과 깊숙이 닿아 있다. 모스에 근거하여 살린스도 『석기시대의 경제학』(Stone Age Economics,

1974)에서 호혜성의 과정을 초월적인 영적 교통으로 설명한다.

폴리네시아계의 뉴질랜드 원주민인 마오리족(Maori)은 "숲과 그곳에서 잡은 사냥감에는 사물의 영(靈)으로서 하우(hau)가 존재한다"는 관념을 갖는다. 하우는 근원(foyer)의 영적 힘으로서 숲속에 머물며 사냥감에도 깃들여 있다. 마오리족에게 사냥감은 자신의 노력으로 획득한 수확물이 아니라 숲의 근원이 주는 선물이며 증여물이다.

하우는 항상 원래 있던 자리로 되돌아가고 싶어한다. 증여물과 함께 따라 움직이던 하우가 원래 자리로 되돌아가지 못하면 엄청난 재앙과 위험의 힘으로 변한다. 마오리족의 수렵인은 숲에서 새를 잡으면 먼저 사냥감을 토웅가(Tohunga, 사제)에게 모두 갖다 바친다. 토웅가는 의식을 통해 몇 마리의 새를 숲속으로 돌려보낸다. 번식력과 풍요의 영혼으로서 하우는 새와 함께 원래의 자기 자리였던 숲으로 되돌아간다. 하우는 숲의 선물을 증여받고 다시 되돌려주는 호혜의 회로망을 연쇄적으로 작동시키는 힘이 된다.

하우가 근원의 자리로 돌아감으로써 숲은 초자연적 힘인 생명력(하우)을 활성화시키고 마오리 부족에게 풍요로운 자연의 혜택을 계속해서 증여해 준다.

우리는 백화점에서 선물용으로 지갑을 사는 경우 가격을 치르고 나서는 가격표를 떼어낸다. 이때 지갑은 상품시장의 교환관계에서 호혜와 증여의 영역으로 들어온다. 지갑에는 사랑과 애정이 증여물에 깃든 하우처럼 내재한다. 사물의 성질도 변한다. 호혜의 순환관계에 편입된 지갑은 물(物, thing)과 영(spirit)이 뒤섞인 복합물로 전환한다.

하우의 영적 힘이 뒤섞인 지갑은 '영혼과 생명이 섞이고 물건과 인격이 혼합된' 중간적 대상(an intermediate object)으로 변한다. 물(物)은 물이면서 더 이상 물이 아니다. 주고받고 되돌려주는 증여의 호혜성은 이득추구를 동기로 하는 시장교환과 달리 '빚짐과 되돌려줌'의 회로망을 따라 작동한다.

사회의 실체를 되찾기 위한 대항운동

칠레는 1960년대 섬의 어촌마을을 황폐화시켰던 대규모 산업적 규모의 트롤선 조업을 금지했다. 어촌과 어민단체는 수세대에 걸쳐 고기를 잡았던 전통적 어장에 대한 공동권리를 보장받았다. 바다의 지역 천연자원을 후대까지 물려줄 수 있도록 관리하는 지속 가능한 전통적 지식도 되살릴 수 있었다.[2] 커먼스의 공동권리를 다시 되돌려 받는 공유화 또는 칼 폴라니의 용법으로는 시장경제를 사회에 재착근하는 작업이었다.

한국에서 충남 보령의 장고도는 공동어장을 양식업자에게 빌려주고 받은 임대료는 고작 50만 원이었다. 새로 부임한 청년 이장은 주민들을 설득해 마을어장을 되찾아 10년 동안 마을재산으로 관리하며 기금도 운용하였다. 장고도에서 해삼은 씨앗만 뿌리면 해초를 먹고 저절로 자라기 때문에 성체가 될 때까지 주민들이 신경 쓸 일이 없었다. 1993년부터 해삼어장의 수익을 배당해 2019년에 가구당 1100만 원이 기본소득으로 지급되었다. 1년에 두 달 동안 열 차례 정도 바지락을 채취하는 노동소득으로도 동일한 배당을 받았다.[3]

섬주민들은 자본과 자기조정시장에 빼앗긴 바다자원을 되찾아 공동권리에 따른 수익을 배당받고 연안어장의 특수성에 맞게 대대로 전승되어 온 전통적 관리지식으로 공동어장을 가꾸어 후대에 삶의 공동체를 물려줄 수 있는 계기를 만들었다.

섬은 다시 예전의 모습을 되찾고 새로운 모습으로 강력한 자치마을로 전환하였다. 어촌계를 통합하여 민주적인 마을자치기구로 만들어 외부 정치권력과 자본의 부당한 포획에 대항하였다. 바깥 고급기술과 자본을 생태적 차원에서 선택적으로 받아들이는 주체성도 발휘하게 되었다. 주민들이 너도나도 다퉈서 마을 인근 연해의 공동어장을 남획하여 물고기의 씨가 말라버리는 공유지의 비극도 막았다.

마을 뒷산에 있는 커먼스의 공유지에서는 효능 좋은 약초가 있었는데 다국적 종자회사들이 호시탐탐 노리고 있었다. 지적 재산권으로 등록하여 공동권리로 만들고 다양한 사회·문화적 네트워크도 더욱 활성화하였다. 무엇보다도 섬주민들은 커먼스에서 창출되는 기본소득으로 자신의 잠재력을 키우고 창조적인 일에 더 시간을 쏟을 수 있었다. 칼 폴라니의 말대로 마을 민주공동체는 "규제와 통제를 통해 단지 일부가 독점적으로 부를 누리기 위한 자유에서 벗어나 모두를 위한 자유"(*GT*, p. 598)를 달성할 수 있었다. 이렇게 해서 다시

대전환을 이룬 어느 섬마을을 '전환사회'(transformation village)라고 부른다.

　오늘날 커먼스의 가치는 자연과 사람을 '착취하고 뽑아먹는'(extractive) 착출 모델, 즉 다른 사람을 (공동체, 자원, 자연을) 희생시켜 일부를 살찌우는 관행으로부터 '생성하는'(generative) 모델을 지향한다. 새로운 가치모델은 공동체와 자원을 풍요롭게 만드는 관행으로 전환하는 가치전환(value shift)이기도 하다.[4]

　전환사회처럼 인클로저 된 상품(commodity)을 다시 공유화(commoning, 커머닝)하고 사회공동체의 그물망에 되묻는 재착근 작업은 시장경제에 대항하여 사회를 보호하는 이중운동(double movement)이다. 이중운동은 '확장하는 시장경제 운동'과 '사회를 보호하기 위한 자기방위 운동'의 싸움이며 자기조정시장의 사회적 파괴에 대응한 자기방어 운동을 뜻한다.

　칼 폴라니는 대항운동의 자연발생적 성격을 강조한다. 그는 인간을 본성상 사회주의라고 규정한다. 사회주의는 흔히들 생각하는 국가사회주의와 다르다. 인간은 본디 애정·공감·연대·협동성을 지니는 사회적 존재다. 총체적 존재로서 인간본성은 극단적 개인주의와 경제적 동물과도 같은 비참한 몰골을 요구하는 자기조정시장에 자연발생적으로 대항하는 것은 당연한 일이었다.

　노동은 사회를 구성하는 인간 자체이며 토지는 사회가 존재하는 자연환경으로서 이것을 자기조정시장에 포섭시킨다는 것은 "사회의 실체(substance of society)를 시장의 법칙 아래 종속시키고"(같은 책,

p. 242) 근저에서부터 사회와 인간 삶을 해체해 나가는 것이었다.

시장경제를 사회문화적 공동체에 되묻는 재착근 작업이나 사회를 보호하기 위한 이중운동은 '본디 상품이 아닌 것을 상품으로 만들었던 허구화의 가면'을 벗겨내고 탈상품화하여 사회에 실재 (reality)하는 본래 모습으로 되돌려보내는 일이다.

시장 이데올로기와 자기조정시장의 추상과 형식을 벗겨내면 구체적이고 경험적인 사회의 실재가 드러난다. 자기조정시장은 연극 무대와 같은 허구적 인공물로서 거기에 출연하는 대상들 역시 노동상품·토지상품·화폐상품의 이름이 소설의 주인공처럼 부여된 배역에 지나지 않았다. 연극이 끝나면 언제든 제 모습을 드러낼 수밖에 없는 허구적 기호(sign)였다.

> 노동이란 인간활동의 다른 이름일 뿐이다. 인간활동은 인간의 생명 그 자체와도 같으며 판매를 위해서 생산되지도 않으며 전적으로 다른 이유 때문에 존재한다. 게다가 인간활동은 생명과 결코 분리되지 않으며 [별도로 떼어져] 비축되거나 동원될 수도 없다. 토지는 단지 자연의 다른 이름일 뿐인데, 자연은 인간이 생산할 수도 있는 것이 아니다. 마지막으로 현실의 화폐는 그저 구매력의 징표(token)일 뿐이며, 구매력이란 은행이나 국가금융의 메커니즘을 통해서 생겨나거나 창출되는 것이지 [상품처럼] 생산되는 것은 아니다. (같은 책, p. 243)

노동·토지·화폐라는 사회적 실재 또는 사회의 실체적 공동자산은 인간의 생명활동, 자연환경, 구매력의 징표로서 결코 상품을 위해 생산될 수도 없는 것이었다.

화폐는 곧 구매력의 징표라는 등식은 '화폐와 시장경제'는 불가분의 관계에 있다는 익숙한 편견 때문에 쉽게 이해되지 않는다. 어느 평화로운 섬마을 공동체를 사례로 든다면, 화폐는 사회구성원이 직간접적으로 협력하고 공동으로 생산한 '사회적 생산물'에 대한 권리로서 통용되는 청구권이다. 매우 거칠게 말해서 화폐의 청구권은, 노동에 참여하고 사회에 기여한 각종 대가로서, 공동어장(커먼스)에 대한 공동권리로서, 어린아이와 노약자와 과부나 병에 걸린 취약계층은 살아갈 권리(right to live)로서, 물고기를 지속적으로 잡을 수 있도록 해준 토착지식은 선조로부터 물려받은 것이기 때문에 공동유산으로 모두가 분배받을 권리로서, 실업자의 경우에는 사회권으로서 일할 권리(right to work)를 지불받아 사회적 생산물을 분배받는 구매력의 징표일 뿐이다.

구성원들은 사회에 기여한 만큼 또는 기본적 권리로서 화폐를 지불받고 '권리에 대한 의무'로서 조세납부를 채무로서 이행한다. 코로나19사태에 선별·보편적으로 지불받았던 재난지원금이나 각종 기본수당은 기본권에 대한 대표적인 화폐청구권의 지불사례로 볼 수 있다.

화폐는 사회·경제적으로 거래과정에서 발생하는 채권과 채무를 해소하는 지불수단으로서 단순한 계산표시였다. 본디 화폐는 자신의 희소성에 근거하여 '왕 중의 왕으로서 만인을 추종자로 삼는 이득생산의 상품'이 결코 아니었다.

원래 상품이 아닌 화폐와 노동과 토지가 수요와 공급의 자기조정시장에 포섭되면 인위적 희소성(artificial scarcity)을 가진 상품으로 허구화된다. 화폐는 오직 시장에서만 획득되는 구매상품으로 변한다. 노동자는 화폐 구매상품을 얻기 위해 자신의 노동력을 상품화하여 임금을 얻을 수밖에 없다. 이어서 토지와 화폐의 상품화는 시장가격으로서 지대와 이자를 얻는다. 임금·지대·이자는 상품의 희소성에 따라 등락을 거듭한다.

수요와 공급의 시장 메커니즘에 의해서 상품화된 세계는 가격의 변동, 기아의 공포, 토지의 자연파괴, 거주터전의 위협, 삶의 불안정성을 드러낸다. 칼 폴라니는 인간과 자연이라는 사회의 실체가 보호받지 못하고 시장경제에 노출되는 상황을 '악마의 맷돌'(satanic mill)에 우리의 운명이 맡겨진 것으로 빗댄다. '악마의 맷돌'은 블레이크(William Blake)의 서사시 내용으로서 산업혁명이 인간을 통째로 갈아서 무차별하게 떼거리(masses)로 만드는 공포의 상징을 뜻한다.

칼 폴라니는 자기파괴적 시장 메커니즘의 활동을 둔화시킨 사회보호의 반작용이 없었다면 인간사회와 자연환경은 일찌감치 파멸될 뻔했다고 말한다.

사회의 실체를 보호하기 위한 대항운동은 '사회로부터 떨어져 나와 탈착근된(disembedded) 경제를 다시 사회에 되묻는 재착근(re-embedding)'의 계기를 더욱 확대하여 우리가 직면한 새로운 사태를 해결해 나가는 원동력이다. 대항운동은 사회 실체를 흔들어 인간의 존재론적 안정성을 위협하는 허구적 상품화 세계의 모든 해악을 포괄한다. 고삐 풀린 자본주의, 허구적 상품화, 기아의 공포, 동물적 삶의 강요, 초양극화된 불평등, 희소성의 고통을 아우르는 자기조정시장의 허구성을 벗겨내고 사회적 실체를 되찾는 것이다.

노동·토지·화폐의 허구적 상품화에 이어 네번째로 '지식의 허구적 상품화'도 새롭게 대항해야 하는 인클로저의 사유화 영역이다. 제숍(Bob Jessop)은 지식의 공동재산과 지적 재산권의 사적 이익이 충돌하는 모순을 지적한다.[5] 자본주의 지식기반 경제에서 지식은 비경쟁적이고 비배제적인 준(準)공공재다. 지식은 집단적이고 협력적인 공동재산으로서 사회적 성격을 갖는다. 지적 재산권은 공동자산을 독점하거나 접근비용이 높도록 만드는 허구적 상품화로 사적인 이득을 취한다. 지적 재산권으로 인클로저 된 지식의 상품화는 장기적으로 인류가 공동으로 향유하여 풍요를 누릴 수 있는 잠재력을 차단한다.

자기조정시장은 어떻게 등장하게 되었는가? 흔히들 시장은 애덤 스미스의 보이지 않는 손을 연상하면서 인간의 자기이득과 선천적 교환본능이 서로 공명하여 자연발생적으로 생겨난 것으로 본다.

칼 폴라니는 시장의 발생원인부터 바로잡아 우리의 편견을 부순다. 한마디로 자기조정시장은 영국에서 국가가 중상주의를 이끌고 새로운 자본주의 시스템의 거대한 산업문명을 가동시키기 위해서 인위적으로 창출한 고도의 결과물이었다.

이야기는 영국에서 시작한다. 산업혁명과 기술혁신으로 도시는 기계생산의 굉음과 뿌연 회색빛 연기로 가득 찬다. 거대한 기계설비와 공장을 지속적으로 가동하기 위해서는 먹잇감이 필요했다. 노동력과 같은 생산요소들을 안정적이고 예측 가능한 수준에서 확보해야만 했다. 노동력·토지·생산원료가 언제든 이동 가능한 생산요소가 되기 위해서는 화폐의 소환에 따라 즉각 공장으로 동원될 수 있는 시장 메커니즘이 불가결해졌다.

국가는 적극적으로 개입하여 생산요소의 이동성·생산·유통·소비를 위해 전국적인 시장을 창출하였다. 전체를 잇는 도로와 교통망으로 마을의 경계선은 무너지고 거대한 단일시장의 네트워크가 재편성되었다. "자유시장으로 가는 길을 처음 열었고 계속 열게 만들었던 것은 중앙에서 조직하고 통제하는 지속적인 정부의 개입이었으며 그것도 시간이 갈수록 엄청나게 증가하였다."(같은 책, p. 393)

문제는 자기조정시장이 국가개입과 고도의 디자인만으로 이뤄지지 않는다는 데 있다. 푸코의 지적처럼 주권권력의 생명관리 정치는 비억압적인 방법으로 시장경제를 자발적 진화의 산물로 생각하고 인간과 자연을 상품처럼 거래하는 행위가 자연스럽도록 '정당성을 부여하는 담론'(discourse legitimacy)이 반드시 뒷받침돼야 한다.

푸코의 담론은 지배계급이 피지배계급에 강요하는 지식과 규율을 진리로 구성하는 말하기와 글쓰기의 언술체계다. 생명관리 권력은 자기조정시장을 매우 자연스럽게 정착시키는 과정에서 '지식=권력'의 차원에서 경제학의 담론을 지배적 이데올로기로 삼았다. "생명관리 정치와 고전학파 경제학의 자유주의는 서로 밀접하게 연관을 맺었다. 칼 폴라니가 주목했던 것처럼 경제학은 시장경제가 사회적 맥락에서 떨어져나와 별도의 독자적 자율성과 지배적 우위성을 합리화하는 데 앞장서게 되었으며 새로운 자본주의와 권력장치의 탄생에 기여하였다."[6]

우리는 언어와 이미지를 가지고 대상과 세계를 인식하지만 기표(기호표현)와 기의[7]는 미끄러지고 임의적이다. 기표(기호)는 사회구성원이 저기 숲에 서 있는 그 무엇에 '나무'(tree, arbre, abum)라는 이름을 임의적으로 부여한 것에 불과하다.

지배자의 권력담론은 언어와 대상 사이에 끼어들어 당대가 요구하는 생각과 의식을 정당화하는 이데올로기를 집어넣는다. 경제학의 담론도 시장권력을 자연스럽게 수용하는 언술행위를 통해 사회적 실재의 모습을 허구화하여 진짜 또는 진리처럼 보이게 만들었다.

아감벤이 지적했던 경제학의 신학적 성격도 우리에게 자기조정시장의 세계가 신의 섭리로서 무조건적으로 수용해야 하고 허구화된 상품세계를 진짜 세계처럼 여기도록 길잡이를 하였다. 인간생명 활동에 노동이라는 이름을 붙이고, 자연환경을 토지라 쓰고 부르며, 구매력의 징표로서 화폐를 상품으로 호명하고 상품이 아닌 것을 상품으로 허구화하는 담론체계를 정당화하여 자기조정시장을 진리로 만들었다.

시장경제는 만물의 상품화와 등가교환 체계를 유지하기 위해 고정불변의 언어와 기호로 인간과 사물의 기의(기호내용)를 자의적으로 규정하는 기표의 독재성을 보인다. 시장자본주의에서 기표 독재성은 인간 삶의 실체를 이루는 다양한 의미와 내용이 등가 교환체계에서만 작동하도록 지시한다.

인간은 사고 팔리는 상품이 아니다. 토지도 거래되는 상품이 아니다. "토지는 인간 삶에 안정성을 가져다준다. 토지는 인간 삶의 터전이며 육체적 안전의 조건이며 계절도, 아름다운 경치도 모두 거기에 담겨 있다."(같은 책, p. 464, 465) "토지는 이중가치를 지닌다. 첫째는 식량생산 그리고 주변 자연자원을 활용하여 도구와 장치를 만들고 인간의 솜씨와 기술을 높여주는 기계적 또는 물리적인 힘(mechanical power)이며, 둘째는 풍경과 사색의 대상을 바라보는 우리의 지적 능력(intellectual power)이다."[8]

우리의 대항운동은 경제학이 정당성을 부여했던 담론체계를 무너뜨리고 좀더 사회의 실재와 인간 삶의 실체에 가깝게 다가가도록 저항적 언술행위를 끊임없이 진행하는 것도 포함한다.

가상의 연극에 오른 자기조정시장의 허구성이 그 무대의 막이 내린다고 해서 사회적 실재의 모습이 바로 드러나지는 않는다. 시장 이데올로기의 언어와 기호는 우리의 사고와 신체에 각인되어 좀처럼 사라지지 않고 인간의 행동을 지배하기 때문이다.

당대에 막강한 영향력을 행사하고 있는 슬로베니아 철학자 슬라보예 지젝(Slavoj Zizek)이 즐겨 쓰는 동유럽 농담은 오늘날 허구적 상품세계를 살아가는 우리에게 적절할 듯싶다.

한 정신병원에 철석같이 스스로를 옥수수라 믿는 남자가 있었다.

오랜 치료와 상담을 통해 자신이 옥수수가 아니라는 것을 겨우 납득한 이 환자는 의사의 판단에 따라 귀가하였다. 그러나 며칠 되지도 않아 혼비백산하며 병원으로 되돌아왔다.

"아니, 무슨 일입니까?"

의사가 물었다.

"닭들이 나를 자꾸 쫓아다닙니다. 무서워 죽겠습니다."

환자는 몸을 떨며 아직도 닭이 자기를 쫓아오는 것은 아닌지 두려워하면서 연신 뒤로 돌아보았다. 의사는 부드러운 목소리로 안심시켰다.

"선생님은 옥수수가 아니라 사람이라는 거, 이제 그거 아시잖아요?"

환자는 말했다.

"글쎄, 저야 알지요. 하지만 닭들은 그걸 모르잖아요?"

내가 상품이 아닌데도 닭들은 내가 상품인 것처럼 쫓아다닌다. 내가 옥수수처럼 사고 팔리는 상품이 아니라는 것을 확신해도 닭들은 쫓아온다. 인간은 옥수수가 아니라 사람이다. 더 무서운 것은 내가 차라리 옥수수 같은 상품이 되어서 닭들이 줄기차게 쫓아오길 기다린다는 데 있다. 어쩌면 지금 우리는 옥수수가 되어 닭들을 쫓아간다.

제2부

칼 폴라니의
'거대한 전환'

칼 폴라니의 주저함과 결단

칼 폴라니는 말년에 암 투병으로 점차 몸이 쇠락하였다. 78세가 되는 1964년에 죽음의 그림자가 드리울 즈음 일평생 고단했던 지난날의 삶과 철학을 헤겔(G. W. F. Hegel)의 시구로 압축하였다.

네 안의 평화와 결별하라/세상의 가치와 결별하라
네가 시대보다 더 나을 수 있을지는 몰라도/최고가 되기 위해서는 그래야 된다.

안락했던 생활과 내적 평화를 떨쳐버리고 세상의 모순을 향해 뛰어드는 삶은 언제나 힘들었다. 강물 저쪽에 다다르면 건너올 때 타고 왔던 뗏목을 버려야 또 다른 길을 떠날 수 있듯이 당대를 지배하던 가치도 새로운 길 앞에서 버렸다. 최고가 되려고 마음을 먹지

123

도 않았다. 그래도 세상과 불화하는 삶은 언제나 힘들었다. 최고는
후대에 와서야 인정받았을 뿐이다.

지금 칼 폴라니는 팬데믹이 터지기 이전부터 종말적 한계를
보였던 시장 자본주의에 새로운 길을 제시할 케인스(John Maynard
Keynes), 마르크스와 함께 위기의 지구를 구할 어벤저스로 꼽힌다.

평화롭고 익숙한 길을 벗어나면 수많은 길이 갈라 보인다. 필연
의 강물을 탈주하면 우리가 자유롭게 갈 수 있는 우연의 샛강들이
반짝이는 햇살에 부딪혀 떠오른다. 이제 길은 사방으로 통한다. 거
기에는 내가 선택할 무한한 자유가 있었다.

칼 폴라니는 헝가리 부다페스트에서 노동운동을 함께했던 시인
엔드레 아디(Endre Ady)의 시구를 좋아했다. 거기에는 '최고가 된다는
것은 곧 진리를 발견하는 것'이었음이 배어 있다. 아디의 시를 알기
쉽게 풀어본다.

진리는 만유인력의 법칙이 아니다.
진리는 중력을 떨치고 새가 하늘 높이 솟구친다는 사실에
있다.
진리는 사회가 물질적 이익을 떨치고 고귀한 이상을 구현하
는 단계까지 새처럼 솟구쳐 오르는 데 있다.

새는 자신을 짓누르는 중력을 이겨내고 치열한 날갯짓으로 창공
에 치솟는다. 진정한 진리는 물질적 이익의 시장법칙과 중력을 떨치

고 사회가 더 큰 미래와 고귀한 이상으로 날도록 이끄는 데 있었다.

중력이 없으면 새는 날지 못한다. 새가 중력을 긍정하고 이겨내면서 더 높이 날듯이 인간도 자신을 사랑하면서 기존의 익숙함과 결별하는 진통 끝에 자유로운 날갯짓이 가능하다. 그렇게 해서 날아오른 푸른 하늘에는 아무도 가지 않은 무수한 가능성의 길이 수만 갈래로 펼쳐져 있다.

진리라고 해서 항상 높은 곳에만 머물지 않는다. 미네르바의 부엉이처럼 낮 동안 익숙했던 시간을 떨쳐버리고 황혼녘에 날아갔다가 다시 각성과 설렘의 아침으로 되돌아와서 들뢰즈의 사유처럼 어제와의 '차이'를 느끼고 다시 날기를 '반복'하여 더 나은 단계로 올라가는 것이었다.

칼 폴라니의 생애가 그랬듯이 그는 익숙한 것과 결별하고 늘 쫓기며 살았다. 한곳에 안주하지 못하고 세계를 떠돌고 망명하는 디아스포라의 삶이었다.

"나의 삶은 세계사다"라고 할 정도로 칼 폴라니의 삶은 불안·고통·격변·절망으로 압축된 세계사를 관통하였다. 제1차 세계대전, 스탈린주의의 대두, 나치즘, 사회주의, 대공황, 제2차 세계대전으로 숨가쁜 역사와 마주한다.

1933년 파시즘을 피해 영국으로 망명했던 칼 폴라니는 다시 미국으로 건너간다. 1944년 58세의 늦깎이에 『거대한 전환』으로 유명해지면서 컬럼비아대학의 초청으로 겨우 자리를 잡게 되었다. 이마저도 안정적 생활을 보장해 주지 않았다. 때마침 미국에서 매카시즘의 광풍으로 아내 두친스카의 비자가 거부되어 혼자서 미국생활을 한다. 1953년 67세로 은퇴할 때까지 불안한 방문교수 신분으로 가족이 있는 캐나다와 뉴욕을 통근기차로 오가며 외로움을 삭혔다.

칼 폴라니는 일생 수차례에 걸쳐 병마를 견뎌냈지만 1953년 여름을 마지막으로 병세가 나빠졌다. 그는 죽음을 예감이라도 한 듯이 철학적 에세이 『햄릿』(1954)에서 무의미한 삶에 몸부림치고 생의 방황으로 힘들어했던 젊은 시절을 떠올렸다.[1]

청년 폴라니는 지독한 우울증에 시달렸다. 부친이 갑작스레 사망하였다. 가족의 생계를 혼자서 책임지고 건강도 악화되어 엄청난 스트레스를 겪었다. 칼 폴라니는 중압감에서 탈출이라도 하듯이 유럽세계를 뒤흔든 제1차 세계대전에 오스트리아와 헝가리제국의 기병장교로 몸을 던진다. 그의 참전은 헝가리 애국자로서 시민의 의무이기도 했지만, 부다페스트를 벗어나 치열한 전선에서 거꾸로 안도감을 얻고자 했던 까닭도 있었다.[2]

동부전선에서 러시아와 대치하던 폴란드 남쪽의 갈리시아는 혹독한 겨울바람이 불어닥쳤다. 건조하고 거무스레한 중앙아시아 특유의 벌판이 삭막하게 펼쳐져 있었다. 이미 지칠 대로 지쳐 있었던 칼 폴라니의 심신은 더욱 병약해졌다. 하루하루의 삶은 어둠 속으로 빨려 들어가고 차가운 겨울 햇빛은 점점 흐려져 희미한 태양의 윤곽 속으로 좁아지고 있었다.

그러던 어느 날 갑작스레 일이 벌어졌다. 자신이 타고 있던 말이 느닷없이 헛발을 디디면서 함께 나동그라지고 만다. 지독한 추위로 온몸이 얼어붙은 상태에서 칼 폴라니는 말안장에 낀 다리를 빼낼 엄두도 내지 못했다. 아마도 삐쩍 마른 코사크의 노란 암말이 한번만 더 굴렀더라면 죽을 수밖에 없는 상황이었다.

황당하고도 우연한 사건으로 멍한 상태에 있던 칼 폴라니에게, 뼛속까지 춥고 어두웠던 그날 밤 엘시노어 성을 뒤흔든 연극 〈햄릿〉의 첫번째 대사, "거기 누구냐?"(Who's there?)라는 외침이 날카롭게 찌르는 듯했다. 죽음 직전의 경험에서 나는 누구이며 왜 여기 있는가라는 존재의 물음은 여태껏 감춰졌던 빈틈의 빗장을 열고 새롭고도 낯선 세계로 칼 폴라니를 밀어넣었다.

폴라니는 절체절명의 시간에 햄릿의 고뇌를 순간적으로 깨닫게 된다. 항상 갖고 다니면서 읽고 또 읽었던 『햄릿의 비극: 덴마크 왕자』의 대사 한 구절과 단어 하나까지도 생사의 기로에서 마비된 영혼을 순간적으로 흔들어놓았다.

"인생은 놓친 기회이다"

죽음은 칼 폴라니의 우울증을 파고들면서 항상 따라다녔다. 그는 1925년 친구에게 보낸 편지에서 혼란스러운 청년기를 거쳐 기병 장교로 근무하다 결국 병세가 악화되어 군사병원으로 옮겨지기까지의 시간을 괴롭게 회고하였다. 편지는 50년이 지난 뒤에야 햇빛을 보았다.

당시 그의 정신상태는 죽음 직전의 상황이었다. 내적 격정이 가슴을 후비는데도 감각은 무디었다. 삶 전체는 독약이 번져 마비된 듯하고 의식도 점점 좁아져 어느 골방 속에 단단히 갇힌 상태였다. "신이 예정해 놓은 운명에 따라 자살할 생각"이라고 토로할 정도였다. "점차 느릿느릿 병이 회복되느라 10년의 세월이 사라졌지만 그것은 내 인생 후반기의 출발점이 되었다. …그때 무엇이 나를 질식시키는지 알지 못했다. 물론 사실이 아닌 순전히 예술적 차원이지만 마치 밧줄이 곧 교수대에 서 있는 사형수를 질식시키는 것 같았다. 이제 무언가 다른 공간이 내 안에 자리를 잡았다. 그것은 도덕적 세계였다. …이제야말로 나는 한 사람의 인간으로 성숙하였다."[3]

칼 폴라니의 도덕적 세계는 개인이 시장경제의 중력을 떨쳐버리고 사회에서 자신의 삶을 함께 영위해 주는 모든 사람에게 의무와 책임을 다하여 스스로 빚짐의 무게를 모두 갚아서 가벼워진 새처럼 훨훨 솟구치는 자유를 얻는 것이었다.

"한 사람의 인간으로 성숙하였다"는 선언은 실존(existence)의 선택이었다. 칼 폴라니가 말에서 떨어져 내동댕이쳐졌을 때 우연의 충격은 "나는 왜 여기 있는가? 나는 누구인가?"라며 자신의 존재를 묻는 실존으로 이어졌다. 하이데거(Martin Heidegger)처럼 실존은 나를 벗어나 내가 황량하고도 낯선 곳에 내던져져 있는 나를 바로 보는 탈존(脫存, ex-istence)이었으며 자신을 뛰어넘어 미래의 가능성과 맞닥뜨리는 존재방식을 이루었다.

칼 폴라니는 우울증과 절망에서 미끄러져 내려가는 죽음을 우

연한 사건으로 다시 되잡아 적극적인 생의 의지로 바꾸었다. 누구와
도 바꿀 수 없는 고유한 개체의 죽음은 유한한 생명이기에 더욱 소
중하고 고귀한 삶을 이루는 단서가 되었다. 죽음은 더 이상 생의 뒤
에 따라오는 무감각한 경험이 아니었다. 다시 앞으로 되돌려놓은 죽
음으로 전체 생애를 새롭게 경험하고 자신의 고유한 가능성을 일깨
웠다.

햄릿의 사느냐 죽느냐 하는 문제도 칼 폴라니에게는 실존의 존
재방식으로 이어졌다. "죽느냐 사느냐"(to be or not to be)라는 햄릿의
독백은 인간이란 시간의 흐름에 몸을 맡기는 수동적 존재가 아니라,
얼마나 의미 있게 살 것인가(to live or not to live), 그리고 자신이 능동
적 주체로서 유한하고도 소중한 삶을 얼마나 의미 있게 채워가는가
하는 실존의 문제였다.

칼 폴라니가 보기에 햄릿은 결코 우유부단하지 않았으며 죽음
을 선취하여 생의 결단력을 보여준 실존의 존재자였다.

칼 폴라니는 성격비평의 대가 브래들리(A. C. Bradley)가 초점을
맞추었던 햄릿의 무행동(inaction)에 주목한다. 브래들리는 햄릿이 우
유부단하고 마땅히 수행해야 할 복수의 실행을 질질 끄는 이유를 심
각한 우울증(melancholy) 탓으로만 돌려왔다. 그렇지만 폴라니에게
햄릿은 결코 유약하거나 우물쭈물하는 인간이 아니었다.

햄릿은 장막 뒤에서 염탐하고 있는, 자신의 약혼자 오필리아의
아버지 플로니어스를 왕으로 오인하여 "쥐새끼!"라고 외치며 가차
없이 칼로 찌르기도 하고, 마침내는 자신의 아버지를 독살하여 왕위

와 어머니마저 빼앗은 숙부 클로디어스를 한 치의 망설임도 없이 즉각 죽일 정도로 과감한 행동가였다. 그런 햄릿이 사랑하는 오필리아까지 죽음으로 몰아넣고 비극으로 끝날 수밖에 없도록 복수를 질질 끌고 당위의 행동을 미루었던 수수께끼 같은 지연(mysterious delay)의 원인은 무엇인가?

친구 호레이쇼를 비롯한 지지자들은 햄릿이 "이 세상을 바로잡을 운명으로 태어났다"(I was born to set it right)며 복수할 것을 재촉한다. 햄릿에게 부패한 왕을 죽이고 다시 권력을 되찾아 세상을 바로 세우는 행동은 결국 정치권력을 놓고 치졸하게 싸우는 복수전이었으며 하나의 증오스러운 행동(one hateful action)에 지나지 않았다. 복수를 부탁하는 선왕의 유령, 복수를 당하는 숙부, 복수를 통해 왕위를 이어받는 햄릿은 제각기 모습과 인생의 배역이야 서로 다르겠지만 속내는 같은 뿌리인 셈이었다.

더욱이 어느 날 갑자기 외부에서 복수라는 선택을 강요당하는 삶은 자신의 존재의지와도 전혀 무관하였다. 세상을 바로 세운다는 명분이 아무리 뚜렷하더라도 꼭두각시 인형처럼 질질 끌려다니는 허구적 삶은 참으로 혐오스러웠다.

사유는 우연과 바깥에서 시작한다. 데카르트처럼 사유는 이성을 토대로 하는 합리적 주체작용이 아니다. 낯선 곳에 던져져 삶의 안정성이 무너지는 우연한 존재사건에서 불안이 엄습한다. 존재 밖에서 도래하는 우연과 불안은 내 안의 고뇌와 생각을 엄청난 격정으로 흔들어놓는다.

햄릿은 우연히 아버지의 죽음을 둘러싼 비밀을 알게 된 뒤부터 자식 된 도리로서 복수를 생각하지만, 도덕적 타락과 수동적 삶으로 이어질 수밖에 없는 자신의 미래에 생각이 미치자 "차라리 죽는 게 낫다"고 되뇔 정도로 괴로움에 휩싸인다.

햄릿은 자신의 고뇌를 감추기 위해 우울증과 광기로 위장한다. "그는 복수라는 수동적 명령에 직면하여 능동적으로 살아가는 삶(to live)을 결정하는 것도 불가능하였다. 그는 복수라고 하는 결심을 강요당하지 않는 한에서만 존재가치를 얻을 수 있을 뿐이었다. 햄릿이 죽지 않기 위해서 구차한 삶이라도 살아야 하는 생과 사의 선택에 도전하는 처지였다면 그의 인생은 아무런 의미도 없었을 것이다. 거기서는 죽음과 상관없이 삶을 의미 있도록 만들어갈 수 있는 주체적 선택도 할 수 없기 때문이다. 이것이 바로 햄릿이 위장된 우울증 속에 감춰놓은 인간존재의 조건이다."[4]

햄릿이 진정한 삶의 의미를 찾느라 복수를 지연하는 과정에서 비극성은 점점 높아만 간다. 사느냐 죽느냐 하는 고뇌는 자신이 마땅히 수행해야 할 의무를 비겁하게 저버리고 죽음보다 더한 절망에 시달리면서 살아갈 것인가, 아니면 당당히 죽음의 무게를 번쩍 들어올리고 삶이 의미 있도록 결단을 내릴 것인가 하는 선택의 문제였다. 결국 햄릿은 가혹한 운명의 화살을 받으며 참고 견디고 괴롭게 사느니(to suffer and to be) 차라리 밀려드는 재앙에 당당히 맞서 무기를 들고 싸우다 죽을 것(to take arms and not to be)을 결심한다.

햄릿은 마침내 개인의 사적 복수심을 뛰어넘어 악의 부패와 부조리를 단절해야 한다는 영혼의 울림을 얻는다. 신이 부여한 엄숙한 사명감을 내면 깊숙이 받아들이면서 삶의 의미도 능동적으로 획득하게 된다. 마침내 햄릿은 웃으면서 삶의 충만한 의미와 죽음을 기꺼이 맞바꾼다.

햄릿은 생의 결단으로 죽음을 준비하며 위장된 광기를 벗어버린다. 자신의 죽음과 친근하게 마주하며 조용히 침묵을 지킨다. 고통스러웠던 삶과 죽음의 혼란에서 벗어나 "참새 한 마리 떨어지는 것도 신의 특별한 섭리"로 느끼며 신의 대리인으로서 정의를 실현한다는 내적 성숙까지 이뤄나간다.[5]

햄릿은 복수를 끝내고 기꺼이 삶과 헤어진다. 그는 절망이 아니라 충만함 속에서 죽어간다. 죽음으로 가는 발걸음은 진정한 의미에서 생을 받아들이는 길목을 향해 가는 것 같았다. 연극의 막이 내리면서 마침내 우리는 삶과 죽음이 화해하는 모습을 보고 햄릿의 죽음이 결코 헛된 것이 아니었음을 깨닫는다.

〈햄릿〉은 인간의 조건을 제시한 연극이다. 우리 모두는 어차피 죽기를 거부하지 않는다면 어떤 식으로든 살아가게 마련이다. 하지만 삶이 우리를 초대했다는 경건한 본질을 마음속 깊이 새기며 살아가지는 못한다. 우리는 자신의 생명을 던져 삶에 바치려는 것을 주저하기 때문에 계속 행복을 미루고 있다. 인생은 인간이 놓친(missed) 기회다.[6]

실존의 차원에서 인간은 세계에 내던져진 존재다. 칼 폴라니가 추운 겨울에 죽음의 순간으로 내동댕이쳐지거나 햄릿이 황당하게 선왕의 유령을 만나는 우연의 사건에서 존재는 벌거벗은 몸이 되어 의문으로 내던져진다. 거기에서 나라는 존재는 "나는 과연 누구인가? 왜 나는 여기에 있는가?" 하는 존재에 질문을 던지는 현존재(Dasein, bing there)가 된다.

햄릿은 유령의 출현이라는 사건을 우연한 에피소드로 넘겨버릴 수도 있었다. 루터(Martin Luther)가 종교개혁의 출발점으로 삼았던 독일의 비텐베르크대학에 유학을 했던 햄릿은 프로테스탄티즘의 에토스를 지니고 있었다. 유령의 존재는 한갓 미신으로서 애당초 무시해도 좋은 우연이었다. 햄릿은 그냥 그렇게 살아도 어차피 나중에 왕위를 물려받고 약혼자와 결혼하여 행복하게 살 수 있는 길이 보장되어 있었다.

우연에 그냥 편하게 몸을 맡기고 안정적으로 살아갈 것인가, 아니면 우연에 뛰어들어 불안 속에서 지금껏 관성적으로 살아왔던 존재를 통째로 흔들어 삶을 다시 팽팽한 긴장 속에 집어넣고 미래를 기획(projection, 企投)할 것인가? 이것이 햄릿이나 칼 폴라니에게 사느냐 죽느냐의 문제였다.

나의 죽음은 누구도 대체할 수 없는 구체적이고도 고유한 사건이다. 죽음은 나의 유일한 삶의 조건을 규정한다. 죽음의 끝을 긍정하고, 죽음을 앞장세우고, 죽음의 자각을 선두에 놓고 과거를 새롭게 경험하고 미래를 의미 있는 시간으로 채우는 일은 하이데거가 말하는, 비본래적 삶을 본래적 삶으로 충만하게 하는 실존의 선택이자 절망을 껴안는 기투적(企投的) 삶이었다.

삶과 죽음은 대립하는 것이 아니라 서로 하나다. 하나임을 깨달을 때 우리는 생명의 유한성을 깨닫고 능동적인 삶을 살아갈 수 있는 무한한 동력을 얻게 된다.

칼 폴라니가 햄릿의 에세이에서 내린 마지막 결론은 비장하다. "인생은 인간이 놓친 기회다."

인생에서 수많은 기회의 순간들이 바위에 포말로 부서지며 쏜살같이 흘러간다. 한번 흐른 강물은 다시는 되돌아오지 못한다. 지금 여기의 순간을 주시해야 한다. 한번 놓친 기회는 우리가 다시 삶을 살아도 되돌리지 못한다. 한번 살았던 삶의 궤적은 영원히 바꿀 수 없다. 다시 산다고 해도 오늘 결정한 순간은 영원히 다시 되돌아온다. 니체의 영원회귀이다.

기독교 개인주의와 영혼을 무시하는 파시즘의 대립

햄릿의 고통이 결코 헛된 것이 아니었던 것처럼 칼 폴라니도 죽음보다 더한 절망 속에서 빠져나와 사회적 고통을 함께하는 삶에 헌신하게 된다. 칼 폴라니에게 실존적 선택은 시간적으로 죽느냐 사느냐 하는 단순한 존재가 아니라 자신이 능동적 주체로서 죽음과도 같은 결단으로 삶을 얼마나 의미 있게 채워가느냐에 달려 있었던 것이다.

　　체념(resignation)은 항상 인간에게 힘과 새로운 희망의 원천
이었다. 인간은 죽음이라는 현실을 받아들이고 여기에 기초하
여 세상에서 자신의 육체적 생명의 의미를 세웠다. 인간은 자신
의 영혼(soul)은 언젠가 잃어버릴 수밖에 없다는 사실, 하지만 [영
혼을 잃어버리면] 죽음보다도 더 끔찍한 상태가 존재한다는 진리
를 스스로 기꺼이 받아들이고(resign) 그것에 기초하여 자신의 자
유를 세웠다. (GT, p. 604)

　　죽음, 체념, 생명의 의미, 자유론으로 채워진 위의 인용문은 『거
대한 전환』을 마무리하는 제21장 "복잡한 사회에서 자유"(Freedom in
a Complex Society)의 마지막 문장에 해당한다. 원래 서론에 배치해야
할 정도로 칼 폴라니의 경제사상 전체를 흐르는 모티브가 결론에 압
축적으로 담겨 있다.

　　체념(resignation)은 수동적 의미의 자포자기가 아니라 '죽음을 기
꺼이 달게 받아들이는 감수'의 뜻을 지닌다. 죽음을 기꺼이 받아들이
는 실존적 행위는 우리 삶에 불굴의 용기와 새로운 힘을 솟구치게 한
다. 죽음은 삶과 대립이 아니고, 죽음은 삶을 무화하는 허무도 아니
며, 서로 하나로 통일되어 유한한 삶을 역동적으로 이끄는 힘이다.

　　칼 폴라니의 평생 주제는 자유라고 할 정도로 그는 인간의 개성
과 창조적 역량을 풍부하게 실현할 수 있는 진정한 자유를 끝없이

탐색하였다. 죽음에 대한 체념과 인간영혼의 자유는 공통적으로 기독교적 에토스와 맞물려 있다.

칼 폴라니는 아버지가 작고하자 곧바로 유대 공동체를 떠났지만 죽음의 문턱까지 갔다 오는 경험을 한 뒤에 개신교에서 새로운 공동체를 찾게 되었다.[7] 그는 신에게 기도하거나 예배드리는 일반적 기독교도가 아니었으며 예수의 가르침, 죽음과 구원, 휴머니즘을 존경하는 온건한 신자였다. 혁명가였던 예수가 이 땅에 세우고자 한 자유와 평등의 도덕적 공동체에서 깊은 영감을 얻었다.

칼 폴라니는 서양인의 의식을 구성하는 세 가지 사실을 끌어내어 죽음·자유·사회에 대한 인식 또는 깨달음(knowledge)을 밝힌다. 일단 죽음에 대한 인식은 유대교에서 근원한다. "첫번째인 죽음에 대한 깨달음은 유대인들의 전승에 의하면 구약성경의 이야기에 계시되어 있다."(같은 책, p. 602)

인류 최초의 죽음은 아담의 아내인 하와가 지식의 나무(tree of knowledge, 선악과)를 따 먹은 것에 대한 하나님의 징벌로서 규정된다. 하나님의 세계에서 원래 죽음이라는 형상은 존재하지 않았다. 최초 인간이 신의 명령을 따르지 않은 죗값으로서 죽음이라는 형벌을 받게 되었다.

칼 폴라니는 서구인의 의식에 깊이 박혀 있는 원죄와 죽음의 징벌관계를 달리 해석하여 "죽음이 있었기 때문에 생명이 존재할 수 있다"는 인과관계로 해석한다. "인간은 선악과를 먹고 나서 죽음을 가진 존재가 되었다. 최초의 타락이 오히려 인간을 창조하였다. 인간은 죽음이라는 뚜렷한 한계에 빚을 지고 창조되었으며 이런 사실을 부인하려는 노력은 무엇이든 삶의 모든 의미를 파괴할 것이다."[8]

죽음은 인간의 죄에서 비롯된 동시에 생명을 잉태하게 만든 계기였다. 생명은 죽음에 빚진 것이나 다름없다. 죽음이 있었기에 생명이 창조되었다. 이 땅에서 죽음을 거부하기 위해 몸부림치는 행위는 생명의 탄생을 부정하는 것과 똑같다.

우리 모두가 죽음은 피할 수 없다는 엄연한 현실을 계시처럼 받아들이고 생명의 유한성을 깨닫고 삶의 소중한 의미를 되새겨야 한다. 지상에서 영혼을 잃어버린 삶은 죽음보다도 더 끔찍하다. 더 큰 절망은 두번째 죽음으로서 인간의 영혼이 하나님 세계에서 영구히 추방되는 '영원한 죽음'(eternal death)이었다. 햄릿처럼 인간은 죽음보다도 더 절망스러운 현실에서 비겁하게 살기보다는 죽음을 기꺼이 받아들이고 체념함으로써 자유로운 삶을 살아가는 능동적인 주체로서 거듭나게 된다.

인간이 영혼을 가진 존재로 다시 태어나기 위해서는 죽음을 기꺼이 받아들이는 체념의 단계를 통과해야 한다. 죽음에 대한 깨달음에서 시작되는 계시는 인간을 육체적 소멸의 절망감에서 벗어나 보람 있는 일, 예술, 학문, 도덕성, 창조적 활동, 잠재역량의 계발, 개인의 헌신, 인류에 대한 봉사를 통해 자신을 구현해야 한다는 긴박감으로 우리를 안내한다.[9]

죽음에 대한 생명의 빚짐 또는 부채는 칼 폴라니의 경제학을 관통하는 줄거리가 된다. 죽음을 기꺼이 받아들이거나 체념하지 않고 거부하는 삶은 영혼의 존재를 기각하고 유한한 생명의 소중한 의미와 인간 자유를 외면하여 우리를 비인간화(dehumanization)의 길로 빠뜨린다. 일상적으로 우리는 죽음이란 단어를 금기시하고 억누른다. 죽음을 기꺼이 받아들이고 체념하는 과정도 햄릿의 고뇌처럼 극심한 혼란과 고통을 겪을 수밖에 없다. 우리는 죽음을 애써 부정하기도 하고 나아가 죽음을 초월하여 신의 영역을 넘보고 싶어한다.

자기의식이 발달하면서 인간은 더 이상 자신이 주인으로 섬기는 종교적 신을 믿지 않게 되었으며 초월적 창조자를 살해하여 자신이 아버지가 되고 신이 되고자 소망한다. 바로 오이디푸스 기획(Oedipal project)은 자신 스스로 아버지가 되기 위한 시도였다. 오이디푸스 콤플렉스의 본질이 자기원인자(causa sui)로서 신이 되는 것에 있듯이 우리는 세계 속에 자신의 흔적을 새겨 불멸을 성취하려는 욕망을 품는다.[10] 죽음에 대한 거부는 자신의 개체성을 끊임없이 확장하고 남과 다르고자 하는 영웅적 노력과 맞물려 자신이 더불어 살아가는 사회와 갈등하고 대립한다.

죽음의 공포로부터 벗어나 불멸을 꿈꾸는 인간은 자신이 창조적이고 능동적 주체임을 포기하고 유한성·허무감·왜소함에 사로잡혀 또 다른 거대한 힘과 권위에 의존하는 전이현상도 보인다. 이런 전이는 불멸의 신화를 지닌 금과 화폐축적으로 옮겨져 죽은 물질에 생명력을 불어넣고 스스로 귀속되는 것에서 두드러진다. "죽음이 우리 삶에 개체성을 부여하는데도 만약에 사람이 죽음을 억압하는 유기체라면 그때 인간은 자신의 개체성(personality)을 억압하는 유기체가 된다."[11]

　시장경제에서 화폐의 물신숭배에 의탁하고 죽음과 개체성을 억압하는 인간은 동시에 케인스가 지적한 대로 "소유물로서 화폐를 사랑하는 것은 병적이거나 일부 질환의 성격을 보여주는 사회적 병리현상도 낳는다."[12]

　죽음에 대한 깨달음은 인간의 창조성과 풍부한 자유에 헌신해야 할 생명의 유한한 의미를 되새겨주며 시장사회에서 초월적 힘의 대상으로 추구되는 화폐의 물신성을 어떻게 다시 억제할 것인가라는 문제까지 일깨운다.

　칼 폴라니의 자유에 대한 두번째 깨달음은 신약에 근거한다. "두번째로 자유에 대한 인식은 성경에 기록된 예수 그리스도의 가르침 속에서, 모든 개인의 인격 하나하나가 우주에 하나뿐인 소중한 존재라는 발견을 통해 계시되었다."(같은 책, p. 602) 자유에 대한 깨달음 역시 육체적 죽음의 체념 위에서 다시 솟아오르는 영혼을 인식하는 데 있다. 육체적 소멸보다도 더 끔찍한 일은 신과 유대관계가 끊기는 절망적 상황으로서 영적 죽음 또는 영혼의 사멸에 있다.

　신 앞에서 만나게 될 영혼은 유한한 생명에 영원성을 부여하는 기독교적 신앙이자 인간에게 개성·인격·평등을 부여하는 계시로 등장한다. 예수의 가르침은 인간이란 영혼을 가진 유일한 존재로서 신 앞에서는 누구도 타인에게 억압받거나 지배당하지 않고 자유롭다는 데 있다.

　영혼의 문제는 칼 폴라니가 파시즘과 사회주의를 가르는 결정적 기준이 된다. 그는 파시즘과 사회주의의 차이점을 "근본적으로 경제적인 것이 아니라 도덕적이며 종교적인 문제"(같은 책, p. 267)라고 할 정도로 기독교적 관점에서 파시즘을 격렬하게 비판한다. 칼 폴라니가 말하는 사회주의는 세속화된 국가사회주의를 뜻하지 않는다. 칼 폴라니가 '인간은 본성상 사회주의'라고 말했을 때도 마찬가지이지만 사회주의 개념은 인간의지와 상관없이 작동하는 시장의 수요와 공급 법칙에서 벗어나 연대·협동·참여를 통해 협동조합과 같은 다양한 기능의 조합결사체들이 구체적으로 조정하고 합의하여 민주 자치적인 삶을 꾸려나가는 공동체를 가리킨다.

파시즘은 민족을 공통적 관념이나 상상된 공동체가 아니라 피와 흙(blood and soil)의 질료와 영혼이 낳은 자연적 실체로 접근한다. 동물은 물론 식물도 영혼을 부여받아 살아 움직이는 생명체를 이룬다. 자연 전체는 영적 관념이 작동하는 거대한 자궁으로서 생명법칙의 근원이 된다. 인간도 자연의 일부이기 때문에 특별할 것도 없는 생물학적 존재에 불과했다. 파시즘은 국가를 민족(피)과 대지(흙)가 결합하는 거대한 유기체로 보고 여기서 새로운 힘의 의지를 창출하여 전체적인 지배정신으로 삼는다.

파시즘에는 국가 전체 유기체의 순수한 민족과 건강한 신체를 만들기 위해 정원사가 정원의 잡초를 뽑아내듯이 허약하거나 불결한 피를 제거하는 혈통보존과 인종주의가 뒤따랐다. 전체를 위해 개체의 생명과 죽음은 인구통계학의 숫자에 불과하거나 사소한 사건에 지나지 않았다.

칼 폴라니는 친구와 우정을 가지고 파시즘을 비유한다. "두 사람이 직접 만나는 관계를 통해 우정이 싹트는데, 파시즘에서는 공통의 우정이라는 정신을 먼저 내세우고 그것을 매개로 두 사람이 간접적으로 관계를 맺는다." 이렇게 파시즘에서 개인의 인격성(personality)은 전체성(totality)을 구성하는 매개물로 전락하여 비인격화된다. 여기서 전체가 모든 개체를 지배한다는 전체주의(totalitarianism)가 나온다.

칼 폴라니는 파시즘의 본질을 무신론으로 파악하여 기독교적 관점에서 집중적으로 비판한다. 파시즘은 인종혈통과 대지에 혼을 불어넣는 생기론(vitalism)으로 민족공동체의 생명과 활력을 불어넣어 개인과 사회를 자아 없는 열광(엑스타시)으로 몰아넣는 망령의 세계이자 전체주의였다. "인류의 의식은 죽음이라는 깨달음을 통해 그 모습이 확고하게 결정되는데"(같은 책, p. 602) 파시즘은 무기물과 물질에 혼을 불어넣고 개인과 사회를 억압한다는 점에서 죽음과 영혼을 부정하는 반기독교적인 무신론이었으며 반개인주의이자 인종주의이고 신비주의였다.[13]

파시즘의 무신론에 대항하여 칼 폴라니는 기독교적 개인주의를 바탕으로 공동체와 사회에 대한 의미를 끌어낸다. 기독교적 개인주의는 절대자와의 관계에서 무신론적 개인주의와 완전히 반대 입장에 서 있다. "신이 존재하기 때문에 개개인의 인격은 무한한 가치를 지닌다. 이것은 곧 인간은 모두 형제애로 뭉친 동포라는 의미를 가르친다. 사람마다 영혼(soul)을 지니고 있다는 말은 그들이 개인으로서 무한한 가치를 갖고 있다는 표현을 바꾼 것뿐이다. 그들이 평등하다는 말은 영혼을 갖고 있다고 다시 말하는 것과 다름없다. 우리는 서로를 의미한다."[14]

유대교의 구약은 절대적 신과 인간의 '수직적 관계'에서 죽음에 빚진 생명과 유한한 생명이 지닌 영혼의 소중한 의미를 깨우쳤다. 기독교 신약에서는 지상에서 인간의 영혼과 영혼을 잇는 '수평적 관계', 즉 모든 인간이 가지고 있는 영혼은 서로가 형제임을 알려주며 아울러 영혼에 깃든 신은 유한한 인간에 무한한 가치와 평등의 모습으로 드러난다.

영혼은 인간에게 개체성을 부여하면서 단독자 또는 단순한 개인주의에 머물기를 거부한다. 모두가 서로가 간직한 고귀한 영혼으로 '서로가 서로를 의미하는 공동체사회'를 만들어야 한다. 서로가 개성을 존중하면서 도덕적 공동체를 이루는 기독교적 개인주의야말로 영혼이 신의 뜻을 기꺼이 구현하는 인간유형이 된다. 이 때문에 인간의 고유한 죽음과 영혼을 부정하고 자연만물에 본능적 혼을 부여하는 무신론의 파시즘은 기독교적 공동체와 완전히 대립할 수밖에 없는 것이었다.

유한하기에 더욱 소중한 생명은 죽음의 한계를 기꺼이 받아들이는 체념으로 자유로워지며 동시에 인간은 마땅히 신의 의지를 구현하도록 영혼의 공동체 속에서 도덕적 책임을 다해야 한다는 것이 칼 폴라니의 종교적 메시지라 하겠다.

공동체는 영혼을 가진 인간이 서로 마주치는 인격적 관계로서 이뤄진다. "인류가 동포로서 형제애를 갖는다는 것은 개인의 인격이 공동체 밖에서는 실현되지 않는다는 것을 의미한다. 공동체의 실제 모습은 개인들의 관계에서 나온다. 공동체가 현실로 드러나야 하는 작업이야말로 신의 의지이다."[15] 이와 달리 파시즘의 인간은 생기론에서 발휘되는 전체 의지와 힘에 수동적으로 매몰되는 단순한 구성단위에 지나지 않는다. 이것이 지향하는 무신론적 공동체는 인간을 전체성 아래 복속시켜 비인격적 존재로 추락시키는 집단공동체의 전체주의를 띠게 되었다는 것이 칼 폴라니가 분석하는 기독교적 결론이었다. 결국 파시즘은 국가가 전체성을 구현하기 위해 모든 권력을 장악하고 소수에 집중시키는 독재성을 보이게 되었다.

죽음과 취약성을 껴안은 공통체

파시즘은 개인의 영혼과 인격을 부정하는 무신론이었으며 개체를 단순한 집단의 구성물로 여기고 국가 집단공동체에 예속시킨다는 점에서 반개인주의였다.

전체주의적 파시즘이 등장하기 이전에 시장자본주의가 토대로 삼았던 자유로운 개인주의(liberal individualism) 역시 무신론적 개인주의였다. 영혼이 숨쉬는 인격적 존재를 부정하는 영적 무정부성(spiritual autarchy)과 타인과 동떨어져서 자기 안에 갇혀버린 자폐적 독립체들(self contained entities)이라는 특징이 무신론적 개인주의에서 두드러졌다.

두 차례의 세계대전과 대공황으로 시장경제가 붕괴하는 거대한 모순이나 파시즘의 비극은 모두가 신과의 유대관계가 단절된 상황에서 서로 삶의 의미를 나누는 영혼의 공동체와 사회를 부정했기 때문에 일어난 것이었다. 자기조정 시장경제의 개인주의에 극단적으로 반발한 파시즘의 반개인주의적 전체주의도 공통적으로 무신론이었다.

칼 폴라니에게 오랫동안 유럽의 정신적 지주였던 기독교적 개인주의야말로 사회주의와 민주주의를 이루는 기초로서 개인의 인격성과 공동체가 서로 결합하고 자율성과 책임을 다할 수 있는 인간의 조건이었다. 파시즘은 무신론적 개인주의가 낳은 자기조정시장의 파멸을 사회에 되묻어 인간에게 영혼과 인격성을 되돌려주는 사회주의와 민주적 방식이 아니라 거꾸로 인격적 관계의 사회를 깡그리 부정하고 곧바로 인간과 사회를 국가 전체주의에 예속시키는 거대한 참극이었다.

칼 폴라니는 마침내 다시 자신의 명제를 확인한다. "아리스토텔레스가 옳았다. 인간은 경제적 존재가 아니라 사회적 존재이다. … 인간 삶의 동기는 [단일한 경제적 동기가 아니라] 사회적으로 승인을 얻기 위한 노력과 결부되는 '혼합적' 성격을 갖는다. 생산을 위한 경제적 노력은 이를 위한 부수물에 지나지 않는다. 인간의 경제는 원칙적으로 사회적 관계에 매몰되어 있는 것이었다."[16] 인간은 경제적 동물이 아니라 고유한 영혼을 지닌 사회적 존재라는 점에서 칼 폴라니는 시장경제에 내재한 무신론적 개인주의를 집요하게 비판한다.

칼 폴라니는 도스토예프스키의 『악령』에서 "만약 신이 존재하지 않는다면 그때는 나, 키릴로프가 신이다"라고 주장하는 키릴로프(Kiriloff)를 통해 무신론을 신랄하게 비판한다. 신은 인간에게 생명의 의미를 부여하고 선악을 구별하는 능력을 창조하였다. 그런데 나 밖에 신이 존재하지 않는다면 그때는 '내가 신이 하는 모든 일을 행하기 때문에' 자신이 신이었던 것이다. 『악령』에서 키릴로프는 죽음의 공포를 정복하기 위해 자살을 계획하고 자신이 신이 되고자 했다.[17]

키릴로프는 혁명이라는 이념으로 동료의 죽음마저 도덕적으로 정당화하는 동료조직원인 표트르의 자살사주를 받아들이고 그것도 다른 살인죄까지 뒤집어쓰는 유서를 그대로 받아 적은 뒤에 아무런 의미도 없이 권총으로 생을 마감한다. 칼 폴라니는 도스토예프스키가 키릴로프를 처절하리만치 파헤쳤다고 높이 평가한다. "키릴로프의 죽음은 지독한 실패였다. 키릴로프는 영적인 것과 동떨어진 채로 살아가는 독립적 인격체의 본성과 한계를 의문의 여지 없이 보여주었다."[18]

내친 김에 칼 폴라니는 생명과 죽음은 물론 선악의 기준을 스스로 결정하는 무신론적 영웅을 니체(F. W. Nietzsche)의 '거대한 초인의 후예자'라고 거침없이 비판한다.

신이 없는 자리에 악령을 불러들여 스스로 도덕의 기준이 되고자 세상을 혼란에 빠뜨렸지만 결국에는 마트료샤의 무한한 선의에 양심의 가책을 느껴서 자살하게 되는 『악령』의 니콜라이도 무신론의 초인이었다. 『죄와 벌』의 라스콜리니코프도 자신의 이념을 위해 전당포 노파를 살해하고서도 지적 오만으로 자신을 합리화하다가 결국 시베리아의 유형지까지 가게 되지만 그곳까지 따라와서 뒷바라지를 해주는 거룩한 창녀 소냐에게서 무한한 겸손과 사랑을 느끼는 구원의 결말도 마찬가지였다.

칼 폴라니가 보기에 니콜라이나 라스콜리니코프는 모두 무신론자였지만 러시아의 농촌공동체에 숨쉬는 여신과 만나면서 신과 화해하게 된다. 어찌 보면 마트료샤와 소냐는 "러시아의 거대한 대지에서 숨쉬는 여신이자 그리스도 공동체 정신의 구현이었다."[19]

죽음 직전까지 갔다가 살아남고 처절한 고통을 겪었던 칼 폴라니와 도스토예프스키에게 공통적으로 그리스도 정신은 인간의 생명과 죽음에 의미와 가치를 부여해 주는 절대적 존재였다.

한 가지 짚고 넘어갈 것이 있다. 칼 폴라니가 "무신론적 개인주의와 초인을 앞장세우며 신이 죽었다"고 비판하면서 니체를 무신론자라고 맹비난해도 좋을 것인가?

도스토예프스키의 키릴로프처럼 『카라마조프가의 형제들』에서 이반은 부르짖는다. "신과 불멸이 사라진 곳에서 이제 [생명과 죽음으로] 인간의 행위를 규제할 수 있는 규범은 사라졌다. 이제 모든 것이 허용된다." 이 지점에서 사르트르와 니체의 무신론적 실존철학이 출발한다.

신을 우상화하고 죽음의 공포로 인간을 굴복시키는 가상의 구원세계에서 벗어나 지금 '신이 없는 자리'에 남은 것은 오직 '현재 여기의 삶'이다. 니체의 차라투스트라는 새가 자신이 살고 있는 현재 삶의 중력을 부정하고 초월해서 자신의 무게를 덜어내는 '부정의 도약'을 부정한다. 현재의 운명과 자신을 부정하고 초월적 신에 순응하고 의지하여 삶의 무게를 덜어내려는 시도를 원치 않는다.

니체는 차라투스트라를 통해 세계가 자신과 더불어 아름다움으로 가득 차 있음을 긍정한다. 초인(Übermensch, 위버 멘슈)은 현재를 창조와 생성의 시간으로 만들기 위해 힘의 의지를 드러내는 존재다.

삶의 허무주의에 빠진 수동적 니힐리즘은 현실을 회피하고 무관심한 이기주의로서 공허감을 메우려 한다. 니체는 기존의 가치와 질서를 강요하는 절대적 권위를 타파해 가면서 새로운 가치를 창조해 가는 능동적 니힐리즘을 내세운다. 오늘이 영원히 다시 오지 않을 것처럼, 다시 온다고 해도 오늘을 다시 선택할 것처럼 살아가는 영원회귀의 사유가 초인의 의미에 덧붙여진다.

니체가 말하는 신의 죽음은 그리스도를 죄와 벌을 내리는 초월적 인격체로 만들어 인간을 허구적으로 지배하고자 했던 우상의 사망선고였을 뿐이다. 니체의 실존철학이 무신론이라고 해서 예수의 가르침까지 부정한 것은 아니었다.

참혹했던 두 차례의 세계대전은 오랫동안 서구 유럽을 지배해 온 기독교적 신앙과 행위규범의 절대적 가치를 붕괴시켰다. 서구인들은 인간이성에 대한 불신과 실존적 불안, 세계의 무의미성과 부조리, 신에 대한 회의로 절망과 고통 속에서 방황하게 되었다. 과연 선과 악의 기준은 무엇이며 신은 우리를 이대로 버릴 것인가?

불안과 절망의 늪에서 인간은 신과 인간의 관계에 회의를 갖기도 하지만 오히려 신을 갈구하면서 믿음을 더욱 강하게 다지기도 한다. 칼 폴라니는 제2차 세계대전에서 기병장교로 참전했다가 말에서 내동댕이쳐졌지만 죽음 직전에 햄릿의 절망을 통해 신에 이르는 길을 찾았다. 실존철학의 경우는 이와 반대였다. 인간은 신에게서 버림받고 '내버려진 존재'(내던져져 있음, 被投, Geworfenheit)라고 생각하게 되었다.

사르트르는 아예 "신이 존재하지 않는다면 모든 것이 허용될 것이다"라는 이반의 주장을 전제로 신의 부재를 실존적 철학의 기본 틀로 삼는다. 사르트르의 존재론에서 세계의 모든 것은 아무런 이유도 없이 그냥 거기에 있으며 반드시 거기 있어야 할 필연적 이유도 없다. 어떤 근거도 없이 내던져진 존재이며 아무런 값어치도 없는 무상성(無償性, gratuité)과 우연성을 존재론적 특성으로 삼는다.

실존은 본질에 선행한다. 신이 부재한 세계에서 인간은 선험적으로 부여받은 본질이 없기 때문에 자유롭다. 대신 자유로운 선택에 따른 책임은 전적으로 인간 자신이 짊어져야 한다. 사르트르에게 인간은 자기 스스로를 미래로 기투(企投)하면서 자신을 창조해 가는 존재였다. 미래의 가능성을 끊임없이 탐색하고 혼자 모든 것을 주관해야 하는 실존적 존재는 엄청난 불안을 숙명으로 갖는다.

사실 신을 믿든 믿지 않든 불안은 공통적으로 엄습한다. 칼뱅의 예정설에서 봤듯이 유럽인들은 신에게 구원을 예정 받았는지 그렇지 않은지 알지 못해 초조하고 불안에 떨었다. 실존철학처럼 신의 부재 속에서 어떤 것도 의지하지 못하고 죽음을 선취하여 유한성의 미래를 창조하는 사람들에게도 불안은 인간의 본질을 이룬다. 막스 베버의 해석대로 인간은 구원을 받았다는 확신 속에서 금욕적으로 근면 성실하게 살아가든 아니면 무신의 실존적 존재처럼 미래로 기투하여 창조적 삶을 꾸려나가든 불안은 유한한 삶의 본질이다.

신이 있든 없든 인간은 최선을 다하여 자신의 미래를 창조해 가고 불안과 소외에서 벗어나기 위해 타자를 껴안고 더불어 살아가는 존재다. 이는 거꾸로 인간이란 나약하고 불안하며 취약한 존재라는 점을 확인해 준다. 인간은 삶에서 자율성과 자기결정권을 갖고 살아가기란 쉽지 않다. 언제든 영혼은 산산이 찢기고 타인에 짓밟히며 전쟁으로 죽고 다치고 코로나와 같은 자연재해에 속절없이 죽어나가는 벌거벗은 존재다.

예나 지금이나 신이 있든 없든 많은 사람들이 죽어간다. 칼 폴라니는 "예수의 몸으로 육화된 신이 아니라 예언자로서 예수의 가르침"[20]이라는 신약에 근거하여 공동체를 구상했다지만 세속적 기독교 공동체는 자신 밖의 타자들에게 배타적이고 오히려 타인의 죽음을 신의 이름으로 정당화하였다.

햄릿도 마찬가지였다. 그가 고통과 절망 속에서 고뇌했던 까닭도 결국은 숙부를 죽여야만 하는 살인을 신의 이름으로 정당화하는 과정에서 비롯하였다. 복수를 질질 끄는 동안 약혼녀 오필리아를 포함하여 다른 희생자들에게 발생한 비극도 햄릿이 신의 대리인으로서 정의를 실현하기 위해 내면을 성숙시키는 지연(delay)에서 벌어졌다. 모두가 신이 있어서 빚어진 역설적 비극이었다.

애덤 스미스와 맬서스에 이어 시신경제학에서 보편적 선을 정당화하는 과정에서 벌어진 죽음의 악도 신의 이름으로 저질러졌다. 신이 존재해서 일어난 비극이나 신이 없어서 저질러진 무신론의 비극이나 서로 다를 게 없다.

무신론의 파시즘은 피와 흙의 민족과 아리안의 인종공동체에 기초하여 세계를 전쟁으로 몰아가고 참혹한 홀로코스트를 일으켰다. 유대인에 의한 팔레스타인의 침략과 죽임, 미국의 9·11테러와 이라크 공격은 신을 허구적 이념으로 삼아 동일성의 공동체가 저지른 참극이었다.

우리는 불안과 죽음을 공통적으로 안고 살아가는 취약하고 상처받은 존재들이다. 자유로운 무신론의 개인주의든 기독교적 개인주의든 무신론의 전체주의든 주체와 이성의 과잉이 인간에게 불안과 죽음의 비극을 낳았고 자폐적이고 배타적 공동체를 만들지 않았을까?

칼 폴라니가 보여줬듯이 죽음을 기꺼이 받아들이는 체념 속에서 유한한 생명에 무한한 가치를 부여하는 존재론도 우리에게는 버겁기 짝이 없다. 사회와 공동체가 기독교적 영혼을 가진 고귀한 인격체의 결합으로 간다는 것도 매우 어려운 일이다. 우리는 결코 쉽지 않은 공동체적 이상을 꿈꾸는 것은 아닐까? 도달할 수 없는 공동체적 이상향은 오히려 인간을 구속시키고 타자를 배척하는 방향으로도 작용한다.

너와 나를 잇고 너와 내가 매몰되지 않는 '함께 있음'의 공동체
는 여전히 소중하다. 신이 있든 없든 햄릿이나 기독교 개인주의처럼
초월적 존재의 이름을 빌리지도 않고 키릴로프나 이반처럼 인간이
신이 되고자 하는 오만함을 버리고 새로운 공동체를 만들어가는 조
건은 무엇인가?

버틀러(Judith Butler)와 낭시(JeanLuc Nancy)에게서 오늘날 공동체
의 조건은 신으로부터 무한한 가치를 부여받는 '주체의 버거움'이나
신 없이 실존적 삶을 치열하게 살아가야 하는 '주체의 과도함'이 해
체되는 지점에서 시작한다. 블랑쇼(Maurice Blanchot)와 낭시는 "지나
치게 가치가 부여된 자신 앞에서 스스로 낮아져서"[21] 주체의 지고성
을 탈피해야 한다고 지적한다. 그것은 죽음에 체념하는 강건한 영혼
의 소유자가 아니라 누구나 죽음 앞에서 떠는 '유한한 생명'의 한계
그리고 실존적 삶의 강인한 주체가 아니라 '언제든 폭력에 노출된
신체적 취약성'을 갖는 위태롭고 불확실한 삶(precarious life)을 공통성
(the common)으로 삼는 공동체다.

과도한 주체가 모인 강력한 공동체는 거꾸로 타자를 배제하고
폭력을 낳는다. 진정으로 건강한 공동체는 죽은 자를 애도하며 상처
받은 사람들을 어루만지고 타자를 환대하며 기꺼이 외부를 받아들
인다. 겉으로 강한 듯 보이는 취약한 공동체는 내부의 위험한 인물
이 사회를 파괴할까 두려워 공동체 밖으로 추방하고 그것도 모자라
면 내부의 이질적 존재를 가려내서 분리시키고 혐오하며 억압한다.
슬퍼하고 애도하는 이들을 배척하고 추방하려는 것도 취약한 공동

체가 강자의 논리로서 건강함을 위장하려는 파시즘의 솎아냄이다.

우리는 2022년으로 8년이 지났지만 수많은 어린 생명들이 죽음을 당했던 세월호의 비극을 결코 잊지 못한다. 고인들의 죽음은 언제든 나에게도 찾아오는 죽음이다. 유가족은 죽음보다 더 큰 고통을 가슴에 담고 마지못해 살아간다. 그런데도 사람들은 세월호의 비극을 빨리 잊자고 한다. "떠나간 사람을 잊고 새 관계를 형성하는 '정상적인 삶'이 오히려 비정상적일 수 있는 것이다."[22]

공통성의 공동체는 애도의 공동체에서 시작해야 한다. 강인한 주체가 결합하는 공동체가 아니라 죽음의 유한성과 취약한 신체를 서로 보듬는 배려, 타인에 대한 환대, 피부와 살이 다른 이들에게 노출된 상처의 치료, 취약한 자신을 메우기 위해 타인에게 가하는 폭력의 제거 그리고 타인의 죽음에 대한 오랜 애도의 시간을 함께하는 '공동체'에서 '사회의 발견'이 이뤄져야 한다.

우리는 모두 아프다. 누구나 상처를 갖고 있다. 언제든 불안과 폭력과 죽음에 노출된 벌거벗은 존재다. 공통체(the common)는 죽음의 유한성과 취약하고 상처받은 사람들을 '공통성'으로 삼고 '타인의 아픔과 죽음'을 서로가 자신의 것으로 떠안는다. '떠안지 않음'은 타인의 취약함을 공격하여 자신의 것으로 삼거나 희생양으로 만드는 폭력으로 나타난다.

공통체는 칼 폴라니의 기독교적 세계관을 넘어 무신론적 실존의 불안을 껴안으면서 오늘날 더욱 가중되는 비극적 삶들을 아우르는 공동체적 사유가 시작되는 지점이다.

사회적 자유와 도덕적 채무

아이들이 놀다 간 방바닥에 떨어진 퍼즐조각은 외롭다. 조각 하나하나는 크기와 모양이 다르지만 전체적 구성을 본질로 한다. 인간이 단순하게 모여서 집합을 이뤘다고 사회적 존재가 되는 것은 아니다. 퍼즐조각에 내재된 공동체적 속성처럼 인간의 내면의식은 본질적으로 사회적이기 때문에 우리는 공동체를 꾸리며 살아갈 수 있다.

인간은 사회를 구성해서 살아간다고 해서 사회적 존재가 아니라, 오히려 의식의 내면 자체가 본질적으로 사회적이기 때문에 사회에서 살아갈 수 있는 것이다. 따라서 '사회'는 사람들 사이(between)에 있거나 위(over)에 존재하는 어떤 것이 아니라, 그들 안에(within), 각자 안에, 그들 모두 안에 있다. 그러기에 사회는 실재(reality)로서 결코 개념이 아니며 각자 개인의 의식 안

에 내재해 있다.[1] (강조는 원문)

사람들끼리 무리를 지었다고 해서 사회가 저절로 만들어지지 않는다. 인간의 영혼에는 공동체가 숨쉬고 있다. 개개인 모두에게 내재한 사회라는 본질적 속성이 사회의 실재(reality)를 이룬다. 인간은 사회인 동시에 사회는 인간이다. 칼 폴라니의 사회적 개념에는 하나가 전체로 이어지고 전체는 하나로 통하는 일즉다 다즉일(一卽多 多卽一)의 생각이 녹아 있다.

칼 폴라니에게 사회의 발견은 죽음과 자유에 대한 서구인의 독특한 인식을 거쳐서 얻어진다. 죽음에 대한 깨달음(knowledge)에서 인간은 기꺼이 죽음을 받아들이는 체념으로 유한하기에 더욱 소중한 생명의 가치를 체득한다. 두번째로 자유에 대한 인식에서 인간은 무한한 가치와 인격적 개성을 가지고 누구에게도 억압받지 않는 자유로운 영혼의 공동체적 존재였음을 확인한다. 세번째 깨달음은 사회의 발견으로 이어진다.

유한한 생명과 소중한 자유의 가치를 깨달은 인간은 사회에서 단독의 인간이 아닌 '사회적 존재로서의 생명과 죽음'을 깨닫는다. 사회에서 추방된다는 것은 오이디푸스 대왕이 윤리적 규범을 어겼기에 사막에서 방황하며 스스로 선택한 형벌로 죽음을 맞는 것과도 똑같다. "인간과 사회는 서로 뗄 수 없는 삶의 조건이다. 영혼을 잃어버린 삶은 죽음보다도 더 절망적이듯이 사회를 떠난 인간존재도 죽음 못지않게 끔찍하다. 인간은 사회에서 사회적 존재로서 두번째 삶을 얻는다. 사회에서는 나만이 홀로 감당해야 하는 죽음조차도 나에게 속하지 않는다. 그것은 [타인이 나의 죽음을 지켜보고 나의 죽음이 다른 사람에게 영향을 끼치는 것처럼] 타인에 속한다. 원하든 원치 않든 간에 내가 어떤 일에 적극적으로 행동하든 아니면 의무를 게을리 하는 행동이든 모두 하나하나가 타인에게 영향을 끼친다."[2]

죽음이란 불가피하고 누구에게 양도가 불가능하듯이(inalienable) 사회도 인간 삶에서 떼려야 뗄 수 없는 본질적 조건이다. 사회는 또한 나 자신의 선택과 행동이 분자 수준의 네트워크에서 작동되는 미세한 파동처럼 타인에게 어떠한 형태로든 영향을 끼친다. 그것은 사회가 나를 둘러싼 모든 타인들이 서로 긴밀하게 의존하는 연결망으로 이뤄져 있기 때문이다.

칼 폴라니가 말하는 사회의 실재는 인간이란 서로 의존하는 사회적 존재이며 자신의 행동이 타인에게 끼치는 영향에 대해 책임을 지는 윤리적 책무로 이뤄진다. 타인에게 의존하며 빚졌던 부채를 갚아나가고 자신의 행동이 끼쳤던 영향까지 감당해야 하는 도덕적 책무는 칼 폴라니의 독특한 '사회적 자유'(social freedom)로 나타난다.

칼 폴라니의 사회적 자유는 화폐로 모든 경제적 거래와 채무를 갚으면 더는 책임질 필요가 없는 경제적 자유에 대항하며 동시에 '경제를 다시 사회에 되묻는 재착근 작업'을 뒷받침하고 작동시키는 이념적 토대가 된다.

빚짐과 갚음

코로나19의 팬데믹 사회는 예전보다도 사람들의 상호의존성을 높였다. 서로 마스크를 쓰고 직접 만남을 회피하는 사회적 거리두기는 그만큼 타인에게 더욱 의지해야만 비대면의 일상생활이 가능하다는 것을 절실하게 보여주었다. 직접 쇼핑 대신에 택배의 플랫폼 노동자들에게 재화와 서비스를 부탁해야 하고 바이러스에 취약한 환경에서 의료진과 돌봄 서비스를 받아야 하는 의존도가 커졌다.

비대면의 재난상황에서 국민의 생명과 안전은 물론 사회적 기능을 대신하는 보건의료 돌봄·배달·택배 종사자, 환경미화원이 필수노동자가 되었다. 모두가 저임금, 감염과 산재위험, 장시간노동의 열악한 근무조건에 시달리고 있다. 택배노동자들은 부유한 아파트 단지의 횡포를 견디고 바이러스를 옮기는 매개체로 보는 시선까지 다양한 인간적 수모를 겪는다.

시장경제에서 교환체계를 매개하는 화폐는 모든 것을 물상화한다. 거래상의 채무와 채권 관계는 일체 화폐로 청산된다는 경제적 자유가 작동하기 때문에 재난상황에서 자신의 삶을 돌봐준다고 하는 의존성과 부채의식은 애당초 끼어들 틈이 없다. 칼 폴라니가 개탄하듯이 협소한 경제적 자유인들은 "사회 전체에 어떤 경제적 재난이 닥쳤을 때 거기에서 개인적으로 이득을 본 것이 아닐 경우 그는 자신에게 아무런 책임이 없다고 상상할 수 있을 것이다. 그 개인은 '스스로 비용이나 값을 지불하면서' '아무에게도 빚지는 일(debt) 없이' 살아가기 때문에… 어떤 책임도 질 필요도 없다고 여긴다"(같은 책, p. 601).

경제적 자유는 타인에 대해 아무런 의무와 책임도 지지 않는 시장교환 관계를 사회 전체의 조직원리로 삼기 위해 시장자유주의자들이 허구적으로 만들어낸 이데올로기였다. 시장사회에서 경제적 자유는 인간 개개인의 삶은 물론 사회 전반에 걸쳐 확산되고 '자유로운 경제적 계약과 교환을 진정한 자유'(같은 책, p. 266)로 착각하도록 만든다.

시장권력이 지식을 통해 실현된다는 푸코의 지적처럼 주류경제학도 시장의 경제적 자유를 인간의 진정한 자유로 오도하는 환상의 이데올로기 장치가 되었다. 원래 경제라는 개념은 인간 전체의 관계와 생태계를 아우르고 '인간과 자연이 서로 함께 살아가는 규범'(eco+nomy=ecological+nomos)이어야 했다. 그런데도 경제학은 협애화된 시장의 교환관계 속에서 소비자 효용과 이윤 극대화의 계산합리성을 자신의 임무로 삼게 되었다.

강단에서 배우는 교과서라는 것이 현실을 은폐하는 도구로 쓰인다는 비아냥도 있지만 실제로 주류경제학의 텍스트는 '타인과의 도덕적 관계에서 책임을 수반하는 진정한 자유'를 '자유로운 경제적 관계'로 좁혀서 신자유주의를 대변하는 분석도구로 전락하였다.

여기에 베블런(Thorstein Veblen)도 가세한다. 1860년대 미국의 악덕 독점 기업가들이 강도귀족으로 비난받던 시절에 당시 유럽의 경제학을 직수입한 미국 경제학자들은 현실과는 너무나 거리가 멀었고 오히려 부자들의 약탈적 행태를 정당화해 주었다. "존재하는 것은 모두 정당하다"는 입장에서 미국 경제학은 돈을 놓고 벌이는 무자비하고 기괴한 자본축적을 '검약과 축적'의 결과로 불렀다. 명백한 사기행각은 기업활동으로 미화되었다. 소유는 생산과 무관했다. 생산현장에서 땀 한 방울 흘리지 않고 대대로 땅을 물려받은 지주, 즉 부재소유자(absentee ownership)도 토지소유에 대한 특권을 인정받고 자본의 권력을 확장하여 끊임없이 재산을 확장해 온 사람에 지나지 않았다.

모든 것을 화폐적 이득과 경제적 교환으로 정당화하는 주류경제학의 경제적 자유와 대비하여 칼 폴라니의 사회적 자유는 실체경제에서 호혜성(상호성)을 움직이는 원동력으로 작용한다.

칼 폴라니는 경제적 자유를 넘어서기 위해서 자기조정시장의 객체화(objectivation)에 대한 마르크스의 비판을 실마리로 사회적 자유를 끌어낸다. 자본주의는 사회 개개인의 소망과 의지와 상관없이 독립적으로 작동하는 외래의 객관적 존재(objective existence)가 지배하는 사회였다. "여기서 '자본'과 '노동'은 객관적 존재가 되었다. 이것들은 개개 자본가나 노동자의 의지와 별개로 독립되어 있으며 서로 대립한다. …더욱이 인간의지와 상관없이 가격이 노동의 방향을 결정한다. 인간의 의지와 상관없이 이자율이 자본을 명령한다. 자본가도 경쟁의 법칙 아래서는 노동자처럼 무력하기 짝이 없다. 자본가와 노동자나 모든 인간도 경제라는 무대에서는 단역에 불과하다. 오직 경쟁·자본·이자율·가격만이 능동적이고 실제적 힘이며, 사회적 존재를 지배하는 객관적 사실로 간주되어 버린다. 결국 인간의 자유의지는 오직 환각이며 허상일 뿐이었다.[3]

가격·자본·경쟁 등과 같은 객관적 존재는 인간의지와는 상관없이 객관적 법칙에 따라 자기조정의 자본주의 세계를 움직이는 명령자였다. 자본주의는 생명 없는 객체가 살아 있는 주체를 대신하여 주인 노릇을 하고 객관적인 물적 존재가 생명처럼 움직이는 물상화의 유령세계였다. "파시즘에서 생기론의 망령처럼 자본주의 사회도 물상화의 유령이 인간소외와 억압을 야기하는 허구적 세계였다"[4]

칼 폴라니는 마르크스의 가치론보다 소외론에 주목하여 객관적 실재와 허구적 망령에 실종된 인간의 자유의지를 회복하는 데 초점을 맞췄다. 바로 인간관계의 물상화는 개인이 자유롭고 책임 있게 행동하는 능력을 잃게 만들고 타인에게 책임지는 개인의 가능성까지 빼앗아가기 때문이었다.[5]

자유의지는 뜨거운 생명을 가진 인간이 서로 직접적 관계를 맺는 진실한 사회적 연대망의 구축을 통해 이뤄져야 했다. 자본관계의 물적 수동성과 '도덕적 본질에 속하는 부자유(unfreedom)'를 극복하여 자유의지를 되찾아야 한다고 칼 폴라니는 주장한다.

노동자는 타인의 생산수단에 의존하고 외부 명령에 따르지 않을 수 없는 부자유한 프롤레타리아트다. 노동자들에게 굴욕적인 것은 자신의 노동생산물인 기계에 명령을 받는다는 데 있다. 자신의 것인데도 자신으로부터 떨어져 나와 소외된 권력(기계)이 명령을 내린 것이다. 더욱이 부자유는 복종하는 노동자의 인격과 개성까지 손상시키기 때문에 굴욕적이 아닐 수 없었다.[6]

외견상 인간을 지배하고 명령하는 가격·자본·경쟁과 같은 객관적 존재, 추상적인 시장법칙 그리고 인간이 만들었던 기계가 소외된 권력이 되어 인간에게 내리는 명령도 실제로 따지고 보면 '인간에 의해 인간이 지배'를 당하는 일이었다. 이것을 어떻게 극복할 것인가?

그것은 인간과 인간이 직접적 관계를 맺는 실천 속에서 해소된다. 자유와 인간성이 펼쳐지기 위해서는 인간적 사회가 필요하다. 이는 인간적인 속성이 더욱 직접적으로, 더욱 의미 있게, 더욱 생생하게 사회적 관계로 나타나는 것이며, 인간존재가 더욱 자유로울수록 사회도 더욱 인간적이 된다.[7]

칼 폴라니가 줄곧 강조했듯이 자유롭고 의미 있는 인간관계는 '노동하는 사람들의 협동조합과 같은 관계'에서 이뤄지는 것이었다. 여기서 인간에 의한 인간의 지배가 종식되고 동시에 인간은 자기 자신의 지배자가 된다. 인간은 자신과 동떨어져 독립되어 있는 사회의 모든 (객관적) 법칙들의 하인이 아니라 직접 자신의 의지를 실천하는 주체가 된다. 인간은 서로 구체적이고 직접적 관계를 맺으며 소망과 의지를 실천하는 자립적 존재가 된다.

인간이 추상적 법칙과 기계에 의존하거나 예속되지 않고 자립적 존재로 살아가기 위한 조건은 무엇일까? 이것은 인간과 인간이 서로 의존하면서 의무와 책임을 다하는 사회적 자유의 조건으로 나타난다.

칼 폴라니가 아리스토텔레스의 말을 즐겨 쓰듯이 인간은 사회적 존재였다. 그것도 인간이 서로 직접적인 관계를 맺는 생생한 사회적 관계였다. 칼 폴라니가 말하는 사회적 자유는 '시장사회를 창출하는 조직원리로서의 경제적 자유'(같은 책, p. 384)가 아니라 다양한 욕구를 가진 인간이 직접 따뜻하게 연대하고 의식적이며 실제적 사회관계를 창출해 내는 근본이었다.

인간은 시장사회에서 가격지불을 통해 모든 부담(채무)을 해소하는 것이 아니라 사회적 존재로서 어떤 형태로든 타인에게 의존하고 부담을 주며 살아갈 수밖에 없다. 사회적 자유는 타인에 대한 의존과 부담의 무게를 타인에 대한 의무와 책임으로 감당하고 사회에서 더불어 살아가고 연대하기 위한 필수적 덕목이었다. 심지어 '사회적 결과에 영향을 끼치지 않는 인간행동은 결코 존재하지 않는 것처럼'[8] 사회적 인간은 의도하든 의도하지 않든 자신의 선택과 행동이 타인과 사회에 끼친 영향과 결과까지도 책임을 져야 한다.

시장경제의 메커니즘에서 인간의 욕구충족을 위한 소비행위는 가격과 교환행위라는 객체화된 법칙 위에서만 이루어지고 있기 때문에 '인간의 선택과 행동'이 끼치는 영향에 대해서는 아무도 주의를 기울이지 않는다. 오늘날처럼 산업재해가 언제든 잠복한 현장에서 비정규직과 하청의 젊은 청년들이 숱하게 죽어나가는 "현재와 같은 경제에서 모든 책임이 시장 이쪽에서만 존재하는 한, 모든 인간욕구의 필요 충족은 다른 인간존재의 노고와 작업장의 위험, 비극적 사고와 질병이라는 희생을 대가로 치른다"[9]는 사실을 전혀 알지 못한다.

칼 폴라니는 우리가 시장 저편에서 발생하는 비극을 방치하고 무책임한 상태에 있다고 비판한다. 인간이 의도하든 의도하지 않든 자신의 행동이 야기한 비극적 결과를 '중국인의 철학적 우화'로 빗댄다.

"당신이 버튼을 누르기만 하면 소원이 즉각 이뤄지는 기적이 찾아왔는데 조건이 하나 있다. 마법의 버튼을 누르고 소원이 성취될 때마다 멀리 떨어진 중국인 4억 명 중에서 한 명이 죽게 되는 것이다. 과연 얼마만큼의 사람들이 버튼 누르는 것을 자제할 것인가?" 이런 철학적 우화를 썼던 냉소적인 프랑스 철학자는 자신도 행운의 버튼에 분명히 손가락이 갔을 것이라고 생각한다. 그는 파리 한 마리에도 해를 끼치지 못할 고상한 휴머니스트였다. 물론 멀리 떨어져 있는 중국의 파리라면 몰라도 눈앞에 있는 파리가 고통스럽게 죽어가는 것은 결코 용납하지 못할 사람이었다. 마법의 버튼은 소비자들이 시장에서 가격만 지불하면 무엇이든 얻을 수 있으며 나머지 시장 건너 저편에서 발생하는 결과에 대해서 우리는 무책임한 상태에 있다는 것을 상징한다.[10]

우리는 브라질에 있는 나비의 날갯짓 때문에 미국 텍사스에서 토네이도가 발생하는 나비효과(butterfly effect)의 시대에 살고 있다. 미세한 초기 조건의 변화가 걷잡을 수 없이 증폭되어 커다란 결과를 야기하는 복잡계 네트워크의 연결망 사회에서 지구 한쪽 끝의 인간

행동은 다른 저쪽 세계에 엄청난 영향을 끼친다.

의식하든 의식하지 않든 나의 소비행위는 시장 건너 저편 파키스탄에서 하루 60센트의 착취노동(sweat labor)으로 나이키 축구공을 만드는 가혹한 다국적 착취조건을 더욱 강화한다. 방글라데시에서는 허술한 의류공장 건물에서 화재가 발생하여 월급 4만 원을 받던 최악의 임금노동자가 1천 명 넘게 사망하였다. 저렴한 커피 소비는 콜롬비아의 토양을 농약으로 버무린다. 육류소비는 아마존의 숲을 파괴하고 온실가스로 지구 전체의 기후위기를 재촉한다. 오늘과 같은 글로벌 네트워크와 재난시대에서 마법의 소비버튼은 익명 존재의 죽음을 넘어 궁극적으로는 '나와 모두의 죽음'으로까지 연결된다는 점에서 우리는 자신의 행동에 대해 절대로 무책임할 수가 없다.

소비버튼뿐일까? 이라크의 살상폭력을 전자게임의 불꽃놀이처럼 버튼 하나로 명령을 수행하고 저녁에는 가족들과 행복한 시간을 보내는 미국 폭격기 조종사나 유태인 학살을 집행하고 베토벤의 음악을 즐기던 (인상이 무시무시하고 험악할 줄 알았는데 막상 동네 평범한 아저씨의 모습이었던) 독일 전범의 아돌프 아이히만이나 우리의 무책임한 소비도 한나 아렌트가 착안했던 무심한 '악의 평범성'(banality of evil)을 크게 벗어나지 못한다.

사회적 자유는 타자와 연대를 이루는 사회적 연결고리를 끊임없이 확장하여 인간은 시장과 개인의 경제적 교환관계가 아닌 사회적 존재로서 의무와 책임을 결코 회피해서는 안 된다는 의무감에서 나온다. 사회와 분리된 시장교환 행위자의 절대적 자유, 말하자면 경제적 자유를 넘어 새로운 사회적 가치를 구현할 진정한 자유는 '사회적 의무와 책임에 기초한 자유'였다. "사회적 자유는 부르주아의 전형적 이데올로기처럼 '의무와 책임으로부터 자유로운 것'(to be free of duty and responsibility)이기보다는 오히려 '의무와 책임을 통해서 자유롭다'(to be free through duty and responsibility). 그것은 불가피한 선택을 피하지 않고 기꺼이 감당하는 사람의 자유이며, 의무에서 면제된 자유가 아니라 의무를 감당하는 사람의 자유다. 사회적 자유는 사회로부터 해방되는 형태가 아니라 사회와 연결되어 있는 형태를 근본으로 삼는다. 그곳은 [시장의 경제적 자유처럼] 타자와의 연대가 정지된 지점이 아니라 사회적 존재로서 타자에게 전가하지 않고 스스로 책임을 감당하는 지점이다."[11]

칼 폴라니의 사회적 자유는 타인과 자연환경에 대한 부채의식을 내재적 기초로 삼는다. 인간이 타인에게 의존하고 부담을 준다는 채무인식이야말로 도덕의 출발점을 이룬다.

사회와 타인에 빚지고 있다는 채무의식이 해소될 때 인간은 비로소 다른 사람에 대한 의존의 부담을 떨쳐버리고 자립적이고 자유로워진다. "진실로 자립적[independent, 타인에 대한 의존으로부터 홀가분한]이거나 자유로워지길 원하는 사람은, 실제 진실로 자립적일 수 있는 사회를 세우기 위해 서로 의지했던 의존(dependence)의 무게를 먼저 자신의 어깨에 짊어져야 한다. 그러한 자립은 타인에게 빚을 지고 있다고 하는 채무(indebtedness)를 깨닫지 못하거나 무시하는 것으로는 성취될 수 없다. 자립은 채무의 반제를 통해 사회적 굴레로부터 자유로워져야 비로소 이뤄질 수 있다."[12]

인간은 사회에서 타인에게 빚을 졌던 부담을 해소하여 사회적 굴레나 제약으로부터 해방될 때만이 자립적인 존재가 되며 진정한 자유를 얻는다. 칼 폴라니의 '타인에 대한 의무와 책임을 통한 사회적 자유'는 바로 채무의식의 해소에서 비롯한다. "누군가 인생을 살면서 타인에게 빚을 지고 누렸던 모든 것을 다 갚았다고 말할 수 있다면 그것만이 진정한 자유이며, 내가 볼 때 이 세상 누구에게도 더 이상 책임지지 않아도 될 때 그 사람은 인생 최고의 주인이 되는 것이다.[13]

타인에게 빚졌던 모든 것을 다 갚았다 말할 수 있을 때 인간은 "사회(society)를 넘어 사람들이 서로 의식적으로 직접적 관계를 맺는 공동체(community)"[14]에서 누릴 수 있는 자립 또는 진정한 자유를 얻게 된다. 진정한 자유는 '사회적 존재로서 도덕적 채무잔고(moral balance sheet)'[15]가 제로점이 되는 시점에서 이뤄지겠지만 인간은 사회에서 분리될 수 없고 '죽음마저도 타인의 부담'으로 귀속되는 사회적 상황에서 채무의 해소는 사실상 불가능하다. 그래서 우리는 윤동주의 「서시」처럼 "죽는 날까지 하늘을 우러러 한 점 부끄럼이 없기를, 잎새에 이는 바람에도 괴로워"하며 아쉬워하는 도덕과 양심의 존재가 된다.

도덕적 채무잔고가 제로가 되는 진정한 자유 또는 자립은 사회적 자유가 도달해야 할 궁극적 목표점이거나 하나의 이념형으로 작용하게 된다. "자신의 생활이 다른 모든 사람에게 끼친 영향을 추적

하여 나라는 존재가 야기한 사회적 작용에 책임을 다하는 것 그리고
사회적 문제에 대해 자신의 몫을 수행하고 이에 따른 사회적 효과와
역효과를 스스로 수지균형 맞추는 도덕적 부채잔고는 사회적 존재
로서 결코 회피할 수 없는 것이다. 이것이 우리가 인간에게 바라는
최고의 희망이다."[16]

　　필연적으로 사회적 존재는 상호 의존하며 질 수밖에 없는 빚짐
과 갚음을 행하면서 도덕적 부채잔고를 제로로 만드는 도덕적 존재
로 나갈 수밖에 없다. "도덕 감정의 바탕에는 부채의식과 감사·죄책
감이 복합적으로 탑재되어 있으며 그것은 또한 제3자의 입장에서
성찰하는 공감·배려·호혜 등 사회연대의 기초를 이룬다."[17] 사회는
부채에 기초하여 공감하고 연대하며 주고받음의 호혜 연결망으로
짜인 도덕적 공동체였다.

　　니체가 『도덕의 계보』에서 밝힌 대로 부채는 내면 깊숙이 침투
하여 양심의 가책으로 나타나고 그곳에서 우리의 영혼은 다시 커나
간다. 기독교식으로 예수가 원죄를 죽음으로 대속한 이후 더 이상
부채를 갚을 대상이 없어서 무수한 고통으로 자책하는 인간이 아니
라 '인간의, 인간에 대한 의존과 부채의식'이 사회적 존재와 도덕적
감정의 핵심을 이룬다. 그렇게 해서 확장된 무한한 영혼의 세계에서
우리는 신과 만난다.

'실체경제'를 움직이는 원동력

사회적 자유에는 무한한 가치를 지닌 영혼의 존재가 자신의 선택과 행동이 전체에 미치는 결과까지 무한하게 책임을 지는 '개인과 전체'의 떨리는 감응이 진정한 자유의 모습으로 그려진다.

시장경제에서 개인은 자신의 거래행위에 대해 대가를 지불하면 아무것도 책임질 필요가 없지만, 사회적 자유에서는 자신의 행위가 낳은 사회적 비용까지 치러야 한다. 인간은 "욕구만족의 과정에서, 이것의 크기와 방향에 따라 우리는 사회적 비용(social cost)에 대한 책임을 지게 된다."[18]

칼 폴라니는 사회적 자유를 통해 시장경제 저편에서 발생하는 사회적 비용의 개념을 강조한다. 여기에 영향을 받은 오스트리아 태생의 영국 철학자 칼 포퍼(Karl R. Popper)는 사회학 이론의 목적을 사회적 자유에서 구한다. 포퍼는 사회를 인간행동의 창조물로 규정하고 "사회학 이론은 우리 모두의 행동이 의도하거나 원하지 않았든 간에 인간행동이 끼친 결과와 사회적 파급효과를 연구하는 것"[19]이라며 이것을 사회과학의 방법론으로 수용했다.

최초로 생태경제학의 기초를 세웠던 독일 출신의 미국 제도주의 경제학자 윌리엄 캅(K. William Kapp)은 나치의 박해를 피해 이주했던 뉴욕의 컬럼비아대학에서 망명생활을 하던 칼 폴라니와 만난다. 진즉부터 칼 폴라니의 작업을 알고 있었던 캅은 신고전파 경제학이나 심지어 마르크스 경제학도 생산과정에서 발생하는 사회적 비용이 얼마나 되고 누가 부담해야 하는지에 대한 고민이 없었다고 비판하며 실체경제적 의미를 새로운 통합경제학의 틀로 수용하였다.

칼은 사회적 비용의 개념을 사적 영리기업과 같은 경제주체들이 이윤을 얻기 위한 투자행위에서 유·무형의 손해와 손실이 전혀 고려되지 않은 채로 제3자 그리고 사회 전체와 미래세대에게 전가하는 지불받지(unpaid) 못한 비용으로 규정한다.[20] 여기에는 환경오염 비용은 물론 칼 폴라니가 지적했던 현장의 사고, 직업병, 중복투자, 자원의 경쟁적 고갈 등과 같은 광범위한 사회적 손실까지 포함한다.

사회적 비용은 자연과 사회적 환경에 의존하는 부담과 채무인식이라는 사회적 자유의 가치를 현실적 비용 개념으로 연결시키는 계기를 마련하였다.

무엇보다도 사회적 자유는 칼 폴라니의 실체경제 패러다임을 지탱하고 작동시켜 주는 가치로 작용한다. 실체경제는 형식경제와 단순히 대립되는 이분법을 넘어 사회적 자유의 지향점을 실현하기 위한 총체적 패러다임의 전환이었다.

실체경제는 시장사회의 협애한 경제적 결정주의에서 벗어나 인간과 동료와 사회와 자연이 좋은 삶을 영위하고 도덕적 세계를 구축하기 위한 정치경제 패러다임이면서 칼 폴라니 특유의 종교적 가치까지 조망해 낸다. 일단 실체경제의 기본 틀로서 "경제시스템을 사회에 재흡수하는 작업은 사회 속에서 공동체를 완성시키는 데 일보를 내딛는 것이다. 자유주의 사회는 경제적 영역, 정치적 영역, '종교적 영역', 그 밖의 영역을 분해했다. 이러한 영역들을 하나의 전체로 재통합하는 것이 시대적 과제이다."[21]

칼 폴라니가 평생의 주제로 탐색했던 자유는 '형식경제가 갖는 경제적 자유'에 대항하여 '실체경제를 통해 사회적 자유'를 실현하는 패러다임으로 이어진다.

영국 산업혁명을 계기로 사회에 담겨(contain) 있거나 뿌리내린 착근경제가 사회에서 떨어져나와 오늘날과 같은 탈착근 경제, 즉 자기조정의 시장경제를 정당화시킨 것은 경제적 자유주의였다. "경제적 자유주의는 사회적으로 벌어졌던 사건들을 [사회가 아닌] 경제라는 관점에서 판단해야 한다고 고집하면서 산업혁명의 역사를 호도하였다."(같은 책, p. 35)

칼 폴라니는 '인간과 자연의 통합'이 시장사회와 화폐적 관계로 재조직화된 것을 시장 자본주의의 근본적인 문제점으로 파악한다. 당연히 시장사회를 벗어나 인간과 자연을 새롭게 통합하는 주제에 본격적으로 뛰어들게 된다. "시장이 유일한 준거의 틀이나 지배적인 표준이 될 수 없으며 사회과학은 시장을 [인간 살림살이의] 일부로서 파악하고 이해하는 보다 넓은 분석의 틀을 발전시켜야 하며, 그것은 오늘날 참으로 경제연구 분야에서 주요한 지적 과제였다."[22]

칼 폴라니는 마르크스의 경제결정론을 비판한 데 이어 신고전학파의 경제주의 오류도 공격한다. 신고전학파의 주류경제학은 총체적 인간을 사회로부터 분리하여 이득과 기아의 공포라는 경제적 동기, 최소비용과 최대만족, 희소성의 원칙이라는 틀에 집어넣어 형식화(formalization)하였다. 아울러 현실적으로 존재하지도 않는 자기조정시장의 개념을 (결코 도달할 수도 없는) 유토피아의 이데올로기로 삼아 인간과 자연을 추상적인 경제모델에 통합시키려는 오류를 범하였다.

신고전학파 경제학에서 인간과 자연의 통합을 가로막는 것은 희소성과 자기조정시장과 같은 추상화 작업과 이데올로기 기획이었다. 이것은 칼 폴라니가 말하는 경제의 형식적(formal) 의미로서 이득의 효율성이나 경제성(economizing)으로 표현되며 인간의 욕망은 무한하고 수단은 희소하다는 '수단과 목적의 희소성 논리'로 개념화되었다.

형식경제에 대항하는 실체경제는 인간과 자연의 관계를 '추상과 논리'로 가둬놓은 '형식'을 해체하고 과거와 현재에 걸쳐 인간이 물질적 욕구를 충족하면서 상호 작용하였던 '경험과 사실'을 폭넓게 탐색하여 경제의 '실재'로 규명하는 개념장치였다.

경제에서 실체적 의미는 인간이 자신의 삶을 위해 자연과 동료들에게 의존(dependence)한다는 사실에서 출발한다. 실체적 의미에서 경제, 즉 경제적(economical)이란 뜻은 인간의 삶과 결코 뗄 수 없는 자연과 사회적 환경이 상호 작용하여 인간에게 물질적 욕구충족의 수단을 제공하는 범주와 관련된다. 형식적 경제처럼 최소비용으로 최대만족을 획득하는 틀에 맞춰 인간·자연·사회를 조직하는 극대화 논리와는 완전히 다른 길이다.

실체적 경제를 다시 확인하면 두 차원에서 이뤄진다. 하나는 사람과 그를 둘러싼 환경(his surroundings)과의 상호작용이며, 또 하나는 이러한 상호작용의 제도화이다(*LM*, p. 133). 인간과, 인간을 둘러싼 자연과 사회적 환경과의 상호작용의 제도화는 호혜성(상호성, reciprocity), 재분배, 시장교환이라는 사회통합 패턴으로 나타난다. 세 가지 통합패턴은 경제과정에 통일과 안정성을 부여하는 분석개념이다.

호혜성 패턴은 공동체의 평등과 우애로 조직되는 사회통합 형태이다. 이는 공동체 구성원이 사회적 책무 속에서 재화와 서비스를 주고받는 상호작용을 통해 물질적 욕구를 충족해 가는 형태를 말한다. 호혜성의 운동방향은 증여와 답례로 서로 주고받는 대칭성(symmetry)의 지지구조를 특징으로 한다.

재분배는 고대 중앙집권국가에서 지배적으로 나타났던 통합형태인데 권력을 매개로 자원과 물자가 중앙에 집중되었다가 다시 배분되는 방식을 일컫는다. 재분배의 운동방향은 한곳에 물자가 집중되었다가 다시 분배되는 중심성(centricity)을 갖는다. 마지막으로, 교환은 시장에서 필요와 이윤동기에 의한 거래형태를 뜻한다. 교환운동은 대칭성이나 중심성과 달리 일정한 방향 없이 분산되어서 일어난다.

칼 폴라니가 세 가지 통합패턴이라는 비교 분석적 개념을 제시했던 이유는, 이득을 목표로 이뤄지는 '교환'도 위치이동(호혜성의 대칭성, 재분배의 중심성, 교환은 교환 당사자의 상호이동)과 전유(appropriation)이동(호혜성은 신분, 재분배는 권위, 교환은 시장과 가격)에 근거한 하나의 제도화된 유형에 불과하다는 점을 강조하는 데 있었다. 근대 자본주의와 함께 등장하여 이득 동기로 움직이는 시장 교환경제 역시 사회 속에서 경제과정이 제도화된 세 가지 사회 통합패턴의 하나에 지나지 않았다.

현재 우리 삶도 시장교환에서 상품을 거래하고, 국가가 조세로 거두어 다시 재분배하고, 증여와 답례의 호혜성의 패턴으로 살아간다. 다만 시장교환이 하나의 사회통합 형태로서 인간의 물질적 욕구를 충족시켜 주는 영역에서 벗어나 추상화된 원리와 허구적 시장 만능 이데올로기를 가지고 우리의 삶과 자연과 사회를 통째로 삼키려는 데 근본적인 문제가 있는 것이었다.

칼 폴라니의 세 가지 통합패턴은 국가(재분배), 시장(교환), 시민사회(호혜성)의 영역으로 접목되어 인간의 경제생활 방향을 재조정해 가는 '엮음경제'(weaving economy)로 제시되기도 한다.[23] 시장교환은 인간의 이기심을 자양분으로 삼아가면서 연대, 협력, 공생, 호혜를 배제한다. 다중 본능의 차원에서 시장경제(효율성), 공공경제(국가와 민주주의), 사회적 경제(공동체·신뢰·협동·연대), 생태경제(공생의 본능과 지속 가능성)의 네 가지 영역으로 움직이는 협동의 경제학도 칼 폴라니의 세 가지 사회통합 패턴을 토대로 한다.[24]

호혜성·재분배·교환의 세 가지 사회통합 형태가 단순히 시대적 흐름에 따른 비교분석 도구이거나 병렬적인 것도 아니다. 각기 상호보완적이긴 하지만 칼 폴라니의 핵심적 구상을 들여다보면 '경제를 사회에 되묻는 재착근 작업'은 호혜성을 중심으로 재분배와 교환을 부차화(subordinate)하여 실체경제에 적합한 동태적 균형상태로 만드는 운동이어야 한다.

실체경제는 호혜성을 구심점으로 삼아 재분배와 시장교환을 부차화시켜서 사회적으로 배열(social arrangement)할 때만이 강력한 힘을 발휘하고 칼 폴라니의 사회적 자유를 실현하는 총체적 패러다임으로서 원활히 작동하게 된다.

실체경제의 중심 고리인 호혜성은 칼 폴라니에게 영향을 받은 마르셀 모스가 고대사회에서 확인한 '줘야 할 책무, 받을 책무, 답례해야 할 책무'[25]라는 삼중 연결고리의 의무와 맞닿아 있다. 주고받고 되돌려주는 일련의 행위들은 분리 불가능하고 하나의 연쇄관계를 이루며 인간과 인간 사이의 연대를 상징한다.

시장교환은 등가성에 따라 채권과 채무의 교환이 즉각적으로 청산된다. 호혜와 상호성의 교환은 연대의 회로망에 기초하여 양과 질, 시차의 지연성에 상관없는 반등가의 원리가 작동한다. 여기서 '주다'(don)는 행위는 일종의 선물형태의 증여로서 언젠가 어떤 형태로든 되돌려 받을 것을 기약하는 채무발생이며 '받는 행위'(contre-don)는 답례로서 나타난다. "시장이 채무의 청산에 기초하고 있다면, 이와 반대로 증여(gift)는 채무에 기초하고 있는 것이다."[26]

원시경제에서 호혜성은 이익과 효율의 시장경제 교환이 아니라 끊임없는 사회적 채무의 발생과 반제라는 연쇄고리를 기반으로 움직인다. 이때 '주고받고 되돌려줘야 하는' 각종 물품도 내가 영원히 소유할 항구적 소유물이 아니다. 지금은 잠시 갖고 있지만 언제든 어떤 형태로 되돌려줘야 하는 '갖고 있으면서도 줘야 하는'(keepingwhile-giving)²⁷ 채권과 채무의 동시성이라는 특징도 아울러 보여준다.

호혜성은 원시사회의 관습적 행동교환이나 선물경제에 머물지 않는다. 모스(MAUSS) 그룹의 전통을 잇는 세르베(Jean Michel Servet)가 지적하듯이 "오늘날 호혜성은 원시사회의 관습이나 선물증여와 반제라는 교환행위로만 바라봐서는 안 된다. 호혜성은 사회 전체를 상호의존관계로 이해하는 데 필수적 개념"이라고 규정하면서 "호혜성의 접근으로 탄력회복 사회(une résilience de la société)에 필요한 연대기반 경제를 세워야 한다"²⁸고 강조한다.

실체경제의 특징은 인간이 살아가기 위해 동료와 자연에 '의존하고 상호 작용한다는 사실'에 기초하여 '주고받고 되돌려주는' 사회적 책무와 도덕적 동기를 작동원리로 삼는다. 19세기 이전 사회 속에 묻혀 있던 경제는 눈에 띄지도 않았으며 사회·정치·종교적 생활과 더불어 피륙처럼 함께 엮여 있었다. 당시 인간의 경제적 행위는 일반적으로 사회생활을 지배하는 도덕적 맥락 속에 규제되고 사회적 책무 속에서 이뤄졌다.

실체경제의 사회조직 원리는 상호의존의 채무의식에 근거하여 의무와 책임을 다하는 사회적 자유에 있으며 채무와 반제의 연쇄고리에 기초하는 호혜성의 사회통합 패턴을 동태적 에너지로 삼는다.

칼 폴라니의 실체경제가 '사회에서 뽑혀나온 경제를 다시 사회에 되묻는 패러다임'이라면 그것은 '인간의 경제행위를 사회의 도덕적 책무'와 불가분한 맥락 속에 다시 착근하여 호혜성과 사회적 자유를 실현해 가는 작업과도 같다.

칼 폴라니에게 실체경제의 호혜성과 사회적 자유가 최종적으로 지향하는 인간모델은 바로 도덕적 인간의 존재였다. "칼 폴라니의 실체경제는 인간이 무엇이 옳고 그른가 하는 도덕률 속에서 자신과 타인에 대해 의무를 다하는 도덕적 존재라는 인식에 기초한다. 실체경제의 궁극적 가치는 개인의 발전, 도덕적 자유와 정신적 자립 또는 자유로움(independence of mind)에 있다."[29]

칼 폴라니는 '사회에서 경제의 위치'를 폭넓게 탐색하기 위한 경제인류학의 연구도 공동체의 심층구조와 닿아 있는 채무의식 또는 부채가 어떻게 사회와 경제의 조직원리로 작용하고 있는가를 확인하는 것과 무관하지 않았다.

칼 폴라니의 화폐의미론

초여름인데도 창밖으로 비가 무섭게 퍼붓는다. 잠시 폭우가 그치고 푸른 소나무 가지에 매달린 빗방울에 햇살이 영롱하게 매달린다. 주변을 맴돌던 텃새가 앉아 솔방울을 쪼아대니 후드득 물줄기가 사방으로 흩날린다.

이제 대지를 적셨던 수분은 온도가 상승하면서 하늘로 올라가서 구름에 머물다가 빗물로 다시 지상에 내려올 것이다. 땅으로 떨어진 빗물은 흐르고 흘러 모든 생명을 살찌우고 자신의 임무가 끝나면 다시 천상으로 올라가 하강준비를 한다. 지구의 생태계는 수분이 하늘과 땅의 온도차로 상하운동하며 자연의 아름다운 순환을 이룬다.

기후위기로 정상적인 대기의 순환운동이 교란되면서 지구 전체가 혹심한 가뭄과 홍수로 파국으로 치닫고 있다. 지구온도가 $1°$씩 높아짐에 따라 지표면의 수분흡수율이 7%씩 상승하면서 구름에 숨은

빗방울을 사정없이 빨아들인다. 하늘에서 좀더 머물러야 할 빗방울이 일시에 쏟아지면 홍수가 나고 물이 범람한다. 지하로 흘러 들어간 빗물은 메마른 땅을 식히느라 좀처럼 상승하지 못해서 지구는 건조해지고 가뭄과 산불로 땅은 다시 뜨거워진다.

정상적인 대류와 조화로운 기후는 자연생태계 전체와 우리의 삶을 온전하게 유지해 주는 근원적 실체다. 인간의 경제도 지구생태계에서 보면 한 조각에 불과하기에 화폐의 순환도 여기에 맞춰 비유하는 작업은 자연스러운 일이 아닐 수 없다.

화폐와 물의 흐름 ①: 대류의 순환처럼 쌓이지 않고 흐른다

정상적인 물의 상하운동과 생태계 순환을 가지고 화폐에 상상력을 부여한 문화경제학자가 있다. 사회사상가이기도 한 영국의 존 러스킨(John Ruskin)은 『황금 강의 임금님』이라는 작품에서 물=화폐=생명의 메타포를 그린다.

저쪽 산 너머에 강물이 흐르고 있었다. 어느 날 키 작은 노인이 거기에 성수를 세 방울 떨어뜨리면 황금으로 변한다고 알려준다. 마을의 세 형제 중에서 두 명은 마음씨가 고약했다. 그들은 성수를 성당에서 얻으려고 했으나 쉽지 않았다. 두 형제는 도리 없이 착한 막내동생의 돈을 빼앗아 마음씨 나쁜 신부에게서 성수를 사서 산골짜기의 강으로 달려간다. 산길을 가던 도중에 갈증으로 죽어가는 노인이 있었지만 형제는 그냥 지나친다. 그 결과 두 형제가 강물에 성수를 뿌리자마자 그들은 죄를 받아 검은 바위로 변해 버린다. 이미 성수는 악으로 오염되었기 때문이다. 이제 착한 막내동생이 성수를 갖고 형들을 찾으러 나선다. 그는 온갖 고생을 다하면서도 길가의 목마른 개에게도 성수를 나눠준다. 가까스로 강가에 도착해서 마지막 남은 세 방울을 떨어뜨린다. 그런데 강물은 황금으로 변하지 않았다. 대신 강물은 산 저쪽 골짜기 바위틈으로 솟아올라 수많은 시냇물로 갈라져서 흘러 내려갔다. 강물이 흐르는 시냇가를 따라 넝쿨식물이 수풀을 이루고 포도나무가 자라기 시작했다. "이로써 폐허가 되었던 보물 골짜기는 기름진 땅으로 변하고 사랑으로 되살아나게 되었던 것이다."

황금 강은 황금이 흐르는 강이 아니었다. 황금은 생명을 메마르게 하는 죽음이었다. 물은 포도나무와 숲에 활력을 불어넣는 생명이었다. 골고루 대지를 적시고 메마른 땅에 생명의 싹을 틔우는 강물이 황금이었다.

황금 강은 생명을 살리는 물로 상징된다. 물은 멈춰 있거나 가둬져 있지 않고 필요한 곳으로 흘러서 생명의 가치를 높이듯, 화폐도 경제의 순환과정에서 축적되지 않고 곳곳을 흐르면서 부(wealth)의 증진에 기여해야 한다.

러스킨의 부는 "생명 없이 진정한 부는 없다"(There is no wealth but life)는 말로 요약된다. 인간의 생명과 생활(life)에 기여하지 못하면 진정한 부와 풍요는 존재하지 않는다. 이것은 생명의 가치를 높이고 삶의 풍요로움을 느끼는 자만이 진정한 부자라는 말과도 통한다. 세속적인 부(rich)의 개념과 달리 러스킨의 부(wealth)는 우리 인간들의 '생명발달과 생활의 풍요'에 얼마나 공헌할 수 있는가에 따라 진정한 가치가 매겨진다.

화폐가 대지를 적시듯이 생명(생활)의 가치발달에 어떻게 기여할 수 있는가? 화폐가 쌓여 있지 않고 흘러가도록 유도하기 위해서는 축적의 이득(이자)을 제거하거나 축적이 손해가 되는 방향으로 화폐의 성격을 바꾸면 된다.

오래전부터 화폐가 이자를 낳는 행태는 비난받아 왔다. 중세시대는 이자를 철저히 금지했다. 이자는 시간의 흐름에 따라 원금에서 발생한다. 시간은 신의 소유인데 시간이 낳은 이자를 인간이 갖는 것은 부당한 일이었다. 더 이전의 고대 아리스토텔레스는 이자를 가져가는 고리대금업을 극도로 혐오하였다.

돈은 생명을 잉태할 수 없는 물질인데도 자신과 똑같이 닮은 새끼(offspring)를 낳고 스스로 끊임없이 증식해 간다. 화폐가 죽은 물질인데도 이자를 낳는 행위는 생명체처럼 새끼를 치고 번식하는 일과 같아서 자연의 섭리에도 철저히 어긋난다. 무한하게 가치를 낳는 화폐는 인간의 욕망을 무한한 크기로 이끌고 물신숭배의 대상이 된다. 아리스토텔레스는 썩지도 않고 영원히 지속될 것 같은 불멸의 대상에 두려움을 느낀 것 같다.

화폐가 축적에서 흐름으로 가도록 이자를 제거하여 순환을 가속화하는 지역화폐가 등장하기도 한다. 더 나아가 시간이 지나서도 소비에 사용하지 않으면 화폐가 썩어서 사라지도록 인간의 일생처럼 유한성을 부여하는 지역화폐도 출현하였다. 독일의 재야 경제학자 실비오 게젤(Silvio Gesel)은 화폐의 유통기한을 정해서 오래 갖고 있을수록 손해를 보고 시간과 함께 가치가 사라지는 '노화하는 돈'(aging money)[1]을 만들어 1930년대 불황기 오스트리아의 일부 도시에서 시행했던 것으로 잘 알려져 있다. 케인스는 "앞으로 우리는 마르크스보다 게젤의 정신에서 더 많은 것을 배울 것이라고 믿는다. …그의 '스탬프를 붙인' 화폐('stamped' money)는 어빙 피셔 교수로부터도 호의적인 승인을 받았다"[2]고 평가했다. 스탬프를 붙인 지역화폐는 시간이 지남에 따라 화폐가치가 사라지기 때문에 제때 소비해야 한다. 그렇지 않을 경우 감가분의 일정 비율을 돈으로 지불하고 다시 스탬프를 찍어야 제 가치를 유지할 수 있다.

최근의 사례를 들어보면 코로나19 사태로 전국민에게 보편적으로 지급된 긴급재난 지원금도 지역화폐처럼 화폐가 순환세계에 들어가 흐르는 강물이 되도록 설계되었다.

재난화폐는 지역(국내에 한정, 달러와 교환 불가능)과 종목을 제한하고(대형마트와 온라인 쇼핑몰 등 제외), 소비기간이 지나면 자동기부로 화폐권이 소멸되고, 이자가 붙는 현금저장이 불가능하게 함으로써 긴급한 생활생태계에 활력을 주었다. 전주에 사는 나의 경우 매달 30만 원의 법정화폐를 지역화폐로 바꿔서 충전한다. 소비할 때마다 10%를 캐시백으로 돌려받는 대신 전주지역을 벗어나지 못하는 지역한정의 특정 목적 화폐다.

우리는 비인격화되고 물화된 화폐를 로컬리티(locality)와 연결하고 사회에 되묻기(reembed) 위해서 화폐용도를 제약하여 인간적 대상물로 만들기 위해 노력한다. 디지털 시대에 화폐는 언제든 특정 목적에 맞게 변용의 가능성이 극대화된다. 재난 지역화폐처럼 일반적인 화폐용도에 범위한·사용지정·이자금지·시간소멸의 유한성이라는 제한이 가해진 특정 목적의 사용화폐도 은유 차원에서 생활의 생태계를 살리는 화폐=물=생명(생활)과 흐름을 같이한다.

러스킨은 올바른 화폐의 사용을 대류의 순환으로 비유한다. 그는 세상사람을 두 부류로 나눈다. 첫번째는 화폐를 수단으로 삼아 기쁨을 누리려는 사람이다. 두번째는 화폐소유 그 자체를 목적으로 삼아 기쁨을 얻고자 하는 사람이다.

"[첫번째 사람들에게] 화폐는 부를 둘러싸고 기류로 상승했다가 다시 비가 되어 하강하고 순환하는 대기(atmosphere)가 되기도 하고 또 [두번째 사람에게] 화폐는 부를 표류시켜서 대부분 소멸까지 이르도록 하는 홍수(deluge)로도 비유된다. 바로 첫번째 사람들이 소비하기 위해 사는(to buy) 입장이라면 두번째 사람은 팔아서(to sell) 돈을 모아 축적하는 입장에서만 존재한다."[3]

돈은 돌고 돌아서 인간의 생필품과 기본적인 물질적 욕구를 충족시키고 인간과 자연의 생태계가 공존하는 방향의 에코머니가 되어야 한다. 금전적 부를 축적하기 위한 화폐탐욕은 사회적 불평등을 가속화시키고 생태자원을 파괴하여 인간과 자연을 죽음의 늪으로 몰아넣는다. 과도한 부의 축적과 화폐의 지배권력이 사회 전체를 붕괴시키게 되는 경우는 저수지에 가둬놓은 담수가 제 무게를 이기지 못해 일시에 홍수가 되어 공생의 대지를 소멸시키는 것과 같다.

러스킨의 부는 생산이 아니라 거꾸로 화폐가 순환하는 소비에서 나온다. 소비를 통해 순환하는 화폐는 빗물이 대류의 상하운동으로 생태계를 살찌우듯이 경제 전체에 활력을 불어넣는다.

진정한 부는 소비와 사용의 측면(use side)에서 나온다. 소비는 인간이 단순히 먹고 마시며 한계효용을 느끼는 수동성이 아니라 진정한 부로 연결시킬 수 있는 능동적 역량을 요구한다.

러스킨은 재화의 가치를 고유가치(intrinsic value)와 유효가치(effectual value)로 나누고 소비자의 수용능력에 따라 진정한 가치가 결정된다는 새로운 관점을 제시하였다. 예를 들어 빵이라는 재화의 성질은 맛있거나 영양이 있다고 하는 유용성이 있지만 동시에 재화의 고유한 가치가 깊숙이 들어 있다. 재화의 맛과 영양 이외에도 가족들이 빵을 먹는 가운데 이야기를 나누는 커뮤니케이션과 대화의 기쁨이 고유가치로서 내재되어 있다.

빵 속에 간직된 고유가치는 잠재되어 있어서 밖으로 나타나지 않는다. 고유가치를 끄집어내고 수용할 능력이 있는 사람에게만 제 모습을 드러낸다. 아버지가 귀갓길에 빵을 사서 들어왔는데 자녀들이 자기 먹을 빵만 가지고 제 방으로 들어가 버린다면 어떻게 될까? 썰렁해진 식탁 위에 놓인 빵은 영양을 섭취하기 위한 재화에 그칠 뿐이다. 평소에 가족끼리의 대화가 익숙한 가정이라면 빵 한 조각을 놓고도 식구들이 오순도순 마주앉아 대화하고 사랑을 나눌 수 있을 것이다.

가족들이 둘러앉아 빵을 먹으며 이야기를 나누는 것에도 훈련이 필요하다. 빵 하나로도 가족 간에 웃음꽃이 필 수 있도록 의식적으로 학습해야 한다. 대화하고 사랑하는 능력을 길러야만 커뮤니케이션이라는 빵의 고유가치를 향유하게 된다. 재화에 내재한 고유가치를 발견할 수 있는 향유능력(acceptant capacity)이 우리의 삶의 가치를 높여준다.

고유가치는 향유능력을 만나 인간의 생명발달에 공헌할 때 유효가치로 드러난다. 생산물과 재화가 진정으로 가치 있는 부가 되기 위해서는 고유가치를 유효가치로 전환시킬 수 있는 향유능력이 필요하다. 빵을 먹으며 가족이 대화를 나누거나, 한 편의 시와 오페라·그림을 감상하고 작품에 내재한 가치를 향유할 수 있는 능력이 있어야 고유가치는 유효가치로 전환될 수 있다.

러스킨의 가치론은 문화경제의 출발단서가 되기도 한다. 한 편의 시와 그림 등에 내재한 고유가치를 유효가치로 전환시키기 위해서 예술에 대한 감상능력을 키우는 소비자(수용자)의 지력발달과 훈련이나 교육이 필요하다.

하늘에서 하강하는 물방울을 자기 생명력으로 발달시키기 위해 푸른 줄기를 한껏 뻗은 나무들의 노력이 치열하듯 인간도 화폐의 순환과 재화소비를 유효가치로 전환하여 향유능력을 키울 때 생명발달에 기여하고 '진정한 부'를 이룩하게 된다.

'화폐축적은 모든 것을 소멸시키는 홍수'라고 비유한 러스킨과 달리, 케인스는 사회병리 현상으로 보았다. "쾌락과 인생의 현실을 충족하기 위한 '돈을 좋아하는 것'과 '소유물로서 돈을 사랑하는 것'은 구분되어야 한다. 후자의 성격은 상당히 구역질나는 병적인 상태인데, 일부 범죄적 성향과 일부 질환의 성격을 보여주기에 소름 끼치는 상태이다."[4]

케인스는 대공황으로 사람들이 고통을 받던 1930년에 『우리 후손들의 경제적 가능성』(*Economic Possibility of Our Grandchildren*)이라는 에세이를 통해 100년 뒤인 2030년의 사회를 그렸다. 집요한 화폐소유는 프로이트의 관점으로 보면 유아적 상태에서 벗어나지 못하는 고착과 퇴행일 뿐이었다. 케인스는 100년 후가 되면 온갖 경제문제가 해결되고 이제 자유로운 사회에서 화폐는 더 이상 집착의 대상이 아니라고 예견하였다. "화폐의 소유에서 쾌락을 얻는 것이 아니라 삶에 필요한 것을 구입하고 인생의 즐거움을 누리는 수단으로서 돈을 사랑하는" 승화의 단계가 2030년에 펼쳐질 것이라고 상상했다.

케인스가 예언했던 100년 후의 세계는 지금 화폐소유의 집착으로 사회적 병리현상이 더욱 심해졌다. 미래 예측은 틀렸지만 우리 사회의 미래를 밝히는 사회적 상상력(social fiction)은 여전히 유효하다. 좋은 삶의 수단으로서 돈을 사랑하는 것은 생명을 발달시키고 돈 자체를 목적으로 하는 탐욕과 축적은 자연과 인간의 죽음을 재촉한다.

화폐와 물의 흐름 ②: 화폐의 탈상품화와 이중운동

칼 폴라니는 다른 차원에서 화폐를 홍수와 가뭄에 비유한다. 화폐란 농경지가 메마를 때 물을 대주고 넘치면 줄여주는 물관리처럼 경제의 흐름에 따라 탄력적으로 조절되어야 한다. 화폐는 국가와 금융기관이 적절히 공급해 주는 구매력의 증표(token)로서 인간과 토지처럼 본질적으로 상품이 아니었다.

(인간의 노동력과 마찬가지로) 자연은 인간이 생산할 수 있는 것이 아니다. 마지막으로 현실의 화폐는 그저 구매력의 증표일 뿐이며, 구매력이란 은행업이나 국가금융의 메커니즘에서 생겨나는 것이지 결코 생산되는 것이 아니다. (*GT*, p. 244)

화폐가 생산되는 상품이 아닌데도 시장에서 거래되는 상품처럼 허구화되면 다른 재화처럼 오직 시장경제에서만 거래되는 일반상품으로 바뀐다. 이제 상품화된 화폐는 국가와 금융기관의 손을 떠나서 시장경제라는 박스에 갇히게 된다.

화폐가 인간의 구체적인 일반의지가 아니라 자기조정시장의 수요와 공급에 따라 이뤄지는 외래의 객관적 법칙에 적용되면 사회에 커다란 재난을 불러일으킨다. 허구화된 화폐의 상품화는 금본위제에서 엄청난 혼란으로 예증되었다.

금본위제에서 화폐는 언제든 금과 교환할 수 있는 상품화폐가 되며 한 국가의 통화량은 금보유고와 철저히 연동된다. 예를 들어한 나라의 수입이 늘어나면 대외결제 수단으로 금이 유출된다. 밖으로 빠져나간 금 때문에 금보유량이 감소하면 자연스레 국내의 화폐량도 줄어들게 되어 디플레이션이 발생하고 국내물가는 하락한다. 다시 값이 싸진 물건은 대외경쟁력을 갖추게 되어 수출량이 늘어나면 국내로 금이 반입되어 화폐량도 증가한다. 이처럼 금의 유출과 반입에 따른 국내 화폐량의 증감으로 수출과 수입이 반복되어 국제수지와 통화량도 자동적으로 조절되는 원리가 금본위제에서 기대되는 것이다.

문제는 현실경제가 금본위제의 추상적 논리처럼 간단하게 움직이지 않는다는 데 있다. 금보유량이 20%로 감소하면 통화량도 20%로 줄어들고 국내 모든 산업부문의 물가수준도 즉각 20%씩 하락하는 신축성을 지녀야 하지만 현실은 결코 그렇지 못하다. 특히 임금은 본래적으로 상승하는 성질은 있어도 아래로 떨어지기 어려운 하방경직성을 갖는다. "구매력의 공급을 이렇게 시장기구가 관리하게 되면 기업들은 주기적으로 파산할 것이다. 원시사회가 홍수나 가뭄으로 피해를 입었던 것처럼 화폐의 부족이나 과잉은 경기에 엄청난 재난을 가져올 것이기 때문이다."(같은 곳)

가뭄이 들면 저수지를 터서 물을 공급해 줘야 하는 것처럼 화폐가 부족한 상황에서는 국가가 화폐를 적절하게 공급해 줘서 기업의 도산이나 실업을 막아줘야 한다. 금본위제에서 상품화된 화폐는 시장법칙에 따라 수요와 공급이 엄격히 통제되기 때문에 화폐에 가뭄이 들어도 국가는 아무런 손을 쓰지 못한다.

금본위제를 끝끝내 고집했던 영국은 화폐의 수요와 공급을 적절히 조절하지 못해 쓰라린 고통을 겪었다. 영국은 제1차 세계대전이 끝나고 1926년에 과거 금융시장의 우위를 되찾기 위해 금본위제로 조속히 복귀하였다. 전쟁으로 금이 부족한 상황인데도 금본위제를 시행하자 자동적으로 통화량이 줄어들었고 '화폐부족'이라는 심각한 재난을 맞았다. 전후 복구와 사회복지 비용으로 엄청난 돈이 필요한데도 재정지출이 적절히 이뤄지지 않아 실업자가 속출하였다. 예전의 영광을 되찾고자 파운드화의 가치를 올리는 평가절상은 수출부진으로 이어졌다.

영국 전체가 금본위제로 통화량이 줄어든 만큼 모든 물가와 임금도 10% 정도 내려야만 경쟁력을 가질 수 있었다. 임금삭감이 대대적으로 실시되자 저항은 상상을 초월했다. 가장 급진적인 석탄광부들이 총파업을 일으켰으나 강력한 조기진압과 물리력으로 처절히 좌절되면서 계급분열과 증오라는 쓰라린 상처를 깊이 남겼다.

이러한 트라우마가 존재했을까? 영국이 유럽연합(EU)을 탈퇴하는 브렉시트도 유럽중앙은행에 유로화로 묶인 화폐주권을 되찾기 위한 것이었다. 칼 폴라니의 입장에서 브렉시트는 자국의 파운드 화폐로 가뭄과 홍수를 적절히 조절하기 위한 조치였으며 '시장경제에 대항하여 자연발생적으로 사회를 보호'하고자 하는 이중운동이었다.

이중운동은 '확장하는 시장경제 운동'과 '사회를 보호하기 위한 자기방위 운동'의 싸움이며 자기조정시장의 사회적 파괴에 대응한 반작용으로서 다양한 계층들이 사회와 문화, 국가와 정치적 영역에서 일으킨 자기방어 운동을 뜻한다. 칼 폴라니는 시장경제의 자기파괴적 메커니즘의 활동을 둔화시킨 사회보호의 반작용이 없었다면 인간사회는 파멸될 뻔했다고 말한다.[5]

금본위제는 역사의 뒤안길로 사라졌지만 화폐는 여전히 허구적으로 상품화되어 '시장경제의 감옥'에 묶여 있다. 화폐는 오직 자기조정시장의 수요와 공급 법칙에 의해서만 창출되어야 했다. 그 이유는 다른 데 있지 않다. 임금소득은 노동력을 시장에 제공하는 희소한 화폐상품이어야만 노동자들이 딴생각 없이 열심히 땀 흘려 일한다. 시장경제 밖에서 공급되는 복지의 화폐구매력은 사람을 게으르게 만들고 만물의 상품화(commodification of everything)로 유지되는 자기조정시장의 메커니즘을 마비시킬 수 있기 때문이다.

코로나19로 시장경제의 모순이 드러나고 최하위계층의 생존문제가 위기로 다가오면서 화폐와 노동의 허구적 상품화에도 탈상품화의 흐름이 두드러졌다. 어쩌면 허구적 유토피아의 자기조정시장을 균열시켜 거대한 위기를 극복하려는 대전환의 사고라고 보겠다.

미국의 바이든 대통령은 취임 초기 새로운 사회적 타협의 뉴딜(New Deal)을 선언했다. "1조 8천억 달러의 가족플랜(American families plan)은 노동을 해야 보상을 받는다는 오래된 사회계약(the old social contract of work for benefits)을 거부한다." "낙수효과 경제는 결코 작동된 적이 없다. 경제를 밑바닥부터, 중간부터 직접 살려야 한다."

바이든의 말을 다시 바꾸면 '임금소득은 더 이상 시장경제에서 노동력의 대가로만 공급되는 희소화폐가 아니라 국민의 인간다운 삶을 누리기 위해 국가가 직접 지불하는 구매력의 증표'로서 칼 폴라니의 지적처럼 케케묵은 시장정신(obsolete market mentality)과 낡은 사회계약에서 벗어나 새로운 사회계약(New Deal)으로 나가는 것이다.

그동안 미국이 주도했던 전통적 주류경제학에서 임금은 한계생산력에 입각하여 '노동이나 자본의 생산요소는 생산에 기여한 만큼의 보수를 받는다는 자연조화론'에 입각했다. 일정 조건에서 노동 1단위를 추가로 투입하여 생산되는 노동의 한계생산물 가치는 항상 임금과 일치할 때 최대의 효율과 균형조건이 성립한다. 시장의 자동조절 메커니즘에서 모든 생산요소의 대가가 저절로 결정된다고 믿는 주류경제학은 굳이 분배문제에 끼어들 필요가 없다. 한계생산력설에서 자원의 효율적 배분(allocation)은 곧 최선의 분배(distribution)와 같기 때문이다.

과연 임금은 시장경제에서 노동력이 생산에 기여한 만큼의 보수인가? 가족들이 먹고살고 자녀들을 교육하여 지식과 기술을 함양하여 다음 세대의 노동력을 배출하고 서로가 행복하게 살아갈 삶의 권리로서 임금결정은 '사회적 맥락'과 깊이 닿아왔다. 특히 임금은 자본과 노동(조합)의 권력관계가 작용하고 생산성과 경제성장률과 같은 경제적 요인과 종합적으로 평가되어 '사회적 임금' 또는 '구매력의 증표'로서 배분되어 왔다.

미국의 바이든 자본주의가 말하는 '오래된 사회적 계약의 포기'는 화폐가 더 이상 노동의 대가로 주어지는 상품화폐도 아니며 '시장 밖에서 직접 임금소득을 지불'하는 노동의 탈상품화 전략으로서 칼 폴라니의 이중운동에 해당한다.

시장 중심의 정통 화폐이론에서 화폐는 시장에서 물물교환의 불편을 덜기 위한 교환수단의 기능에서 출발한다. 시장에서 사람들은 필요한 물건을 서로 맞바꾸기 위해 일일이 헤매는 욕망이중의 일치(K. 마르크스)를 해소하기 위해 화폐를 고안할 필요가 있었다. 지금껏 우리는 화폐가 물물교환→화폐경제→신용화폐의 순서로 발전해 왔다는 사실을 자연스럽게 받아들여 왔다.

"화폐가 있는 곳에 시장경제가 있다"는 케케묵은 시장 중심의 편견은 화폐가 반드시 시장을 전제로 한다는 사실적 오류를 낳았다. 역사에도 거꾸로 투영되어서 고대에 출현한 화폐도 시장이 존재하는 증거물로 아무런 의심도 없이 채택하도록 작용하였다.

주류경제학은 화폐를 시장경제의 틀이라는 차안대(遮眼帶)를 우리 머리에 씌워 시야를 좁게 가둬버렸다. 사람도 마찬가지였다. 시장경제는 인간의 다양한 본성 중에서 오직 물질적 이득에만 반응하고 최소비용으로 최대만족을 얻으려는 본능만 핀셋으로 끄집어내서 마치 '부분을 전체인양 확대하는 허구화'의 오류, 다시 말해 경제적 동물(호모 에코노미쿠스)을 전체적 인간(wholistic man)인 것처럼 호도하였다.

시장경제의 좁은 시야에서 바라봤던 경제적 동물의 굴레를 벗기면 전체적인 인간의 다양한 모습이 보인다. 그렇듯 화폐도 시장경제의 감옥으로부터 해방시키면 인간과 자연을 새롭게 통합하여 올바르게 재조직하는 다양한 징표와 기호를 볼 수 있다. 미리 거칠게 말하면 화폐의 다양한 기능 중에서 교환수단만을 화폐의 전체 모습인양 규정하면 세계는 인간노동력을 포함하여 모든 것을 계산 가능한 상품으로 만들어 교환하는 협소한 시장경제로 허구화된다.

현대화폐를 시장경제의 감옥으로부터 벗겨내면 빛이 스펙트럼에 투사되어 분광하듯이 지불수단, 가치척도 또는 계산용도, 교환수단, 저장수단이라는 화폐용도가 역사계보학의 모습으로 드러난다.

화폐의 기원은 사회적 채무의 지불수단

화폐의 출발점은 경제적 교환수단이 아니라 사회문화적 관계에서 발생하는 지불수단이었다. 화폐는 경제적 의미를 떠나 종교와 사회적 관계망에서 일어나는 채무(debt)에 대한 빚 갚음에서 기원을 찾을 수 있다.

종교적 기원(祈願)에 따른 헌납, 증여와 답례, 원시사회에서 속죄, 배상금, 지참금, 신부를 데리고 오는 대가로서 신부값, 부족의 수장들끼리 오가는 증여선물, 포로나 범인을 잡은 숫자에 따라 지불하는 상금이나 현상금, 피살자 근친에 대한 속죄금이나 벌금, 고대사회에서 축조사업에 동원된 공동체 성원들에게 대가로서 직접 지불하는 증표처럼 화폐는 교환이 아닌 지불 수단으로 다양한 사례를 보인다.

화폐의 지불수단은 채권과 채무의 사회적 관계라는 피륙망 속에서 파악된다. 기본적으로 "원시사회에서 각종 채무와 책무(debts and obligation) 또는 채권과 채무의 관계는 시장의 존재에 선행하는

원시적 현상이었다."(*LM*, p.80)

칼 폴라니는 『원시화폐에 관한 노트』에서 원시사회의 채무와 책무의 발생을 구체적으로 적고 있다. "책무는 신분지위, 혈연, 반목[분쟁에 따른 합의금 등], 특권과 권위, 친족관계, 약혼과 결혼에 기초를 두며 그리고 빚의 청산, 약속의 이행 또는 채무의 해소를 포함한다. …이때 채무는 경제적 거래에서 결과하는 것이 아닌 결혼, 살인(배상금), 성인식, 포트래치(potlatch)의 도전, 비밀결사체의 입회 등에 부과된다. 원시사회에서 경제적 이해관계에 따른 책무는 엄격하지 않아 관대함과 탄력성을 보이고 형평성을 추구하는 경향이 있으며 통상 경제적 이기주의를 동기로 하는 것들은 용납 받지 못한다. 거꾸로 비경제적 동기에 근거한 채무와 책무는 엄격성을 갖는다."[6]

원시사회는 신분, 특권, 명예, 위신, 종교와 주술, 각종 의례 등의 비경제적 동기에 따른 채무와 책무의 상호작용을 통해 사회적 통합과 안정적 질서를 도모하였다. 개인이나 집단 상호간에 끊임없이 사회적 채무가 부과되고 다시 채무를 해소해야만 하는 책무(obligation)의 연결망이 사회적 관계를 형성하였다. 원시사회에서 '비경제적 동기'의 화폐제도는 사회적 통합을 유지하기 위해 경제적 동기보다 훨씬 엄격성을 보였다. 거꾸로 자본주의 시장사회에서는 이득의 '경제적 동기'에 의한 채권과 채무의 거래이행이 엄격성을 띤다. 초기 사회의 화폐는 경제적 거래이지만 교환수단이 아니라 '비경제적 성질에 의해 지워진 채무'(indebtedness of a noneconomic nature)를 해소하는 지불수단이었다.

화폐의 가치척도 또는 계산을 위한 용도는 특정한 목적을 위해 서로 다른 재화의 양을 같게 해준다. '1달러=배 2개=사과 3개'처럼 1달러라는 측정단위 화폐는 이질적 특성을 가진 다른 재화의 양을 비교하여 배 2개와 사과 3개의 가치를 동질화시켜 준다. 이것은 원화나 달러·파운드의 기호처럼 대상을 측정하고 계산하는 데 쓰이는 도량형의 기호와 같은 기능을 수행한다.

고대사회에 들어와서 화폐 계산단위는 조세를 거두고 분배하는 회계처리와 장부기록에 근거하여 재분배를 신축적으로 운영하는 데 매우 중요했다.

메소포타미아 문명이 꽃을 피우기 시작한 BC3500년경에 신전의 행정관들은 독특한 회계시스템을 개발했다. 수메르에서 화폐의 기본 단위는 세켈(shekel)이었다. 은 1세켈의 가치는 보리 1부셸의 가치와 같았다. 화폐단위는 가상적으로만 회계장부에 존재하되 현금이나 금속화폐인 주화가 오가는 일은 없었다.[7] 고대사회는 칼 폴라니의 사회통합 패턴 중에서 재분배를 중심으로 운영되는데 당시 화폐는 조세를 거둬서 다시 배급하는 계산화폐의 기능이 중요하였다. 보리 1부셸을 조세와 지대로 받은 경우 회계장부에는 은 1세켈이 기록되었다. 화폐의 가치척도나 계산을 위한 용도는 '가상화폐의 기호형식'으로서 시장과 무관하게 물자를 저장하고 관리하고 분배하는 데 쓰였다.

초기 원시화폐는 지불수단, 가치척도, 교환수단이라는 용도에 따라 화폐의 물리적 소재가 달랐다. "함무라비 시대의 바빌로니아에

서는 보리가 지불수단이고 은이 보편적인 가치척도였으며 교환이
라는 것 자체가 매우 드물었지만, 어쨌든 교환이 이뤄질 경우는 보
리, 은과 함께 기름이나 양모와 다른 주요 물품이 사용되었다."[8] 대
체로 원시화폐는 특정 용도마다 자주조개(cowrie, 개오지 조개껍데기로
내부 모양이 여성의 생식기와 닮아 풍부한 노동력의 자손번식을 상징함),
보리, 양모, 석유, 은과 같은 물리적 소재가 각각 담당하였다. 금과
은의 경우 실제 화폐형태로 오가는 경우보다는 수메르의 셰켈처럼
추상적 기호의 계산단위로 쓰였다.

원시화폐는 특정 용도별로 물리적 소재가 서로 달라서 특정 목
적 또는 한정된 목적 화폐(special purpose or limited purpose money)라고
부른다. 현대화폐는 모든 화폐의 용도를 동일하게 수행하는 다목적
화폐(all purpose money)가 된다.

특정 용도에 사용하는 원시화폐는 다목적 화폐와 달리 서로 대
체(fungibility)가 불가능하였다. 특정 생필품만 구입할 수 있는 100원
짜리 동전 10개가 모였다고 해서 1천 원짜리 고급 사치품과 교환될
수는 없었다. 원시화폐의 교환 불가능성이다. 자주조개는 작은 거래
에만 한정된 용도로 쓰이는 소액 단위의 화폐였다. 조개화폐는 아무
리 많아도 신부를 데려오는 몸값으로 쓰이지 못한다. 가축은 무엇이
든 교환 가능하였다. 자주조개와 가축은 서로 화폐용도가 달랐기 때
문에 대체가 불가능하였다.

아프리카 중부의 네로(Negro)에 있는 말리제국은 가는 동선과
굵은 동선이 함께 통화로 사용되었다. 가는 동선은 가난한 사람들의

화폐로서 숯이나 수수와 교환되었다. 굵은 동선은 무엇이든 구매가 가능하였으며 말이나 노예, 황금을 비롯하여 명성을 뒷받침할 수 있는 고급 유통재를 살 수 있었다. 가는 동선이 아무리 많다 해도 굵은 동선과 바꿀 수 없는 '제한된 대체 가능성'(limited fungibility)은 당시의 화폐가 신분을 경계 짓고 유지하여 사회적 안정과 통합의 정치 기능까지 담당하였음도 보여준다. "화폐제도는 원시와 고대 사회에서 비경제적 동기의 채권과 채무의 관계, 사회통합의 정치적 수단을 특징으로 삼고 있으며 현대 자본주의에 이르기까지 [화폐를 매개로 하는 시장교환의 통합형태 차원에서] 사회질서를 수립하는 데 실질적 역할을 수행하였다."[9]

'비경제적 관계의 성격'을 지닌 화폐는 사회적 관계를 재창조하는 매개물로서도 작용한다. 칼 폴라니는 화폐가 실물 부분에 결코 영향을 끼치지 못한다는 고전학파 경제학의 실물과 화폐 이분법 또는 화폐 베일관(veil of money concept, 화폐는 실물부문에 어떤 영향도 끼치지 못하고 경제 실체의 외피에 드리워진 베일과 같음)을 넘어 사회적 안정과 통합에 미치는 효과에 초점을 맞춘다.

오늘날 화폐가 국가책무(채무)와 시민의 권리(채권)를 기반으로 하는 지불수단으로서 인간의 구체적 삶에 적합하고 사회적 통합을 이끄는 적극적인 효과가 주목받아야 하는 이유도 여기에 있다.

칼 폴라니는 화폐의미론에서 화폐를 언어와 비유한다. "알파벳의 문자는 (현대화폐의 다목적 화폐처럼) 모든 단어에 사용될 수 있지만, 원시화폐에서는 극단적인 경우, 한 물품은 지불수단으로, 다른 물품은 가치척도로, 또 다른 물품은 부의 저장에 그리고 또 다른 것은 교환목적으로 각기 달리 사용하는 식이다. 이는 언어로 비유하면 마치 동사, 명사, 형용사, 부사 등을 구성하는 문자군(群)이 각각 별도로 있는 것과 마찬가지다."(같은 책, p. 250)

화폐는 언어와 같다. 우리는 언어를 통해 세상을 인식한다. 대상이 있고 나서 이름 짓는 것이 언어가 아니다. 우리는 미지의 대상에 이름을 부여하여 서로 관계를 맺고 의미화 작용을 통해 세계를 인식한다. 언어는 곧 세계이듯이(L. 비트겐슈타인) 우리는 언어를 통해 세계를 인식하고 재구성한다. 김춘수 시인의 "내가 그의 이름을 불러주었을 때/그는 나에게로 와서/꽃이 되었다"는 것처럼 아직 드러나지 않은 대상과 세계도 다양한 언어와 개념을 통해 능동적으로 우리와 관계를 맺는다.

언어에서 동사·명사·형용사와 같은 단어의 기표가 특정 대상을 지시하여 기의를 품듯이 화폐 역시 지불수단·가치척도·저장수단의 스펙트럼으로 독해해야 다양한 세계가 의미를 발현한다. 달리 말해 시장 교환수단의 화폐로만 구성된 문장과 단어로 세계를 해석하면 우리는 결코 시장경제를 벗어나지 못한다. 다양한 특정 화폐의 용도와 언어의 기표로 읽어야 시장경제를 넘어 인간 삶의 다양성과 미래를 능동적으로 이끌 수 있다.

첨단 디지털이 원시화폐를 현대적으로 디자인

현대화폐도 언어가 대상에 능동적 의미를 부여하고 새로운 질

서로 이끌듯이 원시사회에 대응했던 호혜성(상호성)의 지불수단, 고
대사회의 재분배에서 중요한 원리로 작용했던 가치척도(계산화폐),
시장경제에서 작동했던 교환수단을 조화롭게 재배치하여 인간과
자연을 새롭게 통합하는 조직원리로 삼아야 한다.

　블랑(J. Blanc)은 칼 폴라니의 세 가지 사회통합 패턴에 대응하
여 화폐의 이념형을 제시한다. 재분배에 대응하는 정부의 재정지출
과 조세납부의 공공화폐(public money), 시장교환에 해당하는 이윤획
득을 위한 기업과 금융기관의 기업화폐(business money), 상호성과 호
혜의 지불수단으로서 커뮤니티의 공동체 가치를 재생산하고 결속
을 강화하는 연대화폐(associative money)로 나눈다. 연대화폐에는 레츠
(LETS, Local Exchange and Trading System, 지역통화와 거래 시스템), 시간은
행과 같은 지역화폐를 아우른다.[10]

　세 가지 화폐이념형은 서로 결합되어 다양한 기능의 특정 목적
화폐를 창출하고 모든 것을 이윤획득의 시장교환 대상으로 하는 다
목적 화폐에 맞서 커뮤니티를 보호하고 재생산한다. 예를 들어 국가
와 지역자치단체는 재분배의 중심축으로서 재난지원금이나 보편적
수당 또는 기본소득의 공공화폐를 '공적 책무(채무)에 기반을 한 구
매력의 증표'로서 지불한다.

　공공화폐는 지역화폐처럼 거리와 사용처 범위의 제한, 소멸성,
은행화폐와 태환 불가능성, 저장과 이자 금지의 특정 용도로 한정되
어 호혜성의 연대화폐라는 속성을 갖고 인간의 구체적인 삶과 커뮤
니티를 활성화한다. 지역소비에 한정하여 지출된 연대화폐는 시장

경제의 교환세계로 흘러 들어가 취약한 자영업자에게 활력을 불어넣는 기업화폐가 된다. 연대화폐가 용도를 제약하는 특수 목적형 원시화폐라면 기업화폐는 동일한 속성의 다른 화폐와 합류하여 다목적 화폐로서 특정 용도에 전혀 제약받지 않으며 대외결제(달러와의 교환성)·이윤활동·자산획득·이자취득의 활동에 쓰인다.

현대화폐는 겉으로 보기에는 동질적이고 똑같은 돈이지만 원시화폐처럼 다양한 화폐용도를 통해 인간의 구체적 삶에 적합하게 의미를 부여하고 제도화하는 작업 속에서 사회에 되묻어 재착근되고 있다. 다목적 화폐에 끊임없이 용도를 제약하여 원시화하려는 노력은 '화폐의 인간화'를 이루어 휴머니즘과 사회적 연대를 강화하고 있다.

기후위기라는 재앙을 막기 위한 혁신적 제안도 탈성장(degrowth)의 지렛대로서 칼 폴라니가 제시하는 특정 목적의 원시화폐에 초점을 맞춘다. 제국주의 시대에 달러와 파운드라는 다목적 화폐는 아프리카 부족이든 저개발국가든 침투하여 원주민 인력과 다양하고 고유한 물자를 통약성(通約性, commensurability, 1달러와 바나나 100개가 교환 가능한 동질화) 또는 교환 가능의 대상으로 동일화하여 수탈하는 낯선 매개체였다. 글로벌 영역의 다목적 화폐는 저개발국의 저임금 노동, 자원에 대한 헐값보상, 비용절감의 약탈, 원격지 수출의 교통망과 공해유발, 자연과 환경파괴로 효율과 이익을 극대화하는 과정에서 엄청난 수탈을 자행하는 주범이기도 했다.

스웨덴의 알프 호른보리(Alf Hornborg)는 기후위기를 극복하기 위한 화폐 재디자인의 전략으로서 로컬 개념과 원시화폐를 결합한 보완화폐(complementary currency)를 제시한다. 보완화폐는 정부가 직접 기본소득으로 지급하고 한국의 재난지원금처럼 디지털 플라스틱 카드로 발행되며 특정 목적의 용도를 위해 제약조건을 부과한다.

보완화폐는 은행에 저축하고 대출도 가능하지만 당국의 관리를 받는다. 특징적으로 은행은 완전지급준비를 따라야 하기 때문에 보완화폐의 대부는 총예금액을 넘지 못한다. 종전처럼 부분지급제도에 따른 은행의 신용창조와 자본활동은 반드시 필요하지 않은 것도 이윤획득을 위해 생산함으로써 자원파괴와 환경오염 그리고 불평등의 양극화를 가져오는 온상이었다. 보완화폐는 무분별한 자본축적을 완화하여 탈성장 또는 적정한 성장을 도모하기 위한 원시화폐의 현대적 디자인이다.[11]

예를 들어 지금 예금은행이 부분지급제도에 따라 법정지불준비율(예금자의 예금인출요구에 대비하여 총예금액의 일정 비율 이상을 대출할 수 없도록 규정하는 비율)을 20%(1/5)로 한다면 100억 원의 총 예금 창조액은 100억 원×5(지불준비율의 역수, 신용승수)=500억 원의 신용창조가 일어난다. 이렇게 증가한 예금 창조액의 상당 부분은 어떠한 형태로든 높은 수익을 거두기 위해서 무분별하게 자본활동을 벌인다. 당국의 관리를 받는 보완화폐는 완전지급준비에 따라 법정지불준비율이 100%이기 때문에 사회적으로 불필요한 신용이 전혀 창조되지 않는다.

원시사회의 특정 목적 화폐와 현대의 다목적 화폐는 더 이상 건너뛸 수 없는 시간적 산물이 아니다. 시장경제가 낳은 재난을 극복하고 인간 삶에 풍요로운 길을 터주는 작업으로서 원시화폐와 현대화폐가 결합하는 재디자인 전략이 필요하다. 칼 폴라니가 케케묵은 시장 멘탈리티를 뛰어넘어 과거 인간의 살림살이에서 지혜를 얻기위해 '경제사와 사회인류학을 결합하고'(*GT*, p. 183) 경제인류학을 탐색했던 까닭도 여기에 있다.

아이러니하게도 플라스틱 카드로 다목적 화폐에 특정 목적의 제한을 가하는 첨단 디지털 기술이 경제인류학의 박물관에 있던 원시화폐를 오늘에 소환하여 자기조정 시장경제의 모순을 제어하는 길을 우리는 본다. 오래된 미래가 여기 있음이다.

칼 폴라니가 제도를 '인간이 부여하는 의미와 삶의 목적을 구현해 놓은 체화물(embodiment)'(같은 책, p. 262)로 규정했듯이 화폐를 인간 삶의 의미와 목적에 적합하도록 구현하는 '제도화 과정'은 시장사회로부터 사회를 보호하고 사회를 인격과 개성이 넘치도록 만들어가는 데 필수적인 작업이다.

사회를 인간화하려는 노력에서 언제나 화폐가 중심적인 자리를 차지하는 이유도 여기에 있다. "화폐는 사회를 몰인격적으로 만드는 으뜸의 원천이기도 하지만, 동시에 비인격적인 세상을 우리 각자의 의미로 다시 만들도록 해주는 중요한 실제적 상징이기도 하다."[12]

칼 폴라니가 화폐의 출현은 시장교환과 전혀 별개의 것이었다고 주장한 까닭은 교환수단으로만 특정화된 화폐의 허구적 상품화를 벗어나 '화폐를 지불수단으로 포착하여 다시 사회적 맥락'에 되묻는 작업과 연결시키기 위한 것이었다. 사회적 맥락에서 떨어져 나온 자기조정 시장경제를 다시 사회의 피륙망에 되묻는 칼 폴라니의 '거대한 전환'은 상품화된 노동과 화폐를 탈상품화시키고 시장 교환 수단에 갇힌 화폐의 둑을 무너뜨려 인간과 대지를 풍요롭게 적시도록 물을 순환시키는 작업이기도 하다.

케인스가 재정화폐의 공공지출을 강조하여 화폐를 순환시켰다면, 칼 폴라니는 채무와 이행이라는 사회적 관계 속에서 이뤄진 지불수단을 화폐의 순환원리로 삼았다. 러스킨은 화폐를, 땅을 푸르게 하는 강물로 비유하면서 포도밭 주인의 예화를 통해 노동임금의 사회적 기본권에 초점을 맞췄다. 모두가 자기조정 시장경제의 이데올로기와 억압을 벗어나 노동을 인간에게, 토지를 자연에, 화폐를 사회에 되돌려주는 시도였다.

화폐와 물의 흐름 ③: 부채, 그 5천 년의 역사

누구나 화폐를 발행할 수 있다.

벌써 오래되었는데 2003년에 일본의 학회에서 "한국에서 화폐의 비시장경제의 의미와 지역화폐"라는 주제로 발표한 적이 있었다. 이때 한국에서 IMF 경제위기로 어려웠던 시기에 일어난 미담 한 토막을 소개했다.

어떤 회사의 직원이 IMF로 갑자기 실업자가 되었다. 퇴직금에다 빚을 보태서 작은 음식점을 열었다. 부인과 밤낮없이 일하였다. 갑자기 환경이 변해 버린 탓에 고등학교에 다니는 딸도 힘들어했다. 어느 날 딸이 달력을 살펴보니 아버지의 생신이 얼마 남지 않았다. 그전만 해도 생일선물을 살 수 있을 정도로 용돈이 풍족했지만 이번에는 사정이 달랐다.

아버지의 생일날이었다. 딸은 아침 식탁에서 작은 봉투를 아빠에게 조심스레 내밀었다. 아버지는 돈도 없는데 무슨 선물이니 하면서 봉투를 열고서는 하염없이 눈물을 흘렸다. 봉투에는 편지 두 장이 들어 있었다. 한 장의 내용은 이랬다.

간식으로 아버지에게 라면 끓여드리기 ?회
안마 ?회
아침에 신발과 자전거 닦아드리기 ?회

딸이 아버지에게 서비스하고자 했던 목록은 약속의 증표로서 상징화폐에 속한다. 부모님의 생일은 가족관계에서 주고받고 되돌려주는 증여와 선물회로를 가동시킨다. 자신을 낳아주고 키워준 마음에서 발생하는 채무의 약속증서는 '감사에 대한 지불수단으로서 화폐'가 된다.

채무증서가 통용될 수 있다면 화폐를 발행하는 것과 똑같다. 화폐의 통용범위가 지역이면 지역화폐가 될 것이고 더 넘어가면 국가의 법정화폐가 된다.

화폐는, 아버지 생일날에 딸이 '이행 가능한 약속의 채무증서'를 발행하듯이 경제적인 것이 아니라 사회적 관계로 벌어지는 채무와 채권의 관계에서 발생한다.

잉햄(G. Ingham)의 지적처럼 "화폐는 그 자체가 사회적 관계이다. 즉 화폐란 상품의 생산이나 교환과 독립적으로 존재하는 여러 사회적 관계로 구성되는 청구권(claim) 또는 신용/채권(credit)이라는 말이다. 화폐란 어떤 형태를 띠든 본질적으로 지불에 대한 잠정적인 '약속'이며… 계산화폐로 가치가 매겨진 채권 및 채무라는 모종의 사회적 관계인 것이다. …어떤 것이 화폐로 발행될 수 있으려면 발행한 이가 모든 종류의 채무를 청산할 능력이 있어야만 한다."[13]

화폐는 시장과는 독립적으로 또 시장과 화폐제도에 선행하는 인간사회의 근원적 현상이자 '경제사의 출발점이기도 한 채무와 맞닿아'[14] 채무를 해소하는 지불수단이었다. 제도경제학자인 커먼즈(John Commons)에게 화폐는 거래과정에서 채무를 발생시키고 평가하며, 채무를 순환시키거나 양도 가능(negotiability)하게 하고, 채무를 해소하는(releasing debts) 사회제도로서 교환이 아니라 지불수단이었다.

야속한 비유이지만 생일날에 딸이 만년필로 쓴 채무증서는 아버지가 청구할 수 있는 청구권 또는 신용/채권이 된다. 아버지는 언제든 딸에게 채무의 이행을 요구할 수 있다. 딸은 약속한 채무를 청산할 능력이 있어야 한다. 좀더 확대해 보면 화폐는 아무런 가치도 없는 종이에 만년필로 금액을 적은 약속으로, 가치를 보증하는 증표 또는 만년필 화폐(fountain pen money)가 된다.

물론 생일을 맞은 아버지와 딸의 가정에서 채권과 채무의 관계는 본질적으로 성격이 다르다. 딸은 '안마 ?회'에서 보듯이 안마의 회수를 정해 놓지 않는 채무의 무한성으로 무한한 감사를 표현했다. 딸은 아버지가 사양할 때까지 약속목록을 충분히 이행하겠지만 곧이곧대로 무한한 채무자는 아니다. 사랑에는 영원한 채무자도 영원한 채권자도 없다.

기독교에서 예수의 죽음은 인간의 원죄를 대신한 처절한 희생이었다. 덕분에 원죄는 사라졌지만 빚은 영원히 남았다. 인간은 대속의 빚짐을 갚고자 했으나 예수의 죽음으로 빚을 갚을 대상이 없어지면서 무한한 채무자로 주저앉았다. 신은 영원한 채권자이고 인간은 영원한 채무자가 되었다. 이 지점에서 니체는 『도덕의 계보』에서 기독교를 신랄하게 비판한다.

화폐의 세계로만 보면 국가는 '화폐라는 차용증서'를 끊임없이 발행하는 영원한 채무자가 된다. 칼 폴라니는 화폐가 채무에 근거한 지불수단으로서 시장이 아닌 국가에 의해서 발행되었음을 사례로 설명한다.

마케도니아의 어느 장군은 "자신의 금고가 바닥을 드러냈을 때 놋쇠에 주석을 섞어서 주화를 만들어 군인들에게 지불했다. 종군 상인은 왕실의 인장이 찍힌 화폐를 통화로 받아들였다. 그것은 왕이 지배하는 영역을 떠나서는 한 푼의 가치도 없는 것이었다"(*LM*, p. 548).

마케도니아의 장군은 점령지에서 군인들의 급료를 지급해야 했고 주둔에 따른 비용도 많이 들었다. 부서진 성문을 고치느라 동원했던 주민들에게도 노역비용을 줘야 했다. 금고의 돈도 바닥이 났다. 장군은 주화를 주조하여 금액을 적고 왕실의 인장을 찍어서 채무비용을 지불하였다. 화폐는 채무를 이행한다는 차용증서였다.

처음에 금이나 은도 아닌 생뚱맞은 주석쪼가리를 받아든 종군상인이나 점령지 원주민들은 황당했다. 봉급을 받은 군인들이 시장에 가서도 주석쪼가리가 화폐라고 외쳐도 상인들은 도무지 물건을 팔지 않았다. 곧 장군의 이름으로 포고령이 붙었다. 앞으로 모든 주민들은 왕의 인장이 찍힌 주석쪼가리로 세금을 내야 한다는 내용이었다. 제때 납세가 되지 않으면 강력한 처벌이 뒤따른다는 단서도 붙었다. 주석쪼가리가 납세화폐로 인정되면서 화폐는 비로소 가치와 권위를 갖고 순환하였다.

마케도니아 장군의 사례는 국가가 발행한 채무증서의 화폐가 국가의 징수권에 따라 세금(채권증서의 화폐)으로 되돌아오고 다시 지출하는 채무와 채권의 관계를 통해 화폐가 순환한다는 역사적 사실을 보여준다.

칼 폴라니의 화폐론은 크나프(G. F. Knapp)의 『국가화폐론』(1905)에서 기원하는 화폐국정이론(state theory of money)과 동일선상에서 화폐상품이론을 거부하고 명목주의(nominalism) 화폐론과 합류한다. 명목주의는 마케도니아 장군처럼 주석쪼가리에 금액을 적어 채무와 채권을 계산하고 청산하는 차용증서이자 증표다. 이와 대립하는 금속주의(metalism)는 금과 은처럼 금속에 함유한 주화를 가치로 삼는 상품화폐를 일컫는다. 오늘날 현대화폐는 명목주의 화폐로서 주석쪼가리를 거쳐 잉크로 숫자가 인쇄된 특수 종이지폐에서 컴퓨터의 숫자 데이터로 변환되어 클릭 한번이나 QR코드와 만나면 어디든 실시간으로 오간다.

최근 경제학계와 미국 정치권에서 벌어지고 있는 MMT(modern monetary theory, 현대화폐이론) 논쟁은 화폐란 교환 매개수단으로 쓰이는 귀금속 등의 상품이 아니라, 국가의 조세를 지불하기 위해 국가 스스로가 발행하는 차용증서(IOU, I owe you, 나는 당신에게 빚이 있다)라는 국정화폐이론에 근거한다.

MMT는 국가가 채무를 이행하기 위해 차용증서인 화폐를 끊임없이 발행하는 재정지출을 옹호한다. 이것은 기존 상품화폐론에 서 있는 정통 주류경제학과 완전히 맞서기에 논쟁도 치열하다. MMT는 그동안 익숙했던 우리의 습관화된 사고와 편견을 기각한다.

"저렇게 국가가 돈을 풀면 인플레가 일어나지 않나?" "국가재정의 수지를 맞춰야 한다. 그래서 긴급재난지원금을 지급하는 대신 국채 빚을 갚아야 한다." "세금을 거둬서 재원이 있어야 예산을 지출할 수 있다." "정부에 빚이 많다. 저러다 IMF사태처럼 국가가 망하지 않을까?"

먼저, 우리나라에서 IMF사태의 국가부도는 달러로 표시된 부채 때문에 일어난 것이다. 국채가 증가하고 자국 화폐로 표시된 부채가 늘어난다고 해도 그것은 외국에 상환할 필요가 없는 빚이다.

화폐는 흐르는 강물과 같다. 물은 흐르고 흘러서 대지를 적시며 포도나무를 푸르게 하고 농작물을 키운다. 국가가 물을 화폐처럼 흘려보내는 원동력은 채무의 이행에 있다. 채무는 정부가 마땅히 지불해야 할 예산에서부터 국민복지, 실업자 구제, 돌봄, 노령자와 아동 수당을 비롯하여 자영업자 손실보전처럼 국민이 코로나19로 어려운 처지에 놓였을 때도 발생한다. 국민이 노동하고 행복하고 인간답게 살아야 할 권리는 국가에 채무를 발생시킨다.

채무이행은 차용증서인 화폐발행으로 이뤄진다. 화폐가 물처럼 흘러나갔다가 국가로 되돌아오기 위해서는 유통의 동력이 작동해야 한다. 정부화폐는 납세권력을 통해 다시 흘러 들어온다. 조세의 목적은 화폐의 발권력과 수용성을 정당화시키고 국가재정으로 순환시키기 위해 존재한다.

MMT에서도 납세는 법정화폐의 가치보증과 화폐를 다시 회수하여 순환으로 이끄는 동력장치다. 대류의 순환에서 상승했던 수분을 빗물로 다시 하강운동시키고 순환하는 펌프의 역할을 한다. MMT는 화폐를 조세펌프화폐(tax-driven money)라고 부른다. 지출이 먼저이고(spending first) 펌프로 세금을 거두는 것은 나중이다.

재정지출의 확대가 곧바로 인플레이션을 일으킨다는 화폐수량설(MV=PT, 통화량·화폐유통속도=가격·총거래량)은 저수지의 물이 많으면(통화량) 수위(가격)가 올라간다는 이야기처럼 하나의 상태를 표시하는 단순한 방정식이다. 인과관계를 규명하는 법칙이 아니다. 통화량 증대가 단선적인 인플레이션의 원인은 아니다. 최근 세계적 인플레이션 현상은 러시아와 우크라이나 전쟁으로 인한 원자재와 곡물가격 인상이라는 요소공급 측면에다 기업의 독과점적 가격인상과 이윤증대가 더 큰 원인으로 작용한다. 그런데도 무조건 금리를 올리고 임금인상을 인플레이션의 주범으로 몰아붙이고 있다.

물처럼 화폐가 흐른다고 해서 곧바로 넘치지 않는다. 물은 마른 땅을 적시며 새로운 경작지를 개발하고 모세혈관처럼 곳곳을 흐르고 땅속 깊이 지하수로 들어가는 동안 쉽사리 과잉될 틈이 없다.

흐르는 강물은 새로운 경작지를 만들고 물꼬를 트고 돌아 싹을 틔워서 대지를 더욱 풍요롭게 한다. 기본소득, 실업자를 최저임금으로 고용하여 기본적인 삶을 누리게 하는 고용보장제(job guarantee program), 기후위기에 대응하는 그린뉴딜, 좋은 직업, 의료·교육 인프라 구축을 위한 재정지출은 척박한 황무지를 푸르른 경작지로 만들어 국민들의 삶을 풍요롭게 만들어준다.

가장 중요한 MMT의 논점은 국가의 빚을 어떻게 처리할 것인가에 있다. 기나긴 부채의 역사를 되돌아보면 국가는 '죄 많은 채무자'였다. 오래전부터 부채는 죄와 동일시되었다. 인도유럽어족에서 채무에 해당하는 단어는 모두 종교적 죄(sin) 또는 범죄(guilt)와 동일시하였다. 독일어 슐트(Shuld)도 죄를 뜻하면서 동시에 빚 또는 부채라는 의미가 있다. 부채의 탕감은 죄를 사하는 구원(redemption)과도 같았다.

고대 바빌로니아와 수메르 왕은 칙령을 내려 점토판에 적힌 부채액을 없애주는 '깨끗한 서판'(clean slate) 의식으로 소비자 부채를 무효로 하거나 모든 토지를 원래 주인에게 되돌려주고 채무노예들은 가정으로 돌아가도록 했다. 이스라엘의 희년도 50년 만에 한번씩 모든 부채를 탕감하여 '채무에 속박된 죄인'을 해방시켰다.

화폐를 발행하는 정부는 죄 많은 채무자인데 조세징수와 화폐(채무증서) 회수를 통해 빚의 청산이 이뤄진다. "부채=죄, 부채의 상환=깨끗한 서판=속죄=구원은 모두 같은 개념으로 이어져 있다."[15] 국민도 조세의무를 지닌 죄 많은 채무자다. 국민 역시 채무증서의 화폐를 세금으로 납부하여 조세채무와 죄로부터 해방된다.

북태평양 마이크로네시아 서쪽에 있는 얍(Yap) 섬의 돌화폐(stone money)[16]는 집집마다 마당에 서 있는 무거운 돌이어서 운반하기도 곤란했으나 굳이 이동시킬 필요가 없었다. 물건거래에 따라 돌화폐의 소유권이 바뀌면 새로운 주인은 페이(fei)라고 불리는 돌화폐에다 아무런 표지(標識)도 없이 자신의 소유라고 인정만 받으면 되었다. 1898년에 얍 섬을 식민지로 만든 독일은 주민들에게 도로를 보수하라는 명령을 내렸다. 원주민들은 거칠고 울퉁불퉁한 산호덩이가 맨발로 다니는데 오히려 좋았기에 몇 차례의 도로보수 명령은 무시되곤 하였다.

여러 궁리 끝에 식민지 관료는 기발한 아이디어를 생각해 냈다. 지역 추장들에게 명령 불복종 죄로 벌금을 부과하고 집집마다 서 있는 가장 값진 페이 몇 개에다 검은 페인트로 정부 소유를 나타내는 십자가를 그려넣었다. 검은 표시는 즉시 요술처럼 효과를 발휘해서 이제 처량하게 가난해진 주민들은 섬과 섬 끝을 잇는 도로 보수작업에 모두가 나섰다. 정부는 다시 관리를 파견해서 돌화폐의 십자가 표시를 깨끗이 지웠다.[17] 벌금납부가 완료된 주민들은 '깨끗한 돌화

폐=깨끗한 서판=부채상환=속죄'의 형태로 해방되어 예전처럼 자본
스톡의 소유권을 회복하게 되었다.

죄와 구원의 여부를 떠나 커먼즈의 지적처럼 화폐는 '지불과 이
행의 공동체'(pay and performance communities)에서 채무를 해소하고 뭔
가 빚지고 있다는 의식으로부터 해방시키는 증서였다.

이노우에 도모히로의 통찰력을 빌리면 MMT 이론에는 무한성
과 유한성이라는 독특한 철학이 들어 있다. 국가는 영원한 채무자
다. 이와 달리 유한한 가정에서는 영원한 채무가 있을 수 없다. 수지
균형을 맞추지 않으면 가계와 기업은 파산한다.

국가의 빚은 어떻게 처리할 것인가? 국가는 지구가 존속하는 한
영원히 존속할 수밖에 없다. 빚도 영원히 함께 갖고 가면 된다. 일정
시점에서 국채의 빚은 만기가 되면 신규발행 채권인 차환채(借換債)
로 바꾸거나 영구채로 전환하여 영국의 콘솔국채(consols)처럼 영구
하게 이자만 지급하면 된다.[18]

니체의 통찰처럼 기독교 세계에서 인간이 영원한 채무자라면
MMT에서 국가는 죄 많은 영원한 채무자다. 국가가 차환채나 영구
채로 빚을 돌리고 영구하게 이자만 지불하는 부채탕감도 국민에 대
한 '속죄와 구원'이다.

국가의 빚은 영원히 고정된 상태에 있지 않다. 유한한 가계와 기
업들의 활력에 따른 조세납부로 국가의 영원한 부채는 증감을 거듭
하게 된다. 국가의 영원성과 경제주체 단위의 유한성은 무한한 신과
유한한 인간존재의 형이상학처럼 서로 관계를 맺는다.

가장 큰 모순은 국민은 가계부채로 허덕이는데 정부재정만 튼튼하다는 그 자체에 있다. 가혹한 지주도 흉년이면 곳간을 풀어 구휼한다. 다음해 농사를 지어줄 인력을 붙들고 토지라는 영토권력을 유지하기 위한 것이다.

한국에서 가계부채는 폭발적인데 정부는 재정건전성을 도모하여 코로나 긴급재정 지원에 인색하고 재정흑자의 세수잉여마저 국채상환으로 돌린다. 대기업의 세금은 깎아주고 긴축재정을 강화하느라 복지지출은 삭감되고 있다. 적극적인 재정정책으로 경제충격을 완화해야 하는데도 정부가 뒷짐 지는 상황에서 취약한 계층과 자영업자는 몰락하고 자살이 속출한다. 한국형 시신 또는 죽음의 경제학(necro-economics)이다.

정부재정의 흑자에 비해, 가계는 부채로 빈곤한 단계가 불황과 공황으로 내려가는 미끄럼틀이다. 미국의 경제사에서 1817년에서 2001년까지 재정흑자를 기록하여 국채를 상환했던 기간은 모두 7번 있었다. 미국에서는 재정흑자 기간을 전후로 해서 7번 모두 공황과 대공황을 겪었다. 정부가 적자를 유지하는 것이 침체와 공황을 막는 길이다.[19]

재정적자를 유발하지 않고 정부가 직접 화폐를 발행하는 공공화폐가 필요하다는 혁신적 제안도 나온다. 제프 크로커(Geoff Crocker)가 주장하는 주권화폐(sovereign money)는 부채를 동반하지 않는 화폐, 즉 정부가 국채를 매각하지 않고 발행하는 화폐를 말한다. 주권화폐로 조달되는 공공화폐는 적자지출로 간주되지 않기 때문에 공공부문의 부채를 발생시키지 않는다. 정부는 재정적자와 부채를 줄이기 위해 긴축재정을 실시할 필요도 없어지게 된다. "현재의 첨단기술 경제시스템에서 생산성 향상은 임금부분의 비중을 감소시켜서 총수요 부족, 경제위기, 정부의 적자재정을 야기하고 긴축에 따른 빈곤을 낳는다. 유일한 해결책은 가계부채를 피할 수 있도록 모두에게 기본소득을 지급하고 정부가 발행하는 주권화폐로써 이 자금을 조달하는 것이다."[20] 주권화폐는 높은 기술생산성에 따른 노동소득의 감소와 가계부채를 기본소득으로 뒷받침하기 위한 MMT의 화폐전략이다.

MMT 이론은 논쟁중이다. 정통경제와 비정통경제의 패러다임 다툼이지만 확실한 것은 한 가지다. 국가가 흑자로서 부자가 되면 국민은 가난하고 부채에 허덕인다. 국가채무가 많을수록 국민은 부자가 되고 흑자로 돌아선다. 어느 것이 중요한가?

기본적으로 국가와 국민도 마땅한 도리로서 의무와 책임을 다하는 윤리적 관계에 있다. 국가는 금고에 돈을 쌓아놓고 자식들에게 열심히 일하고 참고 견디라고 호통치는 아버지가 아니다. 빚을 지더라도 아낌없이 주고 사랑을 베풀면서 배곯는 자식들에게 항상 죄책감을 느끼는 초라한 어머니에게서 국가의 모습이 겹쳐야 한다.

화폐는, 물이 흘러서 대지를 풍요롭게 하듯이 인간의 삶과 경제에 활력을 불어넣어 주는 대기의 순환과도 같다. 화폐는 인간에 맞게 순응하고 적합화되어야 한다. 보편적 삶의 권리를 가진 우리가 1등을 기준으로 삼는 학교성적처럼 희소한 상품(화폐)에 매달려서 불평등으로 서열화되고 꼴찌는 영원히 낙오되어서는 안 된다.

흐르는 물은 앞을 다투지 않는다[流水不爭先]. 앞서 흐르는 물은 움푹 파인 곳으로 흘러들고 뒤따라 흐르는 물은 그 위를 넘어 사방 다른 곳으로 실핏줄처럼 흘러 대지를 적신다. 흐르는 물은 서로 앞을 다퉈 흘러넘쳐서 곧바로 둑을 넘어서지 않는다. 화폐가 흐른다고 곧이어 인플레이션으로 넘쳐나지 않는다는 이야기다.

물에 목적이 있다면 만물을 촉촉이 적시면서 풍요로움을 선사하는 것이지 서로 앞을 다투고 넘치며 무조건 바다를 연모하여 달려가는 맹목성에 있지 않다.

채무와 채권의 사회적 관계에서 화폐의 지불수단 그리고 차용증서(IOU)와 MMT 이론에는 오랫동안 인류와 함께했던 '부채의 5000년'[21] 역사와 흐름을 같이하면서 부채의 탕감과 속죄, 구원과 자유 그리고 최고의 선은 물과 같다[上善若水]는 노자사상과 영원성의 철학이 녹아 있다.

이뮤니타스와 코뮤니타스

유럽 봉건사회를 강의하는데 키워드로 곧장 접근하는 방법도 괜찮다. 경제사에서 복잡하고도 자질구레한 내용은 따분할 뿐더러 어차피 시간이 지나면 잊힌다. 키워드 강의는 꼭 필요한 내용만 양꼬치처럼 꿰뚫어 기억을 단순 명료화시키고 현재 의미까지 관통해낼 수 있어서 좋다.

나의 경우 등자(鐙子, stirrup)와 이뮤니타스(immunitas) 개념으로 중세유럽의 경제를 분석하고 현재까지 끌고 내려와 해석한다.

등자는 말안장에서 내려와 말의 양쪽 아랫배까지 매달린 발 받침대 또는 발걸이다. 말을 탈 때 발을 끼워 오르기도 하고 말안장에 앉아서는 두 발로 딛고 균형을 유지하게 해주는 도구다. 등자는 언뜻 사소해 보이지만 초기 유럽의 봉건제를 열었던 획기적인 특정 기술로 주목받는다. 제임스 와트의 증기기관이 폭발적인 에너지로 자본주의를 열었듯이 등자도 토지(봉토)를 매개로 하는 봉건주의를 출범시켰다. 물론 논란의 여지도 많다.

이뮤니타스(이뮤니티immunity)는 고대 로마에서 개인이나 집단이 공적 의무나 책임으로부터 면제받는 면역(免役) 또는 면책특권이며 법적으로는 특정 법에 적용받지 않을 특권이나 자격을 말한다. 이뮤니타스는 유럽 특유의 봉건제를 설명하는 키워드이면서 나중에는 생물학적으로 은유되어 질병과 바이러스로부터 자기를 방어하는 면역(免疫)체계까지 확장된다.

등자로 출발한 이뮤니타스, 생물학적 면역 개념으로 확장

사라센족은 732년 스페인을 거쳐 유럽까지 침공하였다. 로마몰락 이후 유럽을 지배했던 게르만의 프랑크족은 수적인 열세에도 불구하고 등자의 덕분으로 이슬람세력을 물리쳤다. 그렇더라도 지중해는 이슬람이 봉쇄하여 그리스도교는 지중해상에서 널빤지 한 조각에 매달려 있는 처지로 전락했다. 서구 중심의 관점에서 흔히 중세를 암흑의 시대라고 부르는 상황이었다. 미국의 근본주의자들이 이슬람세력을 적대하여 악의 축(axis of evil)이라는 증오의 담론을 발명했던 것도 이때부터였을 것이다.

중국에서 건너온 등자는 프랑크왕국 시대에 새롭게 발견되어 보병을 주축으로 했던 일상적 전술에 일대 혁신을 가져다주었다. 등자는 기사(騎士)가 말을 타는 동작부터 바꾸었다. 말을 탈 때 껑충 뛰어오르거나 내렸던 동작은 등자에 발을 걸쳐서 쉽게 오르거나 천천히 내리는 모습으로 바뀌었다. 기사는 등자를 힘의 축으로 삼아 말안장에서도 신체적 균형을 안정적으로 유지할 수 있었다. 종전에는 기사가 창을 한껏 휘두르기만 해도 낙마할 정도로 불안정하였다. 이제는 고삐를 낚아채거나 좌우로 흔들어 말의 방향과 속도를 제어하고 전투에서 말이 아무리 거칠게 날뛰어도 기사가 말등에서 떨어지지 않을 정도로 단일 신체를 이뤘다.

말과 한몸이 되는 전투단위는 무기의 사용법도 바꾸었다. 기사는 자유로워진 두 손으로 창을 마음껏 휘두르기도 하고 특히나 카우치드 랜스(couched lance)라고 해서 긴 창을 옆구리에 끼고 육중한 말에 체중을 싣고 순식간에 돌진하는 충격은 적에게 엄청난 파괴력을 선보였다. 이때부터 전쟁에서 충격과 공포의 전술이 생겨난 듯하다. 현대전의 일제사격이나 엄청난 대포소리처럼 기마의 충격전투(mounted shock combat)는 살상능력을 넘어 적들의 사기를 일찌감치 꺾어서 전투력을 무력화시키는 공포를 안겼다.

등자는 소수 귀족만이 말을 타고 나머지 보병으로 짜인 전투부대에 새로운 변화를 일으켰다. 강력한 군사력을 갖기 위해서는 대량의 기병이 필요했고 많은 비용도 뒤따랐다. 당장 말을 구입하는 데 상당한 돈이 들었다. 말을 키우고 유지하는 인력과 비용도 만만치 않았다. 투구에다 쇠사슬 갑옷과 무기도 더 무거워져서 값도 비쌌다. 말과 혼연일체가 되어 전투력을 향상시키는 전문기사 훈련에도 막대한 지출이 요구되었다. 당시 조세를 거둬서 상비군을 키울 수 있는 근대국가와 같은 재정장치는 중세 봉건제가 몰락한 훗날에나 가능했다. 기사들에게 토지를 나눠주고 그곳 촌락공동체에서 지대를 거둬 기병 중심의 강력한 군사력을 뒷받침하는 것이 최상의 방법이었다.

당시 프랑크왕국의 최고 권력자 샤를 마르텔(Charles Martel)은 기병부대를 양성하기 위해 토지배분을 매개로 병제를 개혁한다. 주군은 말을 타고 싸울 수 있는 기사에게 토지재산을 지급하여[봉 封, fief] 경제적 지원과 보호 의무를 지고 기사는 반대급부로서 주군에게 군사적 봉사의무와 충성을 서약하는 봉건제가 하나의 흐름을 갖게 된다.

이렇게 등자라는 작은 기술도구에 결정적 의미를 부여한 린 화이트 주니어(Lynn White Jr.)의 이야기를 살펴보자.

등자가 도입되자 동물의 힘이 인간신체의 에너지를 대신하였으며 전사의 능력은 적에게 가공할 만한 피해를 줄 정도로 증가하였다. 새로운 방식의 전투는 커다란 지출을 수반한다. 말의 구입은 물론 새로운 기마의 충격전투(mounted shock combat)에 따라 더 무거워진 [갑옷과 창과 같은] 무구(武具)에도 돈이 많이 들었다. …새로운 전투방식은 모든 자유민이 전사라는 게르만족의 기존 관념을 파괴했다. 기마충격 전술은 더 이상 파트타임의 아마추어 전사를 원하지 않았다. 뛰어난 신체조건에다 장기간 훈련을 받아 고도로 숙달된 프로페셔널[전문무사]이 필요했다. …
[평범한 자유민과 구분되는] 기사계급이 출현했다. [봉토의 반대급부
로서 수행해야 하는] 기사의 봉사의무가 봉건제를 여는 열쇠였다.
"그것은 봉건제의 시금석이었다. 기사로서의 봉사가 토지보유
를 결정하는 원칙으로 받아들인 것은 사회적 혁명을 일으켰다."[1]

　　등자를 봉건제의 개막과 연결시켰던 린 화이트 주니어의 주장
은 큰 논란을 낳았다. 등자와 같은 특정 기술이 새로운 계급과 봉건
제를 창출할 정도로 혁명적이었다는 주장은 지나친 기술결정론이
라는 지적이다. 그럼에도 등자라는 작은 특정 도구를 통해 기술이
어떻게 사회변화를 초래하였나를 통찰한 관점은 놀랍다.

　　등자처럼 본래 사용목적을 넘어 당대의 생활양태와 사고방식까
지 바꾼 기술을 킬러 애플리케이션(killer application)이라 부른다. 공장
생산과 철도의 유통방식에 혁명을 일으켰던 증기기관, 성경을 대량
으로 인쇄해서 지식민주주의를 일으켰던 금속활자, 시간과 공간을
응축시킨 자동차 그리고 컴퓨터·인터넷과 같이 시장을 재편하고 새
로운 산업조직에다 인간의 사고와 생활 방식까지 완전히 바꿔놓은
기술도 모두 킬러 애플리케이션이다. 등자의 키워드는 유럽 봉건제
의 개념은 물론 특정 기술변화가 야기한 충격까지 한 두름으로 꿰어
줄 수 있는 설명도구라 하겠다.

　　등자와 더불어 유럽의 봉건제 특징을 설명하는 키워드로서 이
뮤니타스를 들 수 있다. 샤를 마르텔은 기사(영주)들에게 봉토 소유

권만 넘겨준 것이 아니었다. 군주의 통치권한이었던 과세권과 재판권이라는 공권력까지 넘겨주고 이뮤니타스를 부여했다. 이뮤니타스에는 불수불입(不輸不入)의 특권이 들어 있다. 국왕이라도 일단 자신이 하사한 봉건영지에서는 조세를 징수하지 못하고(不輸, no taxation) 왕의 관료들이 영주의 봉토에 출입하여 간섭하는 것을 거부하여(不入, no entry) 자체적인 사법행정권을 허용하는 것이었다.

이뮤니타스는 정치적으로 영주가 국왕의 공무집행 권력에서 자유로운 면책특권 또는 면역(免役)으로서 유럽 특유의 분권적 성격을 가져다주었다. 당시 왕권도 미약하고 국왕이라도 유력한 귀족의 하나일 뿐이어서 중앙집권 성격의 일방적 지배와 복종을 요구하기는 어려웠다. 대신에 이뮤니타스를 부여하여 독립적인 봉건영주들과 상호 주종관계를 맺는 계약방식의 통치 네트워크가 이뤄졌다.

이뮤니타스에 따른 권력배분은 봉건제 성격을 가르는 기준이 된다. 유럽 봉건제와 달리 조선시대의 중앙집권 관료국가는 지방관에게 이뮤니타스를 부여하지 않았다. 언제든 왕은 전국적으로 조세를 거둬들이고 노동력과 물자를 거둬들일 수 있는 수취체계를 갖추었다.

어쨌든 영주에게 부여된 이뮤니타스는 자기 영토에서 직접 온갖 조세와 노동력을 부과하고 독자적으로 사법행정권을 행사하는 강력한 통치력으로 가신들과 촌락의 농노를 지배하는 장치가 되었다.

등자와 이뮤니타스의 개념으로 딱딱한 수업시간을 끌어가지만 역시 강의가 중반을 넘어서면 지루하다. 그럴 때 엉뚱한 질문도 던진다.

　　"귀군도 이뮤니타스를 갖고 있네?"

　　"…????"

　　"오늘날 모험기업가(entrepreneur)는 중세의 영주처럼 개인적 왕국을 건설하려는 꿈과 의지, 충동, 기쁨과 정력을 갖춘 정복과 성취욕을 갖는다고 했던, 경제학자 슘페터(J. Schumpeter)의 생각을 말하려는 건 아닐세."

　　"…!?!?"

　　"우리들 몸 자체가 면역시스템을 갖고 있는 이뮤니타스네!"

대립적 이뮤니타스에서 협력의 코뮤니타스로 이행

　　중세가 몰락하고 근대 시민사회로 들어오면서 인간은 신적 본질과 공동체적 속박에서 벗어난다. 자신의 신체와 재산을 자유롭게 소유하고 능력을 발휘하는 자기보존의 법칙이 선천적 자연권으로 주어졌다. 서로 자신이 가진 재산과 생산수단을 활용하여 치열하게 경쟁하는 이익다툼과 경제적 불평등도 근대적 자유의 영역에 자연스런 그림으로 자리 잡는다.

　　근대의 이성주체 시대로 넘어오면서 이뮤니타스는 다른 기의(기표의미)와 결합한다. 원자화된 개체는 지금껏 공동체 구성원으로서 당연히 견뎌야 했던 채무와 부담에서 '해방되고 면제되거나' '면역(免役)되어' 자신만을 유지하는 자기보존과 방어체계를 내세운 이뮤니타스의 존재가 된다.

가족단위 역시 전통적 가족공동체의 부담과 상처로부터 벗어나 '외부와 절연하고 내부만을 보호하는 자기방어 또는 군사적(배타적) 가족공동체'도 현대적인 면역 패러다임(immune paradigm)에 속한다. 극단적인 예를 들어 부모도 자식도 서로 내왕하지 않으며[不士] 서로 부담을 주지 않고[不輸] 상호의무로부터 벗어나 면역하며 독자적 삶을 살아가는 모습은 현대가족과 독자적 방어체계를 결합시켜 이뮤니타스의 개념을 확장한다.

공동체에서 익숙했던 전통적 규범과 이웃을 떠나 낯선 익명의 도시에서 만난 타인들은 나에게 기쁨을 주면서 동시에 상처를 주는 존재였다. 고슴도치처럼 가까이 있으면 서로 찌르고 상처를 주며 그렇다고 해서 멀리 떨어져 있으면 서로 의지할 곳이 없는 고독하고 취약한 개인들의 모습은 근대적 공간을 특징지었다. 고슴도치와 고슴도치 사이의 가시거리만큼이나 애매모호한 간격을 채워줄 중재자로서 제3자성(thirdness)의 지대가 필요했다. 시장사회는 고통스러운 애매모호성의 공간을 메워주고 해결해 주는 가장 진보적 해결책이었다. 시민사회 전체가 이뮤니타스를 기반으로 한 연쇄적인 계약을 맺어 개인 간의 취약성을 제거하고 인간관계를 조절하는 제3의 영역을 창조하게 되었다.[2]

시장은 종전의 공동체와 달리 인간관계에서 의무성이 소거되어 상호적으로 '책무를 면제해 주는', 즉 상처받지 않고 서로 만날 수 있는 면역과 상호무관심의 자유구역을 우리에게 보장해 주었다. 경제학이라는 학문도 개인의 희생 없는 공동생활을 전제함으로써 타인과의 직접적이고 개인적인 관계에 따른 접촉과 전염의 위험으로부터 안전지대로 도피하려는 근대 후기의 큰길을 대표한다고 할 수 있다.[3]

자연권이 자신의 생명과 신체는 누구도 건드릴 수 없는 천부적 권리로 확립되면서 이뮤니타스라는 용어도 몸과 관련한 면역(免疫) 체계로 은유의 넓이를 확장한다. 우리는 은유(메타포)를 통해 "내 마음은 호수요"라는 시어에서 보듯이 어떤 대상에서 얻은 경험이나 사고를 다른 것과 견주어 양자 사이의 유사성을 유추해서 살핀다. 은유로 확장된 언어와 상징은 "내 마음은 호수요 그대 노 저어오오" 처럼 새로운 세계로 진입하면서 인식의 지평을 넓힌다.

면역학이 발달되면서 이뮤니타스는 생물의학적 용어로 은유되어 질병으로부터 몸을 방어하는 면역(免疫)을 뜻하게 된다. 서구의 이뮤니타스(immunitas) 또는 이뮤니티(immunity)라는 용어는 변하지 않고 다른 은유로 사용되지만 동양에서는 정확히 면역(免役)에서 면역(免疫)으로 용어도 변하고 뜻도 달리한다.

한자 역(疫)은 역(役)에서 나왔다. 백성들에게 만리장성의 축조나 토목공사와 같은 온갖 부역(賦役)은 장기간의 노역과 영양실조에다 밀집생활로 돌림병[疫]을 가져올 수밖에 없었다. 부역의 면제는 면역(免役)이었으며 동음이어로서 그것은 질병으로부터 면제되는 면

역(免疫)이었다.[4]

오늘날 신체적 면역은 외부의 침입에 대한 개체의 방어, 즉 자기 방어라는 생물학적 특성으로 자리 잡는다. 사람의 몸은 이뮤니타스의 면역계를 통해 자기항상성을 유지한다.

근대학문은 데카르트가 신체를 정신에 종속시키는 이분법처럼 주체와 대상, 자아와 타자를 대립적으로 바라보았다. 처음 신체의 면역체계도 외부의 공격물질에 대항하여 강력한 면역체계로 싸우는 이분법적 대립체계였다. 사람의 몸은 외부의 질병이나 바이러스와 같은 이질적 요인에 대항하여 철저히 공격하고 치열하게 방어하는 전쟁터와 같았다. 이렇게 방어적이고 군사적인 이뮤니타스가 외부의 적을 깡그리 박멸하여 자신의 신체가 건강성을 유지하는 줄 알았는데 그게 아니었다.

우리의 몸은 적과 아군이 때로 화해하는 제3의 공간지대였다. 이뮤니티 개념에도 대립적인 이원법이 사라지고 적과 아군의 경계선 또한 불분명해졌다. 내부 신체가 외부 적군과 협력하여 새로운 항체를 형성함으로써 더 큰 적을 막아내는 것이었다.

신체는 외부로부터 창을 든 병사[抗原, 면역반응을 야기하는 원인물질]가 쳐들어오면 면역반응을 일으켜 항체(抗體)라는 방패를 만들어 맞싸운다. 그런데 적절한 상황이 조성되면 창(항원)과 방패(항체)가 서로 협력하여 다시는 특정 적이 쳐들어오지 못하도록 항체(무기)를 몽땅 쌓아놓는다. 홍역을 앓은 사람이 다시는 홍역에 걸리지 않는 이유도 여기에 있다. 백신을 예방접종하는 인위적인 방식도 만들어졌다. 약화된 소량의 바이러스나 가짜 적으로 보이도록 고스트 (ghost)를 몸에 침투시켜 항체가 형성되도록 유도함으로써 치명적인 질병을 막아낼 수 있는 면역체계가 이뤄진다.

외부의 이질적 적을 받아들여 더 큰 적을 물리칠 수 있는 안정적 면역체계로 갈 것인가, 아니면 내부 신체가 바깥의 작은 적을 감당 못해 면역은커녕 파멸로 갈 것인가는 불확실하다. 어차피 인간은 건강한 신진대사를 유지하기 위해 좋은 것을 받아들이려고 하지만 자신의 생명유지에 반하는 요소들도 어쩔 수 없이 내 몸속에 넣기 마련이다.

생명과 대립되는 이질적 외부요인이 내 몸에 모두 나쁘지는 않다. 바이러스는 내 몸의 면역체계를 강화하여 더 큰 질병을 막아주기 때문에 현재 신체상태의 좋고 나쁨에 따라 좋을 수도 있고 나쁠 수도 있는 애매모호성을 띤다. 어쨌든 우리 인간은 외부와 끊임없이 상호 작용하는 개방계에 노출되어 있어서 신체적으로 늘 불안하고 취약한 존재일 수밖에 없다.

외부에 드러난 삶 자체는 언제나 불안과 두려움을 수반한다. 그래도 바깥세상과 단절되어 성벽에 갇힌 고립된 존재보다는 외부에 빗장을 열고 불안을 실존의 무게로 받아들여 살아가는 존재가 훨씬 더 가치 있다.

이제 우리 몸의 이뮤니타스는 적을 물리치는 공격적 개념이 아니라 자아와 타자가 연결하는 '자아와 비자아의 연결점'으로서 자리 잡는 협력지대로 옮겨간다. 이분법의 대립적 군사개념의 이뮤니타스는 서로가 협력하여 함께 짐을 나누는 상보성의 코뮤니타스(communitas, 커뮤니티 community)와 만난다. 이때 코뮤니타스는 자아와 타자가 함께 일을 떠맡는 공역(共役)이라고 부를 수 있다.

우리 몸에서 외부 적과의 동침 또는 적대적 동맹관계는 예외적 사건이 아니라 상시적이다. 적과 아군의 경계는 상황에 따라서 수시로 달라지는 관계적 존재가 된다. 인간이란 유기체는 환경과 서로 영향을 주고받는 자율적인 동태적 균형상태를 갖는다. 여기서 "면역은 타자성에 대한 방어가 아니라 타자를 자아 안에 품어 더 큰 자아를 생성하는 과정이 된다. 외견상 타자를 배제하는 것처럼 보이지만 면역이 결과적으로는 자아와 타자가 하나가 되어 함께 짐을 지는 공역(共役)이 되는 것이다. 자아란 본질적으로 타자와 함께일 때만 자아일 수 있다는 관계의 존재론이다."[5]

코뮤니타스의 호혜성과 무상성

이쯤 돼서 학생들에게 잔소리 한마디를 던진다. 대면수업의 아름다운 풍경이기도 했다.

앞으로 강의실에서 혼자 우두커니 앉아 있지 말고 서로 같이 앉아라. 강의실은 단순히 그냥 공부하는 공간이 아니라 서로 커피 한잔 사주고 사귀면서 다른 전공학생들과 유용한 지식도 나누고 훗날 사회에 나가서도 끈끈한 인간관계를 유지할 수 있다. 혼자서 조개껍데기처럼 움츠리지 말고 먼저 손을 내밀어 말을 걸어라. 너와 내가 함께하는 것이야말로 삶에서 가장 아름다운 그림이다. 너는 나를 가슴에 품고, 나는 너를 가슴에 품을 때 더 큰 나를 창조해 갈 수 있다. 이것이 타자와의 관계론이다. 언제든 타자를 환대하라, 그렇지 않고 지나친 자기 방어와 보호는 너 자신을 무너뜨리게 될 것이다.

항상 수업이 시작되면 자리이동부터 한다. 뒷자리에 혼자 앉아 있는 학생은 앞으로 불러서 다른 학생들과 함께 앉힌다. 매일 끼리끼리 붙어다니는 유학생은 떼어서 한국학생들과 함께 앉도록 잔소리하고 서로 멘토가 되어줄 것을 부탁한다. 자리배치가 끝나야 비로소 수업에 들어간다.

다시 강의를 이어서 이뮤니타스의 개념을 더 밀고 나간다. 이뮤니타스의 면역체계라고 해서 신체에 모두 긍정적으로 작용하지 않는다. 적과 아군의 경계선이 불분명해지는 부정성도 드러낸다. 이것을 자가면역(autoimmune disease)이라 부르는데 외부의 적에 대항하기 위해 만들어진 항체가 몸 내부의 정상 세포를 적으로 알고 거꾸로 창을 돌려서 자기 신체와 면역방어체계를 공격하는 현상이다. 인체에서 류머티즘 관절염을 비롯한 100여 종이 넘는 질병도 내 몸이 내 몸을 공격하는 자가면역 질환으로 일어난다.

프랑스 철학자 데리다(Jacques Derrida)는 자가면역을 생물학적으로 파악하여 자신의 정치철학을 여는 데 은유한다. 먼저 데리다는 "자가면역 과정이란 살아 있는 존재가 흡사 자살하는 방식으로 자체 보호체계를 '스스로' 파괴하고 '자신의' 면역체계를 무력화시키는 낯선 행위"[6]라고 규정한다.

데리다는 자신에게 창을 겨누는 자가면역의 공격행위를 미국의 9·11테러에서 찾았다. 고전적 전쟁은 아군과 적군을 뚜렷이 구분하는 대립 살상행위였으나 테러는 피아의 전쟁 개념을 흩트려놓았다.

9·11테러는 냉전시대 소련의 아프간 침공에 대응해서 미국이 훈련시켰던 반군이 도리어 미국의 심장부를 공격하는 거대한 사건이었다. 자가면역은 아군이 아군을 공격하는 자살테러로서 너와 나를 구분하지 않고 신체 주체를 무질서한 상태로 몰아넣었다. 이후 미국은 악의 축이라는 장치를 다시금 끄집어내어 이슬람을 악마로 규정하고 대대적으로 반격하였다. 국민보호라는 명목 아래 자국민을 위협하고 내부적으로 적을 만들어 서로 혐오하고 인종적 테러도 마다하지 않는 자가면역의 현상을 보였다.

패망 직전의 독일이 외부의 적에 대한 방어보다는 홀로코스트라는 대량학살로 내부의 적을 없애는 일도 자가면역의 살인행위였다. 자기동일성과 내부주권을 유지하기 위해 외부에서 가상의 적을 만들어 차별화해서 공격하고 테러까지 일삼는 부정적 형태를 보였다. 무릇 "국가는 자기보호적이면서 자기파괴적이었다."[7]

우리가 함께 사는 아시아 등 외국인을 혐오하고 배제하고 억압하는 현실도 마찬가지이다. 여성 혐오, 성소수자 혐오, 난민 혐오도

'흡사 스스로를 파괴하는 자살형태'로서 민주주의를 지연시키고 스스로를 파괴한다.

자가면역의 자기파괴가 언제나 부정적이진 않다. 자기해체와 무질서 속에서 새로운 틈새가 보인다. 데리다는 자가면역을 긍정하여 진정한 민주주의가 이뤄질 수 있는 가능성까지 타진한다. 민주주의 실현을 '불가능'하게 만드는 자가면역이 다시 민주주의 실현을 '가능케' 할 수 있다는 역설적 방식이다.

여성이 임신했을 때 면역체계가 태아를 공격하면 생명 자체가 존재할 수가 없다. 몸은 외부의 이식장기에 대해서도 격렬하게 거부하기 때문에 인위적으로 면역억제제가 투여돼야 한다. 그런데 신체는 태아에 대해서 아무런 거부감을 보이지 않는다. 의학적으로 태아는 하나의 몸구조로 인식되어 어떤 저항도 받지 않는다고 한다. 자가면역은 태아를 외부의 적으로 알고 내쫓으려는 내부 면역체계를 공격해서 유산의 위험을 없애준다. 외부의 이질적 존재에 격렬하게 저항하는 자기보호체계를 무력화시키는 일종의 자기파괴 프로그램이 작동한 것이다.

자기파괴는 '흡사 자살형태'(quasi-suicidal fashion)이며 때로 자기를 해체하는 죽음이기도 하다. 여기서도 죽음은 생명을 낳는다는 아포리즘이 여지없이 작동한다. 데리다에게 자가면역은 죽음과 비슷한 형태로 내부를 해체하여 새로운 생명과 타자를 내 품에 안아 더 큰 자아로 재구성하여 성숙시키는 과정이었다.

자기방어를 무력화하는 '자가해체'는 이방인과 타자를 적극적으로 껴안아 열린 공동체로 나가게 한다. 민주주의를 '불가능'하게 만들었던 자가면역의 내부파괴가 이제는 새로운 차원에서 자기보호를 해체하여 외부 타자를 허용하고 민주주의를 진정한 길로 이끄는 '가능성'을 갖게 된 것이다. 불가능성의 가능성이다. 민주정치에서 자가면역은 스스로 반박할 가능성, 스스로 비판할 가능성, 스스로를 무한정 개선할 가능성을 내포한다.

내 몸의 면역체계로서 이뮤니타스는 끊임없이 사회와 정치의 영역을 오가는 은유로서 작동하였다. 이는 우리의 인식을 안팎으로 확장하는 동시에 '나의 몸과 타자와 공동체'는 뚜렷한 경계선 없이 서로 끝없이 교호한다는 것을 뜻하기도 한다.

데리다의 자가면역은 사회적 신체(social body) 차원에서 방어적 이뮤니타스가 포용적 코뮤니타스로 이행하는 필연성을 보여준다.

이 지점에서 칼 폴라니의 실체경제는 코뮤니타스와 결합한다. 이뮤니타스와 코뮤니타스는 이탈리아의 정치철학자 에스포지토 (Roberto Esposito)가 '열린 공동체'의 가능성을 탐색하기 위해 보다 정밀한 이론체계를 갖추게 되었다. 그는 communitas를 어원적으로 분석하는 데서 출발한다. 라틴어로 munus는 간단하게 '되돌려줘야 할 의무를 갖는 선물'을 말한다. immunitas에서 im은 부정을 뜻하는 접두어이기 때문에 이뮤니타스는 '선물을 주고받는 의무'(munus)로부터 해방되는 면역(免役)으로서 자기방어의 배타적 의미를 갖는다. communitas에서 com은 더불어(with)라는 긍정의 접두어이기 때문에 코뮤니타스는 '타인에 대한 의무와 부담'(munus)을 함께한다는 의미로서 공동체의 개방성을 강조한다.[8] 이런 분석의 틀은 '받고 되돌려줘야 하는 책무성'에 방점을 찍는 것인데, 칼 폴라니의 실체경제에서 가장 중심적 지위에 있는 호혜성과도 맞물린다.

시장경제는 공동체의 과잉에서 덧씌워지는 의무와 부담으로부터 면역된(immune) 방어적 이뮤니티였다. 제3자성의 시장 메커니즘은 가격교환 이외에는 그 어떤 책무로부터도 면책된 경제적 자유가 지배한다. 면역의 군사적 이뮤니티로는 자신의 몸을 온전히 지켜내지 못하듯이 시장의 방어기제만 갖고서도 사회 전체를 유지하지 못한다.

공동체 전체가 선물과 증여의 주고받음에 내재한 '주고받고 되돌려주는 의무와 부담'이 원시시대에서 시장경제가 출현하기 이전까지의 본질적인 사회계약이기도 했다. 상호이득은 일방적인 공짜 선물이 아니라 '상호간에 이뤄지는 증여'(mutual donation)에서 나왔다. 지금 이뮤니타스가 지배하는 시장경제에서 "계약은 무엇보다도 (주고받는 의무의) 선물이 아니라 온갖 선물의 의무(munus)에서 빠져나가는 일이다."[9]

인간은 언제나 외부에 개방되어 있으며 생명을 위협하는 이질적 질병과 죽음까지도 받아들일 수밖에 없는 취약하고 불안한 존재다. 신체의 방어적 이뮤니타스는 내 몸과 적대적인 외부를 받아들여서 나와 타자가 동거하고 공역하는 관용적 코뮤니타스로 넘어갈 수밖에 없다. 자신의 면역체계를 파괴하고 흡사 자살과도 같은 형태로 자신을 해체해서 이질적 타자를 받아들여야 생명을 잉태하고 더 큰 자아로 성숙하게 된다.

죽음은 생명을 낳는다. "코뮤니타스는 그 속에 죽음을 선물로 나른다."[10] "관용이 면역체계 그 자체의 산물이라면 나 이외의 타자를 거부하는 것이 아니라 자신의 몸 안에 타자를 포함하는 일이며 그것은 면역체계가 나아가는 힘이며 우리는 그 힘에서 효과를 얻는다."[11]

내 몸의 생명체에서 방어적 이뮤니타스가 관용적 코뮤니타스로 갈 수밖에 없는 필연성은 칼 폴라니가 사회공동체에서 떨어져나온 또는 탈착근된 경제를 다시 되묻어 재착근하는 작업에도 당위성을 제공한다. 책무성에 기반을 한 호혜성은 주고받고 되돌려주는 선물의 의무, 즉 munus의 관계로 이뤄진 코뮤니타스와 이어진다.

칼 폴라니의 호혜성에는 증여와 선물의 책무성이 들어 있다. 코뮤니타스의 호혜성은 선물 주고받음의 의무가 있다. 실체경제와 코뮤니타스의 호혜성은 '선물 주고받음의 의무가 면역(免役)되지 않는 호혜성'(community reciprocity)인 데 반해, 형식경제의 시장은 가격 중심의 교환체계에 의거하는 '면역된 호혜성'(immune mutuality)을 기반으로 한다.

우리가 이 땅에서 살아가는 동안 자연과 동료에게 빚졌던 부채로부터 면역된 경제적 자유가 아니라 '주고받고 답례하는 선물과 증여의 책무'를 추진력으로 하는 호혜성이 코뮤니타스의 핵심이기도 하다.

이탈리아 시민경제학자이자 독자적 경제윤리의 시각을 보여준 루이지노 브루니(Luigino Bruni)는 한걸음 더 나아가 무상성(無償性, gratuitousness)을 인간다움의 최고 진리로 받아들인다. 무상성은 대가와 보답을 생각하지 않는 나눔과 내어줌을 말한다. 그렇지만 무상성의 세계는 깨끗한 시장거래와는 달리 끈적끈적한 인간관계로 이뤄져 있기 때문에 언제나 위험한 만남과 때로는 고통이 될 수도 있는 경험을 수반할 수도 있다.[12]

시장은 인간 삶에서 필수적인 의무와 윤리가 면역되고 객체화된 가격을 매개로 하는 자유로운 '깨끗한 손'의 영역이다. 쉽게 말해 코로나 시대에 택배노동자와 만나지 않고 현관이나 택배보관함 같은 제3의 일정한 구역에서 상품만 받는 것이다. 당신이야말로 나를 위해 반드시 필요한 사람이고 당신이 없으면 오늘 당장 나는 아무것도 먹고 마시고 입을 수 없는 존재인데도 우리는 서로 불편한 눈빛을 피하며 시장으로 도망간다.

코뮤니타스는 사람과 사람이 서로 몸을 부대끼고 만나며 '인간답기에 투박하고 덜 깨끗한 손'으로 아무런 대가도 바라지 않고 기꺼이 나누는 무상성의 세계다. 여기서는 선물의 선의가 완성되기를 기대하며 서로 인간적 연대와 결속이 이뤄진다. 시장을 매개로 하지 않고 낯선 타자들이 서로 직접 마주하고 부딪히면 위험과 상처가 따르기도 한다. "그렇다고 해서 깨끗한 시장으로 도망가지 말고 그래도 우리는 인간다움으로 만나야 한다"는 것으로 브루니의 메시지는 요약된다.

타인과 함께하지 않고 남에게 도움 받지 못한다면 누구도 좋은 삶은 물론 자신의 기본적인 삶조차 유지하지 못한다. 우리가 코로나 시대에 생명을 유지하기 위한 면역(免疫)의 몸부림도 결국은 보이지 않는 곳에서 '공동체적 의무와 헌신의 무게'가 뒷받침하고 있었기 때문에, 말하자면 면역(免役)을 회피하지 않는 사람들이 있어서 그나마도 가능한 일이다. 서로의 위험과 고통을 무릅쓰고 열린 상처(opened wound)를 껴안는 '열린 공동체'로 나가야만 신체가 더 큰 자아로 성숙하고 건강한 공동체가 유지된다.

코로나 시대에 우리는 얼마나 많은 무상성의 공짜 선물을 누려왔던가를 다시금 절실히 깨닫는다.

하늘은 푸르고 강물은 은빛처럼 반짝이며 쉼 없이 바다로 흐른다.

창공에서 나는 새는 하늘이 보낸 사신이다.

쥐박구리는 자신의 본성에 따라 아름다운 소리를 뽐내고 벌은 꿀을 따기 위해 암술과 꽃술을 비비댄다.

지렁이는 땅속을 헤치며 바람이 스미는 통로를 만든다.

우리는 스피노자의 말대로 신의 본성이 필연적으로 드러난 '신 즉 자연'의 무한한 변용의 세계에서 무수한 만남과 떨림의 기쁨으로 온갖 공짜를 누리는 무상성의 세계에 산다.

우리가 제아무리 많은 답례를 하더라도 칼 폴라니가 말하는 도덕적 채무잔고가 제로일 수는 결코 없다.

우리는 언제나 넘치게 받아왔다.

부채를 다 갚을 수도 없고 다 갚지 못한다고 힘들어야 할 필요는 없다.

하늘을 우러러 한 줄기 부끄러움이라도 느끼고 깨닫는다면 그마저도 커다란 갚음이다.

무상성의 기쁨과 즐거움을 누리는 것도 이 땅에 태어난 우리에게 주어진 선물이다.

위기의 시대에 칼 폴라니는 '거대한 전환'을 요구한다. 공동체 이후 시장경제와 경제학이라는 사회과학이 면역(免役) 프로젝트였다면 이제 전환시대의 경제학은 위험에 노출되고 불안하고 취약한 인간들이 아픈 상처를 공통성으로 삼아 공역(共役)의 프로젝트로 나가야 한다.

등자는 킬러 애플리케이션의 시작이었으며 역사적으로 악의 축과 밀접한 관련을 갖는다. 봉건영주에게 부여된 이뮤니타스는 내 몸의 면역체계로 은유되었으며 자가면역과 함께 신체의 바깥 영역을 다양하게 해석하는 개념도구로 작동하여 우리의 인식을 안팎으로 넓혀놓았다.

수업이 시작되었을 처음에 우리 개개인은 각기 동떨어진 개별자였다. 강의시간이 흐르면서 학생 개개인을 둘러싼 자기면역체계의 보호막이 자가면역으로 해체되고 나는 타인에게 문을 연다. 내 몸과 타자는 뚜렷한 경계선 없이 서로 끝없이 교호하면서 강의실의 공동선(common good)을 이룬다.

점차 강의가 무르익어 과거 사실이 현재로 들어와 역사가 되고 서로의 지적 흐름과 감성이 우리 모두를 감싸면서 네가 내가 되고 내가 그대가 되어 그 무엇인가를 생성하는 존재가 되어간다면 이보다 더 좋은 수업은 없을 것이다.

　　단순하게 그냥 나 혼자 타인과 떨어져 '~홀로 있기'라는 의미에서 독립적인 개별 존재(being)의 집합이 이뮤니타스라면, 내가 네가 되고 네가 내가 되는 '~함께 되기'의 더 큰 공동체의 생성(becoming)은 코뮤니타스라고 하겠다. 그것은 생명이 죽음을 껴안고 자기를 해체하여 타자를 받아들임으로써 더 큰 자아로 나가는 길이기도 하다.

　　수업이 끝나고 복도로 나오면서 독백한다. 그렇지만 자기파괴가 죽음으로 그냥 끝나 무질서의 타나토스(thanatos, 해체와 죽음)로 사라질 것인지, 아니면 무질서의 혼돈이 새로운 질서를 낳은 계기가 되어 새로운 생명을 잉태하고 더 큰 에로스(eros, 생성과 생명)의 세계로 나갈 것인지는 불확실하다. 불안과 희망은 언제나 함께한다.

제3부

스피노자,
기쁨의 경제로 가는 길

데카르트가 경제학에 끼친 폐해

처음 고전학파 경제학의 탄생도 그렇고 시대적 변곡점에 대응하여 경제학을 근본적으로 바꾸려는 방법론적 시도는 신과 인간의 관계를 근본적으로 묻는 기존 형이상학이나 과학적 패러다임에 의문을 던지곤 했다. 형이상학이란 외부의 어떤 것에도 의존하지 않고 세계 모든 존재의 궁극적 근거가 되는 실체와 원리를 구명하고 무한한 신과 유한한 인간의 존재관계를 탐색하는 본질적 작업이다.

경제학의 원조가 되는 애덤 스미스는 신과 인간의 존재조건을 새롭게 규정한 근대철학이나 뉴턴의 기계론적 과학 패러다임을 출발점으로 삼았다. 베블런은 신이 있는지 없는지 알 수 없다는 불가지론과 창조론을 뒤엎은 다윈(Charles Darwin)의 진화론에 근거하여 기존의 경제학과 대립하는 진화와 제도 경제학을 열었다. 칼 폴라니도 경제학자로서 신을 통한 유한한 삶의 성찰, 실체경제학의 구상,

시장경제의 위협에 대항하는 사회적 연대와 보호, 도덕과 자유의 가치를 새롭게 끌어내려 치열하게 고민했다.

사회과학으로서 경제학은 인간의 살림살이와 행복을 범주로 다루고 있기에 삶의 궁극적 본질과 맞닿아 있는 형이상학을 결코 비켜갈 수 없다. 물론 주류의 형식경제학은 물질적 이득과 효율성을 자기 주제로 삼는 만큼 인간의 본질을 탐색하는 작업은 '필요도 없을 뿐더러 아예 불편하기' 짝이 없었을 것이다. 어차피 물질적 이득과 인간존재의 문제는 서로 차원도 다르고 속성상 양립조차 불가능하다.

경제학은 형이상학을 어떻게 처리했을까?

주류경제학은 무한과 유한성의 문제를 형이상학의 본질과 너무나 동떨어지게 물질의 감옥에 유폐시키는 방식으로 해결하였다.

구체적으로 경제학은 형이상학을 어떻게 처리했을까? 우선 먼저 영리하고 만만치 않았던 시장경제학자들은 도덕적 양심의 개념까지 포괄하는 애덤 스미스의 '보이지 않는 손'을 본래 의도와는 달리 시장 가격기구에 내재하는 신의 섭리로 둔갑시켰다. 수요와 공급의 자기조정시장을 보이지 않는 손이 작용하는 신의 영역으로 만들어 인간과 경제활동의 궁극적 작동지점으로 삼았다. 국가든 개인이든 누구도 신격을 부여받은 자연적 존재, 즉 그리스 철학의 피지스(physis, nature, 자연)처럼 되어버린 시장기구에 간섭해서는 안 되었다.

신이 되어버린 시장경제 메커니즘은 무한과 유한성의 문제도 흡수했다. 무한성은 인간욕망에 투사되어 '무한한 욕망'의 물신으로 세속화하고 유한성은 수단의 희소성으로 바뀌었다. 철학의 형이상학은 경제학에서 시장(신)=욕망(무한성)+수단(유한성)의 도식으로 배치되어 물질동력을 제공하는 장치로 작용하였다.

인간의 욕망은 무한하게 팽창되어 영화 〈설국열차〉의 무한궤도를 달리는 불멸의 에너지가 된 셈이었다. 경제학은 철학을 대신하여 무한과 유한의 형이상학을 자신이 만든 엔진 칸에 유폐시키고 원동자(primer)가 되어 세속의 왕좌를 누려왔다.

강단에서 배우는 경제학 교과서는 "어떻게 하면 유한하고 희소한 수단을 가지고 무한한 효용과 기쁨을 누릴 것인가"를 문제설정(problematic)의 틀로 내세워 해법을 구한다. 질문 속에 답이 있듯이 '유한한 수단과 무한한 욕망충족'을 위한 최적화 원리의 추구는 효율·경쟁·합리성이라는 해답으로 이어진다. 합리성(rationality)은 글자 그대도 제약된 예산을 어떻게 비율(ratio)로 나눠서 재화와 서비스의 구입에 배분하여 최대효과를 얻느냐 하는 문제다.

경제학을 배우는 학생들은 수학과 계량의 분석도구로 찾은 최적의 해법이 '합리적'이라 자부하겠지만 삶의 본질을 탐구하는 이성적 존재는 점차 차가운 계산기에 갇힌 수인(囚人)이 되거나 계산하는 도구적 이성의 존재로 추락해 버리게 된다.

경제학만큼 학습과 이론의 영향력이 큰 학문도 없다. 경제학은 학습자의 행동은 물론 관찰대상과 현실까지 바꾼다. 자연과학도가 연구한 가설 검증과 이론은 세계를 해석하는 데 유용하지만 자연계와 물리적 실재에 직접 영향을 끼치지 않는다. 자연과학은 지구가 태양을 중심으로 움직이는 공전운동을 바꿀 수는 없지만 경제학은 그렇지 않다. 인간은 이기적인 동물이라는 경제학의 전제는 학생들에게 최소비용과 최대만족의 극대화 논리에 맞춰 행동하도록 이끄는 수행성(performativity, 행위를 야기하는 언어행위)을 부여한다. 주류경제학은 자유시장주의 권력의 이데올로기와 결합하여 지구 전체가 시장경제를 중심축으로 공전운동하도록 바꾼다.

형이상학은 삶과 죽음의 여정에서 신과 인간의 본질적 관계를 묻고 우리 삶의 근본은 무엇인가를 끊임없이 성찰하게 해준다. 그런데도 무한과 유한성의 철학을 편협한 계산기에 넣어 두드리는 경제학의 오만은 분명 신을 분노하게 했을 것이다.

경제학의 박스에 갇힌 속류의 무한성은 유한한 인간의 욕망에 투사되어 다다익선(the more, the better)을 최고의 선으로 삼아 유한한 자연자원을 끊임없이 생산에 동원해 생태계를 파괴하거나 금과 화폐를 불멸의 물신으로 숭배하는 왜곡형태를 띠었다. 무한한 인간의 욕망은 무한성장의 궤도를 달리는 에너지와 자원이 뒷받침돼야 한다. 유한한(finite) 지구에서 무한한(infinite) 욕망에 맞춰 무한하게 에너지를 채굴(extraction, 착출)하는 경제성장의 한계는 명확하다.

고대철학의 플라톤과 아리스토텔레스의 형이상학까지 올라가 보면 우리의 삶이 신과 인간존재의 궁극적 본질을 놓치고 '경제학의 형식도구'에 감옥처럼 갇혀 있음을 어렴풋이나마 알게 된다.

비대면 동영상수업이라 어렵지 않게 르네상스의 거장 라파엘로(Raffaello Sanzio)가 그린 〈아테네 학당〉을 올린다. 한가운데 플라톤과 아리스토텔레스가 서로 대화를 나누는 장면에 주목한다. 흥미롭게도 두 사람이 손을 들어 가리키는 방향은 제각기 다르다.

플라톤은 사물의 참된 실재는 영혼이 존재하는 이데아 세계에 있기 때문에 하늘을 가리킨다(하늘을 가리킬 때 옆구리에 끼고 있던 책은 형이상학인 이데아론이 담긴 『티마이오스』). 아리스토텔레스에게 사물의 본질은 사물을 초월해 있는 것이 아니라 사물 안에서만 찾아질 수 있었기에 손끝은 사물들이 존재하는 현실세계의 지상을 향한다(땅을 가리킬 때 왼쪽 손에 들고 있던 저서는 인간 삶의 윤리를 탐구하는 『니코마코스 윤리학』).

플라톤에게 지상의 모든 현실적 존재는 무한한 하늘의 이데아가 비춘 복제품에 지나지 않았다. 현실은 덧없으며 이데아의 그림자일 뿐이었다. 아리스토텔레스는 현실과 동떨어진 초월적 이데아를 지상으로 끌어내려서 유한한 사물과 통일시킨다. 무한성의 이데아는 사물의 본질에 내재화하여 형상(form)으로 바뀐다. 형상은 사물이라는 질료(material)가 미래 가능성을 향해 끊임없이 제 모습을 드러내도록 만드는 본질이 된다.

인간에게 형상은 신의 본질이자 이성(logos)으로 작용하며 인간답고 행복한 삶의 목적은 다름 아닌 신성(神性)을 구현하는 데 있었다. 신은 어느 것에도 의존하지 않고 스스로가 원인이 되는 최초의 원동자 또는 부동의 원동자(unmoved prime mover)가 되어 인간이나 현실 사물을 일정한 목적으로 이끈다. 모든 활동은 하나의 목적(telos, 텔로스)을 궁극적 이상으로 삼는다. 사물이 형상을 따라 변화하는 운동과정은 최종적인 목적이 있기 때문이다.

인간의 행복한 삶은 자신 안에 내재한 신성을 발휘하는 것, 즉 에우다이모니아(eudaimonia, a good deity)의 형상과 목적을 향해 완성된 모습으로 변화하는 데 있었다.

자연은 형상에 따른 완성된 모습을 나타내기 위해서 끊임없이 움직이는 능동성을 본질적 속성으로 지닌다.

신발의 기능은 사람들이 편하게 활동할 수 있는 사용가치에 목적을 둔다. 그런데 사람이 신발을 돈벌이용으로 만든다면 사물의 형상과 본래 목적에 어긋나며 자연스럽지 못한 행동이 된다. 각자 사물의 용도와 목적은 신이 규정한 형상을 따라야 한다는 목적론이 아리스토텔레스의 핵심이다.

플라톤과 아리스토텔레스의 초월적 신 또는 내재적인 신성은 중세시대를 거치면서 기독교 세계와 연결되어 신과 인간의 조건을 규정하는 흐름으로 작용한다. 신은 자신 스스로 영원하고 완전한 존재이며 현실세계에서는 자신의 가능성을 실현하는 동경의 대상이며 목적이 된다.

헤겔(G. W. F. Hegel)에 와서 무한은 초월적 관계로서 유한과 서로 동떨어져 있거나(플라톤) 유한한 질료가 무한의 형상을 실현하는(아리스토텔레스) 데 있지 않게 되었다. 중세가 무너지고 근대 계몽시대를 맞이하여 인간의 정신은 신을 대신하여 역사를 움직이는 원동력이 되었다.

인간에게만 고유한 이성의 능력은 세계정신이라는 무한성을 사유하고 있었다. 유한자는 이성의 힘과 정신을 갖고 스스로 자신을 계기로 삼아 무한자를 인식하기에 이른다. 무한한 세계의 정신은 유한자로 들어와서 자기반성의 계기를 부여하고 여기서 인간은 다시 자신의 모순을 깨닫고 스스로 부정하며 더 나은 발전으로 나가는 정반합의 변증법적 운동을 통해 절대정신에 이른다. 헤겔은 무한을 유한의 내적 동태라고 했다. 무한을 동력으로 삼아 유한자가 이성의 진보라는 계단을 통해 도달하는 목적지는 궁극적으로 세계정신이었다.

헤겔에게 이성의 자기실현이라는 기나긴 여정은 궁극적으로 절대정신을 실현하는 목적론적 과정이었다. 유한성은 최종지점에 다다라 무한으로 환원되어 동일화하고 절대정신은 기독교 신의 또 다른 이름이나 마찬가지였다.

사실 헤겔 철학은 자신보다 100년이나 앞섰던 스피노자(Baruch de Spinoza)를 비틀었던 것에 지나지 않았다. 스피노자와 그의 제자를 자청했던 헤겔은 자연을 신과 같이 무한한 활동의 주체로 보았다.

먼저 거대한 우주를 푸르른 호수로 생각해 본다. 호수에 거대한 회오리가 몰아쳐서 하늘로 솟구친다. 호수의 물방울은 너나 할 것 없이 '작은 물방울에 아롱진 하늘빛'처럼 유한자가 무한자를 품으면서 거대한 용솟음으로 상승하여 하늘과 맞닿으려는 수직폭포로 나타난다. 도식의 오류를 무릅쓴다면 헤겔 철학은 곧 스러질 물방울,

즉 유한한 개별자의 정신은 자신에 깃든 무한성을 계기로 삼아 자기반성, 부정의 극복과 긍정을 통해 끊임없이 이성의 진보를 꾀하여 궁극적으로 영원한 하늘(절대정신)에 다다르려는(인식하는) 이미지로 그려볼 수 있다.

다른 비유를 들어, 헤겔의 형이상학은 정상(절대 무한정신)까지 코스가 그려진 지도를 보며 산에 오르는 등산객(유한 개별자의 인식)이 산길을 걸으면서 수시로 지도를 보고(절대정신의 자기복귀) 다시 코스를 수정하거나 부정하고 긍정하며 끝없이 산꼭대기로 올라가는 인식의 여정으로 이야기할 수 있다. 마침내 등산객(개별성)이 정상(보편성)에 도달하게 되면 절대정신은 개별(유한)과 보편(무한)을 통일하고 자기의 실현이라는 목적을 이루게 된다.

스피노자의 호수는 헤겔과 다르다. 호수의 표면에는 하늘이 길게 비치고 맞닿아 서로 너울진다. 푸른 호수가 하늘인지 푸른 하늘이 호수인지 참으로 모호하다. 거센 바람에 돌멩이 하나가 떨어져 물방울이 튕기자 호수는 동심원으로 출렁인다. 호수는 물방울이라는 유한자가 자기네들끼리 부딪치고 접속하고 변형되었다가 서로 다른 물길로 합쳐졌다 갈라지며 쉴 새 없이 모습을 바꾼다. 호수표면에 내려앉은 하늘의 푸른빛도 물방울끼리 겹치고 부딪칠 때마다 조각처럼 반짝이며 물 위에 너울진다.

호수에 너울지는 하늘의 푸른빛은 비유적으로 무한한 신적 본성이 드러나 있다고 봐도 좋다. 호수 표면이라는 자연세계에서 유한자들의 접속·접합·변형이 무한하게 유기적으로 연결되어 전체를 이루는 것 자체가 무한한 신의 모습이었다. 호수의 물방울처럼 인간, 나무 한 그루, 돌멩이, 풀 한 포기 할 것 없이 모든 자연은 신의 모습이 변용된 것으로서 양태(mode)였다.

신은 외부의 초월적 존재로서 자연(물방울과 호수)을 창조하고 외부에서 힘을 부여하는(초월적transcendent 외부원인) 절대자가 아니었다. 자연은 신의 무한한 힘을 내재적으로 부여받아 자신의 모습을 무수한 방식으로 끊임없이 변용한(내재적immanent 자기원인) '신의 또다른 표현'이었다. 호수와 푸른 하늘이 하나이듯 신과 자연도 서로 하나였다.

헤겔에게 유한한 물방울은 절대정신의 인식에 도달하려는 '수직적이고 목적론적 과정'을 통해 무한자로 흡수된다. 스피노자의 물방울은 서로 접속하고 결합하고 변용되어 '수평적으로 무한한 연결고리'를 이루는 전체성 자체가 곧 무한한 신이 된다. 이것을 스피노자는 '전체 우주의 얼굴'(Facies Totius Universi)로도 표현한다(『스피노자 서간집』, 서신65).

헤겔의 유한자는 어떤 모습이든 무한자의 하위계열에 내려서 있다. 스피노자의 유한자는 무한자의 변용이기 때문에 각기 모습만 다를 뿐 서로 동등하다. 유한자는 스스로가 무한자의 변용이고 자기네들끼리 서로 관계를 맺으며 끊임없이 변용하여 각자의 존재를 보존하기 때문에 헤겔처럼 처음부터 유한자가 무한자를 향해 운동한다는 목적론도 존재하지 않는다.

헤겔을 수직 위계적 질서의 목적론이라고 한다면, 스피노자는 수평적 네트워크 세계의 반목적론이다. 이것은 질 들뢰즈(Gilles Deleuze)와 펠릭스 가타리(Félix Guattari)가 『천 개의 고원』(*Mille Plateau*, 1980)에서 말하는 수목(樹木)과 리좀(rhyzome) 모델에 비유할 수 있다.

수목체계는 하나의 뿌리가 모든 줄기와 가지와 잎을 거느린다. 거대한 나무는 한 점 태양을 향해 뻗어가면서 초월적 지위를 누린다. 중심이 위계적 질서를 거느리며 모든 의미를 결정한다. 리좀 모델은 하나의 무한성을 향한 목적론적 과정을 거부하고 수많은 유한의 이질적인 것들이 접속하고 포용하며 다양성의 세계로 나간다. 리좀은 줄기가 뿌리와 비슷하게 땅속으로 뻗어나가는 땅속줄기 식물을 가리킨다. 수평으로 나가면서 덩굴들을 뻗고 새로운 식물로 자라나며 하나의 중심 구조로부터 자유로운 저마다의 중심을 수없이 만들어간다.

경제학이라는 학문도 우리 삶의 실체조건이라 할 수 있는 신·자연·인간의 본질적 관계에서 '겸손하고 소박한' 매우 작은 지류에 지나지 않는다. 그런데도 무한과 유한의 형이상학을 '유한한 수단과 무한한 욕망의 만족'이라는 형식(form)에 가둬놓고 신과 자연을 수직적으로 지배하는 제국주의를 만들어왔다. 그것은 인간이라는 양태가 거꾸로 '실체 또는 만물의 생성원인=자연=신'을 감옥에 집어넣고 스스로가 신이 되고자 했던 과잉된 이성의 거대한 오류이자 비극이었다. 생태계의 반란이었던 코로나19 사태도 근원적으로는 여기서 기원한다.

어디서부터 경제학의 방법론적 오류가 시작되었을까? 그것은 역시 경제학 방법론이 뿌리를 내리고 있는 형이상학적 전제를 탐색하면 된다.

　신고전학파의 주류경제학을 구성하는 견고한 핵(hard core)은 시장의 균형과 안정, 가격이론, 호모 에코노미쿠스, 합리성, 최소비용과 최대의 만족이라는 극대화, 효율과 경쟁에 있지만 좀더 경제철학의 뿌리를 건드리면 거기에는 데카르트(R. Descartes)의 이성과 뉴턴(I. Newton)의 기계론적 사고가 자리 잡고 있다. "데카르트의 이성과 뉴턴의 기계론적 사고는 당시 원자론적 개인주의, 자유와 경쟁을 통해 사회의 질서와 발전이 가능하다는 경제학적 사고를 가능하게 해주었다."[1]

　중세에서 근대로 이행하는 시기에 데카르트와 뉴턴의 기계론은 세계의 궁극적인 근거 또는 참다운 진리를 인식하는 기준을 부동의 실체, 즉 신의 존재에서 구한다. 데카르트의 형이상학에서 신은 세계를 창조하고 자연만물의 운행에 법칙을 부여하는 초월적 존재였다. 뉴턴 역시 신을 거대한 시계제작자로 인식하고 세계는 신의 섭리와 규칙적인 법칙에 따라 사회적 조화를 이룬다는 이신론(deism)의 입장에 서 있었다. 데카르트와 뉴턴의 기계론은 신을 인간 외부의 완전한 초월적 존재로 파악하는 신학적 패러다임을 공유한다.

　신고전학파 경제학의 견고한 핵은 데카르트와 뉴턴의 초월적 신학과 기계론을 형이상학적 전제로 삼아 지식을 생산해 왔다. 오늘날 데카르트와 뉴턴의 형이상학과 이신론이 더 이상 타당하지 않다면 신고전학파 경제학이 아직도 견지하고 있는 견고한 핵은 물론 지식과 이론 체계도 당연히 바뀌어야 하지 않을까? 아울러 동시대에 데카르트와 대척점에 서 있으면서 그와 형이상학의 출발지점부터 달랐던 스피노자의 철학을 통해 탈데카르트 경제학(de-Cartesian economics)의 모습도 그려볼 수 있다.

호문쿨루스(homunculus)와 자폐적 경제학

데카르트 철학은 '생각하는 나의 존재'(cogito)를 궁극적 토대로 삼아 근대이성 중심의 보편적 학문체계를 수립하는 데 결정적인 역할을 하였다. 데카르트는 신의 권위, 감각경험, 수학적 추론에서 나오는 지식을 극도로 의심하는 방법론적 회의를 거듭한다. 모든 것을 의심해도 의심할 수 없는 단 한 가지는 내가 의심하며 사유하고 있다는 실존적 결론에 도달한다. 마침내 "나는 생각한다. 고로 나는 존재한다"(cogito, ergo sum)라는 제1명제가 이끌려나왔다.

인간은 신으로부터 벗어나 독자적으로 '생각하는 나'가 되었다 하더라도 아직도 불확실한 감각이나 망령에 휘둘리지 않고 완전성을 보장받을 필요가 있었다. 데카르트는 불완전을 통해 완전함에 이르는 방법에 착안하였다. 불완전하다는 개념 또한 완전함(perfection)을 전제로 한다. 완전함을 알고 있기에 자신이 불완전하다고 생각한다. 완전한 원의 관념을 가지고 있었기에 종이에다 삐뚤빼뚤하고 불완전하나마 몇백 번이라도 원을 그릴 수 있다. 완전한 존재의 관념은 어디서 오는 것일까? 완전한 존재인 신으로부터 주어질 수밖에 없다. 불완전한 인간에게 완전성을 인식할 능력은 신이 생각하는 나에게 이성의 확실성을 보장해 주는 증거가 된다.

데카르트는 불완전한 인간이 완전한 이성을 부여받았다는 것을 입증하기 위해 다시 역설적으로 신을 끌어들였다. 데카르트 철학은 근대적 세계관을 제시했지만 아직도 신이 지배하는 중세적 세계관을 벗어나지 못했다.

데카르트의 인간은 신적 지성을 부여받은 근대이성의 주체로 탄생하게 되었다. 인간이성(정신)이 완전성을 부여받음에 따라 신체(감각과 경험)는 정신과 분리되어 불완전한 지위로 떨어졌다.

데카르트는 인간을 정신과 신체(물체)로 구분한다. 정신이라는 실체는 생각하는 성질로서 사유(thought)를 공통 기반으로 한다. 신체(자연만물, 물질과 물체)는 물리적으로 공간을 차지하는 연장(延長, extension)에 뿌리를 둔다. 실체(substance)는 어떤 것에도 의존하지 않는 자기원인으로서 영원히 변화하지 않고 모든 현상의 배후에 있는 불변적 본질을 뜻한다.

데카르트는 세계를 존재론적으로 두 개의 독립된 실체로 나누는 실체이원론을 대표한다. 인간은 사유와 연장의 실체, 다시 말해 정신과 신체라는 두 개의 실체가 결합해서 만들어진 존재다. 신적 지성을 부여받은 완전한 사유(정신)는 불완전한 연장(신체와 물체)보다 언제나 우위에 서 있다. 데카르트 철학에서 신체(물체)는 태엽을 감아줘야만 움직이는 자동인형처럼 영혼도 없으며 일정한 법칙에 따라 움직이는 기계에 불과했다. 데카르트에 와서 근대인간은 완전한 이성의 주체가 되어 자연의 물질세계와 불확실한 신체를 마음껏 지배하고 통제할 수 있는 계기가 마련되었다.

데카르트는 정신=신적 이성을 중심점으로 삼고 그 이외 인간신체와 더불어 동물이나 모든 자연만물은 창조주 신의 의지와 계획에 따라 움직인다는 기계론적 세계를 펼쳤다. 데카르트 철학 덕분에 신의 대리인을 자처하는 이성의 질주는 자연을 기계적 법칙에 따라 파헤치고 드러내서 과학문명과 물질적 성취를 이뤄내는 데 크게 기여했다.

데카르트의 형이상학과 이성 중심적 사고 그리고 기계론의 자연과학은 신고전학파 경제학의 분석방법에도 중대한 영향을 미친 만큼이나 엄청난 폐해를 끼쳤다.

경제학의 인간이성은 완벽한 지식과 정보를 가지고 철학에서 말하는 명석·판명한(clear and distinct) 진리에 도달하기 위해 감각이나 경험·느낌·기쁨·고통과 같은 불확실한 신체적 흐름을 철저히 물리쳤다. 인간의 감각적 경험은 상위의 지배적 이성이 계산하고 합리적으로 판단하기 위한 자료수집의 하위체계에 불과하였다.

어느 경제학 교과서든 첫머리에는 한계효용체감의 법칙이 빠짐없이 등장한다. 우리는 사과 하나를 먹다가 점점 개수(Q)를 늘리면 처음에는 사과의 한계효용(marginal utility)이 체증하다가 정점의 불포화상태 이후 효용이 체감하여 마침내 고통(비효용, disutility)상태에 이른다. 신체의 한계효용체감은 +10→+6→+4→+2→+1→0→-1→-2…

라는 숫자로 나타난다. 사과를 통한 신체의 쾌락과 고통이라는 주관적 감각은 차가운 이성의 합리적 판단을 거쳐 데카르트가 가장 확실한 지식으로 여기는 수학적 계산으로 환원된다. 마치 인간의 모습은 여러 갈래의 문어다리가 수많은 촉수로 받아들인 외부감각과 경험을 컴퓨터처럼 커다란 머리통이 차갑게 계산하고 통제하는 문어와 다를 것이 없게 되었다.

머리통이 큰 문어의 모습은 경제학에서 호모 에코노미쿠스(경제적 동물)의 모습이며 좀더 정확히는 호문쿨루스 에코노미쿠스(homunculus oeconomicus)라고 부른다. 호문쿨루스는 작은 인간[極微人]이라는 뜻으로 모든 신체의 경험과 감각을 배제하고 순수한 이성의 산물로 구성된 인위적 인간으로서 '통 속의 뇌'(brain in a vat)라고도 한다. 데카르트는 인간의 머리통에 있는 매우 작은 난쟁이 호문쿨루스가 순수한 컴퓨터처럼 작동하여 신체를 지배하고 명령한다고 보았다.

정신이 신체를 통제하기 위해서는 서로를 연결해 주는 통로가 전제돼야 하는데, 문제가 발생했다. 정신과 신체는 별도의 독립된 실체로 이뤄져 있다는 실체이원론(심신이원론)과 충돌하게 되는 것이었다. 데카르트의 심신이원론에서 '비물질적 실체=정신'과 '물질적 실체=신체'는 완전히 별개로서 상호 아무런 관계도 없어야 했다. 이럴 경우 정신과 신체는 제각기 활동하여 서로 통제 불능의 혼란상태로 빠질 수밖에 없었다.

데카르트는 정신과 신체의 이원론이 갖는 딜레마를 해결하기 위해 궁여지책을 짜냈다. 정신이 신체를 통제하고 신체는 외부세계에 대한 감각정보를 정신에 전달하는 심신 상호작용의 연결고리를 만들었다. 바로 뇌 중심에는 솔방울만한 송과선(松果腺, pineal gland)이 있어서 정신이 신체의 반응을 얻어 몸을 통제하는 제3의 초월적 공통점이 있다고 가정하였다. 송과선은 데카르트가 억지로 만든 오류였으며 지금껏 해부학적으로 증명되지도 않았다.

정신과 신체의 이원론은 데카르트의 극장(Cartesian theater)으로도 비유된다. 데카르트의 송과선은 뇌에 자리 잡은 호문쿨루스였다. 작은 난쟁이는 태권V와 같이 머리 조종실에 앉아서 오감으로 입력되는 바깥 장면을 스크린으로 보고 레버를 조종하여 로봇을 통제하는 가상의 조종사가 된다. 영화와 같은 스크린과 조종사(또는 관찰자)의 관계가 데카르트의 극장모형이었지만 결국 허구였음이 드러났다. "송과선은 영혼으로 메시지를 보내는 팩스도, 뇌에 자리한 대통령 집무실도 아니다. 한마디로 뇌 안의 [송과선 같은] 관찰자는 없었다."[2]

신고전학파 경제학은 존재하지도 않는 호문쿨루스 에코노미쿠스를 설정하여 인간의 경험이나 외부자극에서 발생하는 정념(passion)[3]을 무시하고 신체의 감각을 사후적인 데이터로 삼아 계산해내는 순수한 사고실험을 진행해 왔다. '통 속의 뇌'처럼 최소비용과 최대만족을 얻어내기 위해 신체에 최적의 결정을 지시하고 감각데이터를 받아들이는 차가운 컴퓨터를 인간의 뇌에 억지로 집어넣었던 것이다.

우리가 일상에서 사과를 먹는 기쁨은 개인마다 천차만별이다. 사과를 먹으며 달콤한 대화를 나누고, 시골에서 몰래 훔쳤던 사과밭의 옛 기억도 떠올리며, 사과 하나로 비극이 벌어진 트로이의 목마를 연상하고 신화에 취하는 즐거움은 우리를 잠시나마 행복으로 이끈다. 한계효용체감의 법칙에서 사과의 양은 객관화된 계산을 통한 양적 효용에만 집중한다. 정작 우리 삶에서 가장 행복한 '경험과 기억과 타인과의 즐거운 기쁨'은 호모쿨루스 에코노미쿠스가 '나머지'(residual, 잔여 또는 찌꺼기)로 취급하여 배제시켰다.

통 속의 머리와 호모쿨루스에 갇힌 경제학은 순수한 이성과 확실한 지식수단인 수학에 의존하여 신체를 통해 들어오는 외부세계의 경험과 현실을 철저히 무시하였다. 이것에 자폐적 경제학(autistic economics)이란 이름이 붙었다.

2000년 6월에 프랑스의 경제학과 학생들이 탈자폐적 경제학(postautistic economics)이 필요하다며 청원하였다.[4]

우리는 구체적 현실과 경험에 근거하지 않고 상상 속에서만 그려진 세계로부터 벗어나길 원한다.

우리는 무분별하고 통제받지 않는 수학의 사용을 반대한다.

수학은 도구이지 목적이 아니다.

경제학은 다원주의적 접근으로 실업, 불평등, 자유무역의 장단점 등의 문제를 다루어 우리 인간을 위해 존재해야 한다.

교수와 강의자들은 너무 늦기 전에 깨달을 것을 요청한다.

자폐적 경제학은 '메트릭스 경제학'이라고 불러도 무방하다. 지금도 데카르트 철학이나 가상과 현실 세계에서 실존의 문제를 비롯해 다양한 주제로 소환되는 고전영화 〈매트릭스〉(1999)는 인공지능(AI)이 지배하는 2199년의 가상세계를 배경으로 한다. 인간은 태어나자마자 곧바로 AI가 만든 인공자궁에 갇혀 건전지처럼 인체의 열과 뇌파의 전기를 공급해 주는 에너지로 사용된다. AI는 인간에게 매트릭스라는 프로그램을 입력하여 1999년의 가상세계를 살아가도록 조작한다. 인간의 뇌는 프로그램 안에서 AI의 철저한 통제를 받는다. 보고 느끼는 것들은 항상 AI의 검색엔진에 노출되어 있으며 모든 기억들은 새롭게 입력되거나 삭제된다.

　　나 자신 가끔 어떤 일을 결정할 때 나도 모르게 빨간 약을 먹어야 하나 푸른 약을 먹어야 하나 고민한다. 〈매트릭스〉 영화의 기억 때문이다. 빨간 약은 매트릭스 밖의 현실세계로 탈주하는 것이며 푸른 약은 가상세계에 그대로 머물러 안주한다는 선택이다.

　　매트릭스 경제학은 시장경제라는 가상의 연극 프로그램을 뇌 속에 심어놓고 관찰하며 통제하고 시장 바깥의 현실세계는 차단시켜 버리는 자폐적 경제학의 다른 버전이라고 하겠다. 슬라보예 지젝은 매트릭스가 데카르트를 반복한다고 지적하면서 "실재와 결합하고자 하는 욕망이 매트릭스를 거부하도록 한다"[5]고 하지만 지금도 실재(reality) 세계의 비참한 현실을 떠나 잠시라도 착각과 환상의 즐거운 세계로 퇴행하기 위해 스마트폰의 매트릭스로 들어가는 삶들이 많기도 하다.

화이트헤드(Alfred North Whitehead)는 데카르트적 이성이 "정신은 자신 안에서 그 자체로 생산한 그리고 어떤 의미에서는 자기 내부에 가지고 있는 것만 알 수 있다는 암묵적 가정에 전적으로 의존하고 있다"[6]며 외부세계와 차단된 자폐적 구조를 지적한다. 데카르트에게 이성과 정신은 수학적 인식을 최고의 이상형으로 설정한다.

데카르트가 정신이 세계와 전혀 관계를 맺지 않은 탓에 공동 감각(common sense)을 상실했다고 비판한 아렌트(Hannah Arendt)도 지적한다. "정신은 바깥에서 주어진 관념적 형상들[ideal forms, 외부의 감각이 정신에 새긴 관념의 형태]이 아니라 정신 그 자체가 산출한 형상들을 최고의 인식대상으로 삼는다. 특히 정신은 대상에 의한 감각기관의 자극이나 사소한 반응도 전혀 필요로 하지 않는다. 오직 정신 자체만을 최고로 삼는다. 데카르트에게 이성은 결과를 계산하는 것, 즉 추론하고 결론을 끌어내는 능력이었다. …감각을 박탈당한 인간은 단지 추론할 수 있는 동물, 즉 '결과를 계산할 수 있는 동물'일 뿐이다."[7]

데카르트가 주류경제학에 끼친 폐해는 "기계적이고 수학적이며 결정적이고 이성적인 세계에 의존하도록 만들었다"[8]는 것이다. 불확실한 감각과 경험을 배제한 데카르트의 이성은 신고전학파 경제학에 경험적 실재와 동떨어진 추상성, 수학과 논증, 기호로 구성된 경제모델을 통해 세계를 바라보도록 했다.

경제학이 표상하는 합리적 세계는 언제든 수학과 기호로 환원된다. 수리와 기호로 이뤄진 기계적 모델의 세계는 방법론적 개인주의에 입각하여 감정·우연·느낌이 가져다주는 공동 감각을 결여하고 인간 상호간의 접촉과 공감 그리고 도덕과 윤리도 폐기하였다. 지금껏 경제학자들은 물질에 대한 지성의 우위를 바탕으로 경험적 실재와 상관없이 경제모델을 창안할 수 있었고 극단적으로 비현실적인 가정에 기초하여 터무니없는 결론에 이르기도 했다.

데카르트는 중세의 신화적 전통과 미신을 극복하고 주관적인 비체계성을 타파하기 위해 이성의 합리성을 불변의 토대로 삼았지만, 주류경제학에서 신적 이성은 단순한 도구적 이성으로 전락하고 말았다. 경제학의 이성은 공리주의와 결합하여 쾌락과 고통을 계산하고 추론하는 계산능력으로 변질되었다. 베블런이 신랄하게 비판한 것처럼 호모 에코노미쿠스는 쾌락주의적(hedonistic) 인간 개념으로서 쾌락과 고통의 크기를 재빠르게 가늠하는 계산기였다. 개인은 활력도 없을 뿐더러(inert) 수동적 존재로서 '주어진 변수'였으며 최종적으로는 고립된 데이터 자료로만 존재한다.[9]

데카르트 이원론은 사유와 논리를 강조하는 대신 감각과 물질을 추방하였다. 신체를 비롯한 모든 사물을 순수한 역학에 따라 작동하는 기계구조물로 파악하여 호모 에코노미쿠스의 모델을 만들었다. 인간의 지성은 수학과 계산능력으로 축소되고 "지성의 협소와 더불어 인간 개념도 협소화되는데 이것의 뿌리가 바로 우리가 상상할 수 있는 가장 협소화된 인간 개념으로서 호모 에코노미쿠스였다."[10]

데카르트의 합리적 이성은 경제학에서 공리주의와 결합하여 인간을 완전한 지식과 정보를 가진 경제주체로 모델화하고 계산 측정하는 도구적 이성으로 축소시켰다. 시장기구 역시 경제주체가 합리적으로 계산하여 효용과 이득을 극대화하면 신의 섭리에 따라 저절로 최종 균형과 안정을 이루게 되는 인위적 우주 또는 자연적 존재(physis)가 되었다.

주류경제학의 계산 합리적 세계는 데카르트 형이상학에 깊이 뿌리를 두고 있었다. 특히 사유(정신)와 연장(신체)을 두 개의 실체로 분리하는 실체이원론과 정신이 신체를 결정짓는다는 심신이원론을 패러다임의 견고한 핵으로 삼아왔다. 그렇다면 정신과 신체를 동일한 실체(신)의 표현으로 바라보고 서로를 지배하지 않으며 상호동등성을 갖는 스피노자의 심신평행론에서 우리는 데카르트 경제학을 벗어날 단서도 얻을 수 있을 것이다.

행복은 어디서 오는가? 한 사람의 경제주체는 이득의 계산으로 효용과 쾌락을 극대화할 수 있을지 몰라도 행복은 얻지 못한다. 행복은 두 사람 이상이 필요하다. 너와 내가 관계를 맺어 또 다른 자아(alter ago)의 모습으로 바뀐 '관계의 변용체'에서 기쁨과 즐거움이 깃든다. 스피노자의 『에티카』는 신과 인간과 사물 간의 마땅한 관계를 찾는 행복의 윤리학이기도 하다.

스피노자의 형이상학과 경제학 방법론

다윈과 베블런의 진화경제

신을 어떻게 바라볼 것인가라는 실체의 규정이 데카르트와 스피노자를 결정적으로 가른다.

신은 세상만물과 자연을 창조하는 조물주가 아니었다. 신이 세계를 창조했다면 무엇인가 아직도 못다 이룬 목적이 있었을 것이다. 완벽하고 무한한 신이 여태껏 이루지 못한 결여상태가 있어서 세상을 창조하고 어떤 목적을 위해 활동한다는 것은 신이 불완전한 존재임을 스스로 증명한 셈이다.

스피노자의 신은 어떤 것에도 의존하지 않고 스스로 존재하며 '자기가 원인'이 되어 자신의 본성을 무한하게 창출하는 필연적 실체로 규정된다.

광대무변한 바다는 한시도 잔잔하지도 않고 끊임없이 활동한

다. 깊은 바다의 근원은 표면 위로 솟구치는 파도를 통해 자신을 드
러낸다. 바다와 파도는 둘이 아니듯 파도는 바다의 본성(신)에서 나
와 다시 바다로 돌아간다. 신(바다)과 자연만물(파도)은 둘이 아니다.
달리 말하면 신은 우주만물이다. 신은 곧 자연이었다. 신의 본성은
자연만물을 무한하게 생산하는 원인으로서 스피노자가 『에티카』에
서 규정하듯 신 즉 자연(Deus sive Natura=God or Nature)이다. 신=자연
은 '스스로 그러함'[自然]으로 존재하며 아무런 목적도 지니지 않는
무한한 산출자이다. 어찌 보면 신이란 단지 우주만물의 근원을 가리
키는 많은 이름 중 하나일 뿐이다.

　　스피노자는 신의 개념을 실체(substance)·속성·양태에 관한 정의
와 연결 짓는다.

　　① 실체(신)는 자기원인(self cause)으로서 다른 어떤 것에도
의존하지 않고 그 자체로 존재하는 유일하고도 필연적인 존재
성을 띤다.
　　② 속성은 실체의 본질을 구성하는 것으로서 지성(intellect)
이 지각한다.
　　③ 양태는 실체의 변용(affections) 또는 그 자체와는 다른 어
떤 것 안에 존재하면서 다른 것을 통해서 파악된다.[1] (E, 제1부 정
의3~5)

실체는 무한하고도 다양한 신의 속성(attribute, 신의 본성에 속하는

성질)을 통해 자신을 표현한다. 이것은 인간을 포함한 모든 자연만물의 모습으로 나타나는데 신의 변용(affections) 또는 변양(modification)으로서 양태(mode)라고 부른다.

실체(신)와 양태는 본성상 서로 다르다. 신은 자기원인의 능동적 존재자이며 영원불변의 무한한 산출자로서 바다와 같이 '생산하는 자연'(natura naturans, 능산적 자연)이다. 양태는 자기원인에 의해 창출되지 못하고 신이 변용되어 파도처럼 '생산된 자연'(natura naturata, 소산적 자연)으로서 유한하다.

인간을 비롯하여 하늘·산·나무·돌·금속과 같은 자연만물은 신의 무한한 속성이 변용되어 나타난 개체들이다. 신적 능력이 자신의 모습을 바꿔 만물에 표현되어 있다. 존재하는 것에는 신의 완전성이 내재되어 있다. 양태들은 양태들 간의 무한한 외적인 인과관계에 의해 다른 존재양상을 보인다. 예를 들어 나무가 장인을 만나면 아름다운 가구가 된다. 격조 높은 가구는 사람들과 만나 미적 흐름으로 신체변용을 일으켜서 기쁨의 양태를 낳는다. 수명이 다된 가구가 불과 만나면 숯과 흙이 되어 땅을 기름지게 만든다. 양태의 본질에는 신의 무한한 능력이 표현되기도 하지만 또 다른 양태들과의 관계에 의해 존재가 규정된다.

가장 중요한 것으로서 양태의 변용은 사물에만 작용하지 않는다. 인간 감정이나 정서, 느낌도 신의 변용으로서 양태에 속한다. 어떤 계기가 되어 내 몸의 상태가 슬픔 또는 기쁨의 정서(affectus, affect)[2]로 매순간 바뀌는 변이상태도 변용(affectio, affection)으로서의 양태다.

신 즉 자연(God or Nature)에서 대문자 N의 **Nature**(자연)는 신의 본성이자 자연만물을 낳는 원인이며 여기서 인과법칙에 의해 필연적으로 산출되는 양태는, 우리가 흔히들 생각하는 자연의 삼라만상(nature), 즉 인간과 모든 사물에다 우리 정서와 감응의 변용까지 모두를 아우른다.

뜨거운 태양이 지구상의 식물로 곧바로 변용될 수는 없다. 태양의 속성인 따뜻하고 부드러운 빛의 흐름이 광합성 작용을 거쳐 식물과 꽃으로 변용한다. 스피노자에게 속성(빛)은 실체(태양)와 양태(식물)를 연결하는 개념이다. 양태는 실체의 본질을 구성하는 속성들을 통해서 무수한 형태로 나타난다. 신은 무한한 속성이 있으나 인간이 인식할 수 있는 속성은 사유(thought)와 연장(extension) 두 가지뿐이다.

신은 사유하는 것과 연장하는 것으로서 우리에게 나타난다. 인간의 정신은 지성(intellect)을 통해 사유하고 신체는 연장의 속성에 따르는 운동과 정지로 구성된다. 고양이는 인간과 달리 고유한 지성이 없지만, 실체의 무한한 속성 중에서 우리가 인식하지 못하는 저주파를 감지할 수 있고 낙하하고 달리는 운동과 정지의 비율에서 사람과 다른 신체의 양태를 갖는다. 세계의 만물은 인간과 고양이처럼 제각기 고유한 역량을 달리하지만, 모두가 실체의 속성으로부터 변화한 자연의 일부이며 무수한 인과관계의 연결고리를 통해 드러난 양태들이다.

스피노자는 무한한 속성들 가운데 구체적으로 우리에게 드러나는 '실체→사유와 연장의 속성→무한한 변용과 양태'를 가지고 전체와 부분 또는 자연과 인간의 세계를 설명한다. 절대적으로 무한한 신으로부터 뻗어나오는 '사유와 연장의 속성'에서 무한한 양태가 변용되어 따라나온다. 실체(신, 자연)와 신적 본성의 필연성(자연의 법칙)으로 도출되는 양태의 세계는 어떤 외부의 초월적 존재도 인정하지 않는다.[3]

데카르트처럼 세계는 외부의 초월적 존재가 어떤 목적을 갖고 창조한 것이 아니었다. 세계는 신적 본성상 필연적으로 자연법칙에 따라 무한하게 변용된 인과관계의 그물망이었다. 데카르트의 세계가 저 너머(there and over)의 신이 목적을 갖고 창조한 것이라면, 스피노자 세계(자연)는 신의 필연적 본성으로 어떤 목적도 없이 현재 여기(now and here)에 펼쳐진 신의 모습이었다. 데카르트의 '목적론과 창조적인 것'에 대립하여 스피노자는 '반목적론이며 진화적'이다.

데카르트와 비교하여 스피노자의 실체(신) 개념은 신과 자연만물의 관계에서 신은 초월적 원인이 아니라 내재적(immanent) 원인이라는 지점에서 완전히 갈라진다. "신은 모든 것의 내재적 원인이지 초월적 원인은 아니다."(같은 책, 제1부 정리18) 스피노자는 신과 자연을 서로 분리하지 않고 하나로서 파악하는 일원적 범신론 또는 만유내재신론(monistic pantheism)에 입각한다.

신은 자연과 동떨어진 외부의 초월적 존재로서 숭배하거나 경외의 대상도 아니었다. 그것은 인간이 자기중심의 필요나 목적에 따라 신에게 초월적 또는 신비적 인격체를 부여하는 목적인(final causes)이라는 환상에 불과했다.[4]

비 내리는 검은 하늘에서 시퍼런 번개가 내리치는 현상을 인간에게 징벌을 내리는 신의 계시로 상상하거나 그것을 이용하여 인간 사회를 지배하려는 종교적 행태 역시 미신과 편견에 지나지 않았다. 번개는 인격체로 변신한 신의 변덕이나 징벌도 아니었다. 실체가 자연의 물리적 법칙에 따라 창출한 양태들의 무한한 인과관계에서 나온 과학적 현상이었다. 자연현상은 우연이나 기적도 아니었다. 스피노자는 우리가 자연에 대한 지식을 더 많이 가질수록 신에 더 가까워진다고 말한다.

진화와 제도 경제학의 창시자인 베블런(T. Veblen)도 미신과 애니미즘의 사고에서 탈피하여 과학과 사실적 내용에 입각하기 위해서는 신과 사물에 인격성을 부여하는 의인관적 사고습관(anthro-pomorphic habits of thought)에서 벗어날 것을 강조한다(Veblen 1932, p. 310).[5]

신은 어떤 목적도 갖지 않는다. 신(실체)은 어떤 사건의 흐름이나 사물의 본성에 자신의 목적을 부여하여 의도적으로 이끌거나 형상을 부여하지 하지 않고 오직 작용할 뿐이다. "신은 자기 자신에 의한 원인이자 작용인(efficient cause)이며"(같은 책, 제1부 보충1~2), "자연은 자신에게 아무런 목적도 설정하지 않으며, 모든 목적인은 인간이 만들어낸 허구에 불과하다는 것을 밝히는 데 많은 말이 필요하지 않을 것이다."(같은 책, 제1부 부록)

물체는 어떻게 움직일까? 데카르트에게 최초 운동은 외부의 초월적 존재가 개입하는 신과의 협력으로 시작한다. 스피노자에게 물체는 실체에 내재된 내적 역동성과 원리를 자체적으로 지니고 있다. 세상의 모든 일은 실체(신)의 무한한 능력의 내재적 원인을 통해 수학·물리적인 자연법칙의 필연성에 따라 무수한 개별적 인과관계의 연결망으로 이뤄져 있다. 신은 자연이고 자연은 곧 신이었다.

데카르트의 신이 외부성·초월성·목적성 또는 목적결정론이라면 스피노자는 내부성·내재성·반목적론의 진화적 체계를 갖는다.

주류의 신고전학파와 마르크스 경제학도 데카르트와 뉴턴의 기계론적 목적론의 틀을 벗어나지 못한다. 먼저 신고전학파 경제학은 개인의 합리성, 경제주체의 최적화, 균형원리를 내재하면서 시장경제의 최종적 안정상태를 궁극적 목적으로 삼는 목적론(teleology)을 내재한다. 신고전학파의 핵심적 방법론은 효용과 이윤의 극대화 또는 비용의 최소화를 통해 최적화 원리를 추구한다. 주어진 제약조건 아래서 목적함수를 극대화(비용의 경우에는 극소화)하여 최적의 상태를 도출해 낸다. 최적화 원리를 기반으로 하는 모든 행위는 경제인과 시장에서 이뤄진다. 신고전학파는 이기심이나 합리성을 인간본성(human nature)으로 삼는다. 경제인의 본성이 허용되는 시장을 자연스러운 상태(state of nature)로 간주한다. 최소비용으로 최대의 만족과 이익을 얻는 인간의 합리성은 데카르트의 개념대로 신과 협력하여 얻어낸, 일종의 생각하는 주체(cogito) 또는 이성(reason)이며 신고전학파 경제학에서 "이것은 처음부터 주어져 있는 성경의 천지창조와 비슷하며 시장기구와 함께 신앙에 가깝다."[6]

수요와 공급 시장경제 메커니즘에서 모든 재화와 생산요소의 소비와 분배는 자동적으로 이뤄지고 경제인의 합리성도 완벽할 정도로 작동한다. 그것은 아무리 불안정하고 요동치는 상황이 오더라도 신의 섭리 또는 보이지 않는 손의 자연스러운 경로에 따라 균형과 안정이라는 최종지점(telos)에 이른다. 신고전학파에서 시장은 최고의 선이 작용하는 자연, 즉 원래부터 존재하는 피지스(physis)로 간주되어 조화롭고 질서 있는 우주의 모습으로까지 등장한다.

마르크스 경제학도 데카르트의 목적론과 신학체계를 벗어나지 못하고 궁극적으로 하나의 결정론적 유토피아를 지향한다. 마르크스는 역사의 발전단계에서 공산주의를 최종 지점으로 설정한다. 공산주의는 소외와 착취도 없으며 더는 갈등도 벌어지지 않고 마침내 모순과 운동이 멈추는 최종 종착역으로서 유토피아를 상정한다. 신고전학파의 정태적 분석을 뛰어넘어 변증법의 동태적 모습을 보였던 마르크스 경제학도 공산주의 사회로 진보한다는 특정한 목적이 내재되어 있다.

진화경제적 사고는 경쟁·생존·적응·변화와 변이·다양성을 핵심 원리로 삼아 개체와 환경이 서로 영향을 주고받고 끊임없이 상호과정을 거치는 자기전개 과정을 특징으로 삼는다. 신고전학파와 마르크스 경제학의 목적결정론과 달리 진화경제는 반목적의 비결정론을 결정적인 차이로 갖고 간다. 진화경제학의 시발점이 된 베블런은 모든 변화의 흐름은 궁극적 목적이나 해결책도 없는 불확정한 원리에 입각하여 사건의 원인과 결과를 탐구하는 누적적 인과과정으로 파악해야 한다고 주장한다.[7]

다윈주의를 잇는 베블런의 진화경제학은 생물계의 진화에서 목적은 없다고 선언한다. 진화론은 무목적성(unpurposefulness), 우연성(contingency), 맹목성(blindness)을 양보할 수 없는 토대로 삼는다. 진화경제학은 사물의 운동 변화에 부여되는 애니미즘적인 정령숭배를 부정하고 오직 사실적 내용(a matter of fact)에 기초하는 탈인격화(impersonal)의 과정을 중시한다. 모든 변화는 어디로 가는지 모른다. 역사는 끊임없이 최종의 목적으로 향해 진보하는 것이 아니라 어떤 우연 또는 변이의 발생에 의해 예측 불허한 방향으로 가기도 한다. 미래 변화의 방향은 불확실하며 어디로 가는지 모르는 맹목적 흐름(blind draft)을 성향으로 지닌다.[8]

베블런과 다윈주의가 연결되어 있다면 진화적 차원에서 스피노자와 다윈도 어떤 형태든 상호연관성을 갖고 있을 것이다. 카우키(L. Kaucky)는 스피노자와 다윈은 세상의 인간과 사물들은 어느 한곳에 고정된 정태적 목적(goal)이나 최종 지점을 향하는 것이 아니라 끊임없이 적응하며 변화하려고 힘쓰는 동태적 존재라고 주장한 점에서 공통적이라고 본다. 스피노자가 다윈의 선구자는 아니더라도 둘 다 자연세계의 모든 것은 제1원인으로서 신이 목적을 부여한다는 아리스토텔레스의 신학목적론을 거부하였다는 점에서도 동일선상에 있다.[9]

베블런의 진화경제는 생물학적 개념인 본능(instinct)을 중시한다. 본능은 인간이 어떤 의도를 실행하기 이전의 의지·충동·욕망과 같은 상태를 의미한다. 식물의 줄기가 생리적으로 햇빛을 따라가는 향일성(向日性) 또한 굴성(屈性, tropism)은 자동적인 본능행위에 속한다. 외부조건에 단순히 반응하는 식물의 굴성적 행위와 달리 인간의 본능에는 자신이 설정한 목적(purpose)에 맞춰 적응하며 능동적으로 활동할 수 있는 역동성이 꿈틀댄다.

인간은 자신의 의도를 실행하기 위해 의식적으로 행위를 하고 또 스스로 설정한 목적에 능동적으로 적응하기 위해 자신의 행위를 성취하고 싶어하는 목적론적 내용(thing of teleological content)으로 채운다. 기술자가 하나의 제품을 이전보다 더 개량하고 효율적으로 생산하기 위해 시장의 가격변동과는 상관없이 자신이 의도한 목적을 향해 끊임없이 노력하는 장인의 제작본능(instinct of workmanship)도 여기에 속한다.

베블런은 인간 내부는 밖으로 표출되지 않는 습성·관습·본능의 다발과 같다는 다중본능론을 제시한다. 베블런은 신고전학파의 이기심이나 공상적 사회주의들의 이타심처럼 하나의 성향으로 이루어진 인성론을 부정한다. 다양한 본능들은 서로 독립적으로 존재하지 않고 상호영향을 주면서 발휘된다. 결과는 미리 결정되지 않는다.[10] 후술하듯 스피노자가 코나투스(conatus, 자기보존 본능)의 개념에서 밝힌 것처럼 인간은 의지·욕망·이성으로 자기 자신을 확장하고 보존하려고 노력하는 존재다. 베블런의 다중본능론은 스피노자의 코나투스에서 좀더 명확한 해석을 얻을 수 있다.

진화적 세계에서는 고전물리학처럼 시장경제의 최종 균형과 안정 상태(신고전학파 경제)와 파라다이스(기독교)를 향한 역사발전의 법칙처럼 공산주의라는 최종 목적지(마르크스 경제학)가 존재하지 않는다.

진화과정은 고전물리학의 논리적 시간보다 생물학적인 역사의 시간을 거친다. 진화의 세계는 선형적이고 가역적인 세계가 아니라 보수체증, 피드백, 누적적 인과관계에 따라 변하는 비가역적인 세계와 동일하다.[11] "스피노자의 내재적 인과관계는 물리와 화학의 법칙에서 보듯 인과관계에 의해 필연적 결과로 생산된, 다시 말해 역동적 체계 또는 복잡계의 과정과 자기조직화를 통해 자신을 양태로서 펼쳐가는(unfolding) 진화의 관점에 서 있다."[12]

스피노자의 신은 자연을 창조하지 않거니와 유한한 개별자들이 어디로 가야 할지 목적지도 정하지 않는다. 신에게 목적은 없다. 아직도 다하지 못한 목적이 남아 있다면 신은 불완전한 존재일 뿐이었다. 자기의 일을 다 끝낸 신은 불멸의 완전무결한 실체로서 모든 만물에 조용히 표현된다. 자연은 신의 무한한 힘을 나눠 갖는[分有] 양태로서 서로가 이왕이면 좋은 관계 그리고 어쩔 수 없이 나쁜 관계로도 마주치면서 자신만의 세계를 다채롭게 전개한다.

스피노자의 형이상학은 실체(신)를 이야기하면서도 신과 자연을 따로 이원적으로 분리하지 않고 일의적(univocal)으로 파악하는 무신론에 가깝다. 유대인이 스피노자를 파문하고 청교도 성직자들이 격렬하게 저주를 퍼부었던 이유도 여기에 있었다. 스피노자의 세계는 실체(신)-속성-양태의 변용이 상호 작용하면서 매순간 복잡한 인과관계의 연쇄고리를 창출하고 마치 진화경제학처럼 자기조직화와 복잡계의 과정을 거치면서 우주 전체의 모습을 무한하게 펼친다.

신과 함께 자연은 한계와 목적이 없으며 신으로 다시 수렴되지도 않는다. 번개는 신의 변용으로서 자연현상일 뿐 인격화된 초월적 신의 징벌로 귀속되지 않는다. 신은 곧 자연이면서 실체(신)로 환원되지 않고 무수한 모습으로 자신을 전개하는 비가역과 비선형의 세계를 펼친다. 스피노자 철학은 데카르트와 뉴턴의 고전물리학을 뛰어넘어 새로운 경제학이 지향해야 할 견고한 핵의 가능성을 지닌다.

난쟁이 호문쿨루스를 추방하라

스피노자는 정신이 신체를 지배한다는 데카르트의 결정론을 거부한다. 당연히 두 개의 독립적 실체를 가정하여 '사유와 정신'은 비물질적 실체의 속성에서 나오고 '연장과 신체'는 물질적 실체의 속성을 따른다는 데카르트의 실체적 이원론도 스피노자 앞에서 무너진다. 정신과 신체를 나누는 대신에 둘을 연결하는 공통 지점(송과선)이 우리 뇌에 내장되어 있어서 상호 작용한다는 데카르트의 심신 이원론도 배척된다.

실체는 어느 것에도 의존하지 않고 자기가 원인이 되어 신의 본성을 필연적으로 산출하는 무한자다. 스피노자는 정신과 신체를, 사유와 연장의 속성이 각각 다르게 표현된 동일한 실체로 이해한다. 소나무 껍질과 속은 하나의 뿌리에서 연유하지만 달리 표현된 모습이듯, 인간의 정신과 신체도 동일한 실체의 속성에서 변용된 다른 양태로 파악한다.

신 즉 자연=실체는 시시각각으로 매순간 동일한 속성을 통해 자기 자신을 무한한 양태로 표현하는 작용이다. 무한한 속성 중에서 인간 오성(understanding)의 한계로서 우리가 익히 알고 있는 속성은 사유와 연장뿐이다. 실체는 사유와 연장의 속성을 통해 각각 정신과 신체로 변용한 양태로서 자신을 표현한다.

신의 무한한 속성들은 동일하다는 점에서 사유와 연장의 속성이 각기 변용된 정신과 신체는 서로 동일한 양태이자 동등한 존재일 수밖에 없다. 정신 한쪽으로 완전히 무게가 실린 데카르트의 기울어진 운동장은 스피노자에 와서 정신과 신체가 동일하게 대응하는 평평한 운동장으로 바뀌었다. 스피노자의 심신평행론이다.

스피노자의 '신 즉 자연'(Deus sive Natura, God or Nature)에서 '즉'(sive)의 접속사를 무한계열로 확장하면 '정신인즉 신체이며 신체인즉 정신'이다. 내친김에 좀더 펼치면 '너인즉 나'이고 '사물인즉 너'이며 '나인즉 사회'이다. 너와 나와 모든 존재는 서로에 예속되거나 공동체에 매몰된 존재가 아니라 자율성과 주체적 역량을 가진 단독성(singularity, 특이성 독특성)의 개별자들이다.

지금도 우리는 데카르트의 사고가 깊이 박혀 있어서 정신은 고귀하고 신체는 불결하게 여긴다. 사실 정신은 신체를 경유하지 않으면 어떤 것도 인식하지 못한다. 데카르트의 정신이 신체 없이도 활동할 수 있는 통 속의 뇌와 같은 것이었다면, 스피노자의 정신은 신체 없이는 어떤 외부대상도 인식하지 못하고 참된 관념도 가져올 수 없다.

정신은 신체가 외부 실재를 받아들여서 변용된 관념만을 인식한다. 예를 들어 태양은 상상을 초월하는 먼 거리에 있지만, 우리 눈에는 하늘에 떠 있는 빨간 캔디처럼 보인다. 인간정신은 신체를 매개로 들어온 외부사물에 대한 관념으로 구성된다. "인간의 정신을 구성하는 관념의 대상은 신체다."(같은 책, 제2부 정리13) 우리는 사과라는 양태를 직접 자각하지 못한다. 사과를 눈으로 보고 먹으면서 '빨갛다' '달콤하다'라고 생겨난 이미지 또는 신체에 남긴 흔적만이 정신의 관념을 구성한다. 태어날 때부터 시신경을 다친 사람에게는 사과가 '빨갛다'는 관념이 들어 있지 못하다.

사과라는 대상은 '달콤'하지만 관념으로서 '달콤함'은 달콤하지 않다. 관념과 대상은 서로 다른 정신과 신체라는 속성의 양태이기 때문이다. 예를 들어 지금 글을 쓰고 있는 컴퓨터 화면은 앞면의 이미지(신체)와 뒷면의 이진법에 의한 무수한 디지털 조합(정신)이 대응해 있는 하나이듯이 신체와 정신도 서로 다른 속성과 양태를 가진 하나이다. 그렇듯 사과라는 대상의 달콤함은 정신의 속성으로 변용된 관념, 즉 비유를 들어 이진법 0101111010101…으로 표현되기에 결코 달콤하지 않다. 관념으로서 존재하는 대상의 달콤함은 신체 미각에서 느끼듯 결코 달콤하지 않다.

정신과 신체는 하나의 합일이지만 동일한 존재는 서로 다른 방식으로 표현된다. 연필로 종이에 글씨를 꾹꾹 눌러쓰면 동시에 자국이 뒷면에도 남는다. 육체와 정신도 종이 앞뒷면처럼 하나이면서 서로 다른 양태의 글씨와 자국으로 이뤄진 하나이다.

스피노자의 정신과 신체는 서로 영향을 끼치지 못하며 상호 인과관계도 없다. 신체가 정신을 결정하지도 않는다. 정신이 신체를 결정하지도 못한다. "신체는 정신을 생각하도록 할 수 없으며, 정신은 신체를 움직이고 멈추게 하거나 또 다른 어떤 것을 [다른 것이 있다면] 결정하도록 할 수 없다."(같은 책, 제3부 정리2) 신체는 신체대로 정신은 정신대로 동등하게 독자적인 질서와 인과의 연결을 가진다는 것이 심신평행론이다. 관념과 대상은 1대 1로 대응하기 때문에 "관념의 질서와 연결은 사물의 질서와 연결과 동일하다"(같은 책, 제2부 정리7).

스피노자는 영혼불멸의 정신이 불안정한 신체의 감정을 경멸하여 지배하거나 추방하는 데카르트의 이성합리론을 거부한다. 정신이 신체 없이 존재한다는 것은 불가능하다. 정신은 신체라는 틀에서 빠져나갈 수가 없다. 신체의 변용을 거치지 않은 이성적 사유와 의식만으로도 세계를 파악할 수 있다는 것은 데카르트의 결정적 오류였다. 신체와 정신은 하나로 통합되어 있으니 정신은 신체가 존재하는 대로 느끼고 신체가 경험하는 것들만을 지각할 수밖에 없다.[13]

한걸음 나아가 스피노자는 신체 없는 정신의 데카르트적 오류를 넘어 "인간의 신체가 무엇을 하는지에 대해서 아무도 알 수 없다"(같은 책, 제3부 정리2 주석)는 명제 속에서 신체의 충동을 눈여겨보고 인간의 본성은 욕망에 있다는 것을 긍정한다. 지금껏 누구도 인간신체는 물론 정신이 무엇을 하는지 알지 못했으며 앞으로도 영원히 알 수 없다. 정신과 신체는 무한한 실체와 신의 속성이 무수하게 많은 방식으로 변용된 순간순간의 양태들이다. "스피노자의 신은 우리의 감각이 지각하는 모든 것의 근원이며, 스스로 존재하며 영원하고 무한한 실체이다."[14] 스피노자가 코페르니쿠스의 전환을 이루는 지점이다.

스피노자는 『에티카』 제3부에서 정서(affectus, affect or emotion)의 기원과 본성을 통해 신체에서 벌어지는 감정, 감응, 느낌을 섬세하고 다양한 기하학의 메커니즘으로 다룬다. 인간행동의 구조가 이성과 정신의 자유의지에만 존재한다는 결정론은 착각이며 환상이다. 신체의 충동·정서·감정이라는 무의식과 의식의 연결망이 인간행위를 결정짓는다.

스피노자의 심신평행론은 현대 뇌과학 연구의 시발점이 되었을 만큼 혁명적 진보였다는 평가를 받는다. 기본적으로 뇌과학의 성과를 도입한 신경경제학(neuro-economics)은 데카르트 심신이원론의 (이성과 정신 우위의) 결정론 때문에 발생하는 외부지식의 불확정성을 극복하는 데서 출발한다.[15] 생리학자 리벳(B. Libet)은 인간은 자신이 움직이기로 결심했다고 느끼기 300밀리세컨드(0.3초) 전부터 뇌의 운동피질에서 활동이 나타난다는 것을 뇌파검사(EEG)로 발견하였다. 이와 비슷한 실험결과들은 일반적으로 인간이 행동의 의식적 주인이라는 인식과 매우 어긋나 있음을 보여준다.[16]

스피노자의 『에티카』 이후 경제학은 탈데카르트의 세계로 나아가 자폐성을 벗어날 가능성을 얻는다. 정신이 신체를 지배하고 계산하는 데카르트의 호모 에코노미쿠스 대신 심신평행론의 차원에서 새로운 경제학의 방법론이 구축될 토대를 얻는다. 브자그로(J. Buzaglo)도 『에티카』이후 경제이론은 어떻게 변해야 할 것인가라는 물음에 우선적으로 "미시경제학에서 인간의 뇌 속에 거주하면서 신체가 선택하고 결정하도록 명령을 내리는, 호모 에코노미쿠스의 원형이라고 할 수 있는 매우 작은 난쟁이 호문쿨루스를 추방해야 한다. 데카르트의 정신과 신체의 이원론은 더 이상 유효하지 않다. 호문쿨루스 대신에 다양한 개인의 사고들, 예를 들어 지각·숙고·느낌·의지 등이 상호 연결된 인과관계의 망, 즉 장(field, 場)을 도입해야 한다"[17]고 강조한다.

아직 인간의 정신과 신체·의식의 무한한 진화는 많은 논란을 불러일으키고 있지만, 데카르트 경제학을 벗어나 스피노자의 심신평행론에 이은 신체·감정·의식의 공간에서 인간의 경제적 의사결정이 복합적으로 연구되어야 한다는 시사점은 분명하다.

심리학자 카네만(D. Kahneman)은 인간의 의사결정은 불완전한 합리성 때문에 하나가 아닌 두 개의 트랙, 즉 제1체계(감정·충동·습관·본능의 직관)와 제2체계(계산·명시·분석의 이성)로 움직인다는 이중체계(dual system)를 채택하고 제1체계를 행동경제학의 기초로 삼았다.[18] 제1체계는 감성·충동·직관·습관적으로 계산 없이 거의 자동적으로 행동한다. 세수(습관), 식사(본능), 음주(충동), 자리양보(도덕과 규범의 실천)가 여기에 해당한다. 제1체계는 묵시적이고 총체적이며 의사소

통의 맥락에 예민하다. 반면 제2체계는 논리적인 추론이나 분석과 계산에 따라 느리게 움직인다.[19]

제1체계와 제2체계가 행동경제학과 신고전학파를 구분 짓는 특징이다. 신고전학파는 인간을 완전하고 계산 합리적이라고 상정하는 반면, 행동경제학은 인간이란 습관·충동·본능·감정 등에 따라 움직이기 때문에 비합리적이라고 본다.

중국속담에 "새는 답하기 위해서 노래하는 게 아니다. 노래하고 싶어서 노래한다"(鸟儿唱歌不是因为它们有了答案, 而是因为有歌要唱)는 말이 있다. 새는 어떤 목적도 갖지 않고 본성상 자연과 울림 속에서 감성에 들뜨고 충동적으로 노래한다. 자기 노래가 짝짓기에 쓰이는 줄도 모르고 무의식적으로 지저귄다. 새의 노래는 인간의 습관과 본능처럼 제1체계에 속한다. 우리는 제2체계의 관점에서 새는 의도와 목적을 갖고 노래하며 신호를 보내는 것으로 해석한다.

베블런의 진화경제학과 일정하게 패러다임을 공유하는 행동경제학은 제1체계와 같은 비합리적 행위결정에 방점을 찍지만, 여전히 개인 단위의 선택을 중시한다는 점에서 효용이론이나 공리주의, 말하자면 개체성, 시장기구, 효용과 가치의 선택, 효율과 생산성 등을 벗어나지 못한다. 행동경제학도 신고전학파와 마찬가지로 인간의 이성과 감정을 모두 쾌락과 고통으로 환원하는 도구적인 이성을 넘어서는 보다 상위의 이성을 고려하지 않는다는 문제를 안고 있다.[20]

계산합리의 도구적 이성을 넘는 '상위의 이성'은 무엇인가? 인간에게 중요한 자아실현, 자유, 역량, 인간발달, 윤리적 가치를 구현할 수 있는, 말하자면 개체주의와 도구적 이성을 넘어 가치와 목표의 성찰, 자아발달과 역량의 확대, 조화롭게 협력하는 공동체 사회의 구축, 인간의 진정한 자유와 기쁨을 얻는 길에서 찾아봐야 한다. 이런 차원에서 스피노자의『에티카』가 보여주는 인간의 역량, 협력, 진정한 자유와 이성의 역할은 데카르트 경제학을 넘어 새로운 경제학의 지평에도 일정한 방향을 제시한다.

욕망 긍정의 코나투스와 인간역량

신체의 변용과 역량 강화

플라톤 이후 데카르트까지 긴 세월 동안 영혼의 감옥에 갇혀 있던 신체와 욕망은 스피노자에 이르러 반전의 계기를 맞았다. 정신과 신체가 동등하다는 스피노자의 인식은 억압된 욕망을 우리 삶의 역동적 주체로 등극시켰다.

스피노자는 사유보다는 욕망에 가치를 부여하여 '어떤 것을 성취하기 위해 노력하고 의지하며 충동을 느끼고 욕구하며 이성에 다다르는 조화로운 삶'이 최종적인 선으로 가는 길임을 보여주었다. "우리는 그것을 선이라고 판단하기 때문에 그것을 향해 노력하고 의지하며 충동을 느끼고 욕구하는 것이 아니라, 반대로 노력하고 의지하며 충동을 느끼고 욕구하기 때문에 어떤 것을 선이라고 판단한다."(같은 책, 제3부 정리9 주석)

인간욕망의 본성을 긍정하는 스피노자에게 코나투스(conatus, 노력·추구·경향·애씀·관성을 뜻하는 라틴어) 개념은 인간의 역량, 정서와 감정, 이성과 자유의 내용을 담고 있는 핵심적인 키워드다.

코나투스는 욕망을 근원적 본질로 삼아 어떻게든 살려고 애쓰며 노력하고 자신을 유지하고 확장하려는 본성을 말한다. 인간은 자신을 보존하기 위해 노력하고 모든 사물은 자기존재 유지의 본성을 실존적 조건으로 삼는다. "각각의 사물은 자신 안에 존재하는 한에서 자기존재를 유지하려고 노력한다."(같은 책, 제3부 정리6)

모든 사물이 자신의 존재를 지속하려는 노력, 즉 코나투스는 사물의 본성이며 실존하는 모든 사물의 '현실적 본질'(같은 책, 제3부 정리7)이다. 인간을 비롯한 자연의 모든 사물에는 자신의 존재를 유지하려는 힘을 현실적 본질로 삼는다. 돌멩이가 바람의 풍화작용으로 먼지가 되어 날아가기 전까지 자신을 정지상태로 유지하려는 관성(inertia)도 코나투스를 자신의 본성으로 지니기 때문이다. 바위·돌멩이·먼지까지 모든 사물은 자신의 존재를 유지하려는 힘을 가졌다. 산에 있는 큰 바위는 아무런 미동도 없이 그냥 거기에 태초부터 놓여 있는 듯하지만, 손으로 밀어도 끄떡하지 않는 모습으로 자기보존의 힘을 보여준다. 바위의 잠재적 역량(potentia, puissance)[1]은 존재가 갖는 본질적 존재의 힘을 보여준다.

인간의 욕망과 코나투스는 다르지 않다. 스피노자는 정신과 신체 모두와 관계되는 인간의 의지나 충동, 욕망이나 본능과 같은 모든 것을 욕망이라고 본다. 자기유지를 위한 노력이 "정신에 관계될 때는 의지(will)이며, 정신과 신체에 모두 관계될 때는 충동(appetite)이다. …인간은 자신의 충동을 의식하기 때문에 '의식을 동반한 인간의 충동'을 욕망(desire)이라고 부른다"(같은 책, 제3부 정리9 주석).

인간의 욕망은 정신과 신체가 함께 관계되어 작용하는 생산적이고 능동적인 힘이며 이것은 능력의 표현으로 나타난다. 욕망이 자기존재를 불리한 방향으로 이끌고 파멸에 빠뜨린다는 것은 인간의 본성상 불가능하다. 인간의 욕망은 자기존재를 더 유익한 방향으로 이끌고 더 나은 상태를 유지하기 위해 지속적으로 노력한다.

인간은 끊임없이 다른 사람이나 외부사물과 관계하며 접촉한다. 외부와의 관계를 통해 인간은 자신에게 유리하도록 다양한 방식으로 변용하면서 활동능력 또는 역량을 키운다. 양태의 코나투스는 자신의 변용능력과 같다.

자전거를 타려면 내 몸이 균형을 유지하고 속도조절도 자유자재로 가능해야 한다. 어린 시절 자전거를 비틀비틀 타다가 미처 담벼락을 피하지 못해 핸들 부분이 부서지고 다친 기억이 선명하다. 연습을 거듭하여 마침내 자전거의 운동과 정지비율이 내 신체와 공통성을 이루면 나에게는 '자전거 되기(becoming) 또는 변용'이 일어난다. 자전거를 타고 들판에서 불어오는 봄바람을 맞으면 내 몸은 정동 또는 정서(affect)의 변이와 감응이 일어나면서 활력이 넘치는 변용(affection)이 일어난다. 자전거 뒤에 사랑하는 사람을 태우면 나와 자전거와 연인에게는 더 많은 정동과 기쁨의 변용이 일어난다.

자전거를 잘 타는 사람은 남보다 뛰어난 변용능력을 갖춘 양태가 되며 실존적 역량도 높아진다. 양태의 변용능력이 낮으면 양태의 실존도 불리하다. 양태의 코나투스는 변용능력에 따라 자신의 실존 방식을 더 유리하게 만들어간다.

깎아놓은 사과를 집어먹는 사람보다 사과를 직접 깎으며 먹는 사람이 변용능력에서 훨씬 유능하다. 사과를 깎으면서 칼은 손 되기로 변용하며 달콤한 향은 후각을 거쳐 정신에 표상된다. 사과를 집어먹으며 혀는 맛있는 느낌을 미각에 전달한다. 몸은 사과의 비타민과 과즙으로 가득 찬다. 우리 신체에서 눈은 각막과 망막·시신경의 독자적 활동이 하나씩 모여 전체를 이룬다. 우리 몸의 눈·코·내장·위·심장·폐는 독자적으로 움직이면서 개체들은 유기적인 신체활동을 위해 전체와 보조를 맞춘다.

사과를 깎아먹는 단순한 행동조차도 신체를 구성하는 무수한 개체들이 합성되어 다양한 방식으로 자극받는다. "인간의 신체는 각 부분이 매우 복잡하고 본성이 매우 다른 많은 개체로 합성되어 있으며, 외부의 사물로부터 매우 다양한 방식으로 자극받는다. 인간의 신체는 자신을 유지하기 위해 대단히 많은 사물을 필요로 하며, 그것들에 의해 끊임없이 재생산된다."(같은 책, 제2부 정리13 요청)

인간의 신체는 자율적이고 개별적인 장기들이 합성되어 있는 것처럼 '본성이 다른 무수한 개체들로 이뤄진 복합적 개체들(complex individuals)'이다. 데카르트처럼 인간은 신적 이성을 부여받은 정신의 단일체가 아니다. 인간은 더 이상 나눠질 수 없는(individual, in은 부정의 접두어이며 dividual은 나눌 수 있음의 뜻) 원자적 존재로서 단일 개체가 아니라 '무수히 많은 내장(시각, 청각, 미각 등)과 정서로 나눠지는 (dividual) 본성들의 결합체'다.

인간의 몸도 수많은 정서와 의지로 이뤄진 영혼의 복합체 개체다. 우리는 어떤 일을 선택하면서도 망설이고 후회하면서 또 위로하는 수천수만 개의 영혼이 서로 부딪치면서 자신을 지탱한다. 유혹에 빠지다가도 양심의 가책을 느껴 다시는 그러지 않겠다고 각오를 다지는 것에도 수천수만 개의 의지가 갈라지고(devide) 엉키며 복합적으로 작동한다. 그런 점에서 니체는 "도덕에서 인간은 자신을 분할할 수 없는 것, 개체(individuum)로서가 아니라 (수천수만 개의 영혼과 의지처럼) 분할할 수 있는 것(dividuum)으로 다룬다"[2]고 말한다.

다른 이야기지만 우리 몸은 무수한 개별적 정서가 복합된 개체다. 지각·이해·판단·느낌·감성과 같은 정서 또는 정동(affect)으로 분할되어 있는 '무한하게 나눠진 존재'다. 편의점에서 물건 하나만 사더라도 우리의 취향과 정서는 빅 데이터로 모아져 거대한 알고리즘의 재료가 된다. 지금의 우리는 예전에 알고 있던 우리가 아니다.

스피노자의 정서론은 현대 자본주의의 특성을 인지자본주의(cognitive capitalism)로 파악하는 출발점이다. 인지자본주의는 비물질적 노동과 지식·감정·정동·느낌·반응과 같은 정서가 부를 창출하는 원천이면서 동시에 착취의 대상이 된다는 특징을 지닌다.

어쨌든 인간은 무수히 분할되어 있는 신체와 정신이 합성된 복합적 개체다. 무수히 많은 신체가 자극을 받을수록 정신은 더 유능해진다. 정신의 능력은 신체의 능력에 의해 결정된다. "신체가 다른 것들보다 더 많은 일을 한번에 할 수 있을수록, 더 많은 방식으로 동시에 작용 받을수록, 신체의 자극이 많을수록 그 정신은 많은 일을 동시에 지각하는 데 다른 것보다 더 유능하다."(같은 책, 제2부 정리13 주석) 신체가 더 많은 일을 할수록 신체의 변용능력은 커지고 신체의 변화만을 지각할 수밖에 없는 정신의 능력도 커진다. 신체의 변용능력이 정신의 변용능력을 결정한다. 인간은 다양한 양태들과의 관계를 자신에게 유리한 방향으로 결합하여 적합한 신체가 되고 공통성을 형성하면서 실존적 역량(potentia)의 증대를 추구한다.

사랑하는 사람을 만나면 인간신체가 활발해지는 것처럼, 자신에게 유리한 신체를 만나면 능력이 증대한다. 기쁨을 느낀다. 자신에게 불리한 신체를 만나면 능력은 감소한다. 당연히 슬픔을 느낀다. 스피노자는 능력의 증감에 따라 겪게 되는 신체의 변용 또는 변용에 대한 관념을 기쁨과 슬픔의 정서라고 부른다.

스피노자의 정서는 우리가 통상적으로 느끼는 감정과는 깊이와 폭이 달라서 이해하기가 쉽지 않다. "정서 또는 정동이란 신체의 활동능력이 증가하거나 감소하고, 촉진되거나 억제되는 신체의 변용인 동시에 그 변용에 대한 관념이라고 나는 이해한다."(같은 책, 제3부 정의3) 정서는 신체의 능력 또는 행위역량의 증가와 감소에 따라 변이하는 잠재적인 미정형의 개념을 말한다.

스피노자는 기쁨과 슬픔 그리고 욕망의 세 가지 감정에서 파생되는 수십 가지의 감정·욕망·기쁨·슬픔·증오·사랑·조롱·희망·공포 등 48가지 종류를 심리 메커니즘과 기하학의 원리로 정리한다.

코나투스에서 한 가지 중요한 점이라면 인간은 유한한 시간 속에서 존재할 뿐만 아니라 시간을 초월해서 영원을 향해 자기보존을 추구할 수 있는 존재라는 것이다.[3] 코나투스는 자기를 실현하려는 본성적인 욕구이자 생명력이며 동시에 의미 있는 삶을 추구하고 이성적이고 영원한 자아를 추구하는 인간욕망의 표현이다. "진실로 이성은 인간을 더 큰 완전성으로 이끌어주는 것을 요구한다."(같은 책, 제4부 정리18 주석)

인간을 비롯한 모든 양태는 신의 본질을 필연적으로 담아내는 변용이자 신의 일부이기 때문에 존재하는 그 자체로서 완전성을 지닌다. 실재성(reality)은 곧 완전성(perfection)이다. 이 세상 어느 것도 불완전한 것은 없다. 다만 신의 표현인 양태로서 변용의 능력과 역량에서 차이를 갖는다. 기쁨도 불완전성에서 완전성으로 이행하는 감정이 아니다. 모든 양태가 완전하기 때문에 완전한 상태에서 더 큰 완전성(넘치는 활력)으로 이행하면 기쁨이다. 더 작은 완전성(활력의 쪼그라듦)으로 내려가면 슬픔이다.

인간을 포함한 모든 양태는 신적 능력이 변용된 존재이다. 인간의 실재성 역시 신적 능력이 부여된 완전성의 존재이다. 이성의 안내를 통해 더 큰 완전성(신과 전체에 대한 이해·지성·사랑)을 향해 새로운 욕망과 역량을 창조하여 진정한 기쁨과 자유를 누리도록 하는 것이 스피노자의 『에티카』가 말하고 싶은 윤리철학이기도 하다.

코나투스의 3단계

인간을 비롯한 모든 양태는 자연의 일부이기 때문에 다른 양태들과의 관계를 벗어나서는 존재하지 못한다. 오직 신만이 다른 어떤 것에도 의존하지 않으며 스스로 자기가 원인이 되는 실체일 뿐이다. 우리는 수많은 사람과 만나고 사물과 조우한다. 온갖 언어와 감정 섞인 몸짓에 수만 갈래의 생각과 감정들이 충돌하며 기쁨과 슬픔에 싸이기도 한다.

내 몸은 거대한 바닷가를 떠돌며 파도에 부딪히는 돛단배와 같아 외부원인과 감정에 의해 이리저리 휘둘린다. "외부원인들에 의하여 여러 가지 방식으로 휘둘리며, 맞바람에 요동치는 바다의 파도와 같이 앞일과 운명을 알지 못한 채 동요되는 것은 명확하다."(같은 책, 제3부 정리59 주석) 인간은 외부양태와의 관계 속에서 촉발되는 감정에 수동적으로 휘둘려서 정념(passion, 수동적 감정)의 노예가 되기도 한다.

마음에서 일어나는 수동적 정념의 파도에 휩싸이면 부적합한 인식을 피할 수 없고 우리의 행동도 혼란과 방황에서 벗어나지 못한다. 스피노자는 욕망이 너울지는 바다(인간의 정신과 신체) 위에서 태풍에 흔들리더라도(외부의 원인과 정서) 거센 파도와 물보라(수동적 정념의 혼란)의 틈을 헤치고(인과관계의 필연성) 멀리 있는 등대의 불빛을 찾아서(적합한 인식) 내적 능동성을 확보하여 배를 힘차게 저어가는 역량을 강조한다.

오늘따라 지도교수가 평소와 달리 점심때까지 보고서를 마치라고 닦달한다. 뜻밖의 질책을 들은 대학원생은 슬픔의 계열인 미움·분노·증오가 촉발된다. 지시에 따라 억지로 보고서를 작성하지만 작업은 더디기만 하다. 우연히도 지도교수가 의사와 통화하는 대화를 엿듣게 된다. 오후 1시에 자녀의 수술이 예정되어 있었다. 대학원생은 그제야 지도교수가 자신을 재촉했던 원인을 이해하고 혼신의 노력을 다해 시간에 맞춰 보고서를 마칠 수 있었다. 대학원생은 지도교수에 의해 촉발된 외부의 감정을 필연의 인과관계로 이해하여 능동적 감정으로 바꾸고 적합한 인식에 의해 자기감정의 주인이 되었다. 외부의 정념에 의한 수동적 행위가 아니라 자신이 적합한 원인이 되어 지도교수와 공통 감각을 획득하고 기쁨을 얻게 된다. 아울러 자기가 제시간에 보고서를 마칠 수 있는 역량이 있다는 것을 확인하면서 코나투스 또는 활동역량의 증대를 통해 기쁨도 얻을 수 있었다.

스피노자의 수동적 정념과 자기원인의 적합성은 '수동적 정념→필연과 인과관계→능동성→공통성의 획득→자기원인에 의한 능동적 행동→기쁨과 새로운 역량에 의한 욕망창조와 능력향상'으로 정리된다.

수동의 정념에 사로잡히고 온갖 감정의 노예가 될 수밖에 없는 우리로서는 공통성을 획득하고 자기가 원인이 되어 적합하게 행동한다는 일이 매우 어렵다. 인간신체는 본성이 다른 수많은 개체가 합성된 복합적 개체이기 때문에 "동일한 사물에 대해서 수많은 방식으로 자극받을 수 있다"(같은 책, 제3부 정리17 주석). 우리 신체는 본성상 부적합한 인식에 의해 자극받는 것을 피할 수 없다.

외적 대상으로부터 부분적으로 자극을 받으면 단지 부분적으로만 인식하게 된다. 달콤한 사탕을 과도하게 먹으면 일시적으로는 기쁘지만 전체적으로는 건강을 해친다. 성적 욕망이 특정 대상이나 부분에만 머물면 일종의 도착증이 되어버린다.[4] "신체의 모든 부분이 아니라 신체의 일부 또는 몇몇 부분에 관계되는 기쁨 또는 슬픔에서 생기는 욕망은 인간 전체의 이익을 고려하지 않는다."(같은 책, 제4부 정리60) 기쁨의 감정이 신체의 부분적 자극에 머물러 있거나 신체 전체를 유익한 방향으로 이끌지 않는다면 그것은 능동이 아니라 수동적 정념에 의한 쾌락에 불과하다.

스피노자는 '부분적 쾌락의 수동성'과 '전체의 기쁨과 능동성'을 확실하게 구분하면서 협소한 경제학에 넓은 시야를 제공한다.

신고전학파 경제학에서 데카르트의 형이상학(이성과 계산 합리성)에 근거하는 공리주의(utilitarianism)는 주관적 쾌락과 고통의 효용을 계산하고 측정하여 개인의 선호와 행위가치를 판단한다. 사회 전체의 후생도 개인의 주관적 만족도인 쾌락(+)과 고통(-)을 합산하여 가늠한다. 예를 들어 공리주의는 버스에서 젊은이가 노인에게 자리를 양보하는 것도 쾌락과 고통의 관점에서 바라본다. 전통문화와 예절로 볼 때 노약자를 배려하는 일은 당연하다. 선험적이고 보편적인 도덕과 윤리 차원에서 봐도 마땅하다. 그런데 공리주의는 다른 관점에서 접근한다. 건강한 젊은이는 노인보다도 덜 고통스럽다는 이유로 자리를 양보하는 것이 옳다고 판단한다. 젊은이와 노인의 쾌락과 고통을 합산했을 때 자리를 양보하는 행위가 그렇지 않은 것보다 낫기 때문이다.

공리주의에서 모든 행위의 가치는 칸트(I. Kant)가 말하는 선험적 도덕률의 옳고 그름의 당위적 윤리나 전통예절의 문화적 차이가 아니라 주관적 쾌락과 고통의 합계로 평가한다. 비주류 경제학자인데도 노벨경제학상(1998)을 수상해 센세이션(sensation)을 일으켰던 센(Amartya K. Sen)은 공리주의를 체계적으로 비판한다. 공리주의는 쾌락과 고통의 효용정보만을 유일한 기준으로 보는 후생주의(welfarism), 주관적 쾌락과 고통을 합산하는 합계원리(sum-ranking), 쾌락과 고통을 최종 합산해서 결과만 가지고 옳고 그름을 판정하는 결과주의(consequentialism)라고 직격했다.[5]

스피노자의 정서 메커니즘에서 쾌락과 고통은 부분적 자극에 머무르는 정념(passion, 수동적 감정)에 불과하다. '부분적' 쾌락과 고통의 효용을 합산한 결과를 가지고 '전체적' 후생의 기준으로 삼는 공리주의는 사회 전체를 정념과 일차원적 감정이 지배하는 수동성과 예속상태에 머물도록 한다.

쾌락과 고통의 부분적 자극에 촉발되는 수동적 감정을 행위의 기준으로 삼는 호모 에코노미쿠스는, 스피노자의 시선으로 바라볼 때 '신체의 정념을 계산하고 측정하는 합리성과 도구적 이성에 근거하는, 즉 부적합한 인식에 의해 작동되는 수동적 감정의 노예'에 지나지 않는다.

이미 봤듯이 한계효용체감의 법칙은 사과를 먹을 때마다 한계효용이 점점 증가하다 일정 지점에서 감소하는 쾌락과 고통의 흐름을 보여준다. 주류경제학에서 인간정신은 신체 일부분의 자극을 통해서만 얻어지는 쾌락과 고통의 감각자료를 사후적으로 계산하는 도구적 계산기의 역할을 수행할 뿐이다.

코나투스는 인간을 유리한 방향으로 이끌도록 작용하는 생명력이며 실존적 역량의 표현이다. 부분적 쾌락은 신체의 유익함을 해치고 전체적으로 활동역량을 감소시킨다. 코나투스가 갖는 자기보존, 유익성, 생명의 힘은 더 작은 완전성으로 이행할 때 인간정서를 슬픔의 변용으로 이끈다. 담배는 부분적으로 쾌락을 가져다주지만 코나투스의 생명력을 감소시키기 때문에 슬픔의 정서를 낳는다. 소비재에 대한 과도한 마케팅·광고·소비탐닉은 외부자극을 더욱 촉발하여 인간을 수동적 정념의 노예상태로 몰아넣는다.

스피노자의 정서 메커니즘에서 기쁨은 다른 외부양태와 유익한 결합으로 신체적 변용에 활력이 일어나고 코나투스의 역량도 증가하는 데서 나온다. 사과가 먹기 싫은데도 억지로 먹게 되면 수동의 정서(passion, 정념), 다시 말해 자기와 맞지 않은 다른 신체(물체, body)와 수동적으로 만나면 슬픔이 일어난다.

우리 몸은 미각·시각·청각 등의 수많은 내장기관으로 이뤄진 복합적 개체다. 시고 떫은 사과를 미각이 부분적으로 거부하더라도 전체적으로 인과관계를 파악하고 사과가 몸에 유익하다는 공통성을 획득해서 기꺼이 먹게 되는 능동(action)의 정서는 기쁨을 낳는다.

시장경제에서 소비행위도 부분적 쾌락이나 고통이 아닌 전체적 인간발달(wholistic human development)에 유익해야 한다. 소비재에 대한 과도한 마케팅과 광고, 끊임없는 스마트폰의 광고 알고리즘, 소비탐닉은 외부자극을 더욱 촉발하여 인간을 수동적 정념의 노예상태로 몰아넣는다.

우리는 기쁨의 세계에 사는 듯하지만 풍랑 속의 돛단배처럼 외부결정의 파고에 자신의 욕망이 휘둘리는 쾌락과 슬픈 정념의 바다를 떠돌 뿐이다.

외부적 자극이나 정념에 휘둘리는 수동성에서 벗어나 자기가 결정하고 능동적으로 판단하는 행위주체(agency)가 되어야 한다. 참다운 사유인 이성의 지도에 따른 욕망과 본성을 긍정하고 '인과관계의 공통성과 필연성'을 통해 다양한 개성과 자신만의 고유한 세계를 펼쳐야 한다. 더 큰 완전성의 코나투스와 기쁨으로 이행하기 위해서는 이성의 계발과 역량을 강화해서 자신의 욕망을 적합하게 이끌어나가야 한다는 것도 스피노자의 정서에서 얻는 귀중한 메시지다.

스피노자에게 인간의 코나투스는 동물과 같은 물리적인 자기보존의 일차원성을 넘어 영원을 향한 이성적 자아와 닿아 있다.

마트롱(A. Matheron)에 따르면 스피노자는 이성적 자아의 코나투스를 설명하기 위해 인간본성을 3단계로 분류한다. 그것은 생물학적 이기주의(같은 책, 제4부 정리19~22), 이성적 효용주의(같은 책, 제4부 정리23~24), 지성주의(같은 책, 정리25~28)로 나뉜다.[6]

스피노자가 규정하는 생물학적 이기주의는 기쁨을 추구하거나 슬픔을 멀리하고 외부대상이 인간에게 안겨주는 유·불쾌한 자극에 반응하여 행동한다. 일차적 이익에 따라 자기를 보존하기 위한 맹목적 욕망의 코나투스다. 신고전학파 경제학의 합리성도 유·불쾌의 반응 또는 쾌락과 고통을 계산하여 더 높은 기쁨을 얻으려는 극대만족의 행동원리로서 크게는 생물학적 이기주의를 벗어나지 못한다.

최근 신고전학파 경제학이 제시하는 합리성은 인간의 이상적인 모습이 아니라 오히려 하등동물에게 합당하다는 주장도 등장한다. 가령 호수에서 오리 33마리에게 두 군데로 나눠 먹이를 주고 있었는데 어느 날 한곳보다 다른 곳에서 먹이 주는 속도를 2배로 올렸다. 실험결과는 두 군데의 오리가 순식간에 22마리와 11마리로 나뉘는 균형을 보였다. 다른 연구에서도 이익을 극대화하기 위한 인간의 합리성은 오리떼의 행동양식과 별 차이가 없었다. 이것은 높은 수준의 합리성을 가정하는 게임이론에서 등장하는 인간 역시 (자기이익만 맹목적으로 집착한다는 차원에서) '자폐적'이라는 지적과 합치한다. 물론 인간은 실제로 윤리, 규범, 사회성 때문에 오리떼처럼 행동하지 않는다는 주장도 거세어 논란의 여지는 많다.[7]

개인적 이익에 따라 본능적으로 존재를 보존하는 생물학적 이기주의는 2단계 이성적 효용주의로 넘어간다. 2단계는 이성을 계발하여 자신의 유기적 균형을 도모하고 외부세계와의 관계를 더 풍부하게 가져간다. 이성적 효용주의는 하등동물과 같은 자폐적이고 '본능적 행동'이 아니라 자기 이익과 만족을 위해 '이성적 효용'을 극대화한다. 인간은 삶 전체를 합리화하기 위해 매순간 욕구의 최대만족을 안겨다줄 계산에 따라 살아간다.

이성적 효용주의에서 문제점은 이성이 효용과 목적을 위한 수단으로 변질하고, 주류경제학에서 보듯 보편적 이성이 합리적 계산을 위해 도구적 이성으로 축소된다는 데 있다. 당연히 인간본성의 이상적 모델은 호모 에코노미쿠스가 된다.

홉스(T. Hobbes)가 상정하는 인간유형도 호모 에코노미쿠스와 비슷하다. 인간은 자기를 보존하고 확대하기 위해 노력하는(endeavor, conatus) 욕망의 존재로서 개체의 지배력을 강화하기 위해 끊임없이 권력의지를 갖는다. 쾌락과 고통의 합리적 계산도 코나투스의 보존과 자기확장을 위한 수단이 된다. 이성은 계산적 이기주의를 위한 도구가 되어 글자 그대로 '이성을 효용의 수단으로 삼는' 이성적 효용주의가 작동한다.

궁극적으로 이성은 수단이 아니라 그 자체가 목적이 되어야 한다. 스피노자의 이성적 효용주의는 마지막 3단계인 지성주의로 넘어가서 '우리 자아를 전적으로 규정할 어떤 영양장치에 접붙이된 일종의 계산기', 말하자면 호모 에코노미쿠스를 떼어내고 '이성적 삶 그 자체를 목적으로 삼는다.'[8]

자기보존을 추구하는 이익의 코나투스(홉스, 이성의 수단화와 효용주의, 호모 에코노미쿠스)와 참된 이성에 의해 인도되는 코나투스(스피노자, 이성 자체를 목적으로 삼는 지성주의)는 노예와 자유인의 삶을 사는 기준이 된다. "후자는 다른 사람의 소망이 아니라 [또는 외부 정념에 의해 흔들리고 부적합한 인식에 의거하여 수동적이거나 타인의 소망에 따라 사는 것이 아니라] 자신의 소망을 따르고 자기 인생에서 가장 중요하다고 인식하는 것들을 행하며, 따라서 매우 위대하게 욕망한다. 그러므로 나는 전자를 노예라 부르고, 후자를 자유인이라고 일컫는다."(같은 책, 제4부 정리66 주석)

이성적 삶은 우리를 수동과 노예 상태로 내모는 정념의 결과를 필연적 인과관계로 파악하여 적합한(adequate) 관념을 획득하고 스스로 능동적 작용인이 되는 이성적 코나투스를 말한다. 번개를 신의 징벌로 여기고 두려움에 떨게 되는 수동적 감정(정념)의 결과를 벗어나 자연법칙의 인과관계로 파악하여 적합한 관념을 획득하는 것도 능동적 자유인으로 가는 길이다. 자유는 스스로가 자기원인이 되어 적합한 관념과 공통성을 획득하는 능동적 변용에 달려 있다.

지성주의 단계에서 이성적 코나투스는 실체(신)의 속성을 통해 무한하게 변용된 관념, 즉 자연=신과 마주친다. 스피노자에게 최고의 선은 신에 대한 인식이며 그것은 신의 관념을 획득하여 자신이 능동적 작용인이 되는 데 달려 있다.

경제학에서 이성을 수단과 효용이 아니라 이성 자체를 목적으로 추구하는 지성주의는 무엇일까?

인간과 자연은 신의 무한한 힘이 표현되는 양태이고 또 무수한 양태들은 서로 접속하고 결합하여 자신의 코나투스를 유리한 방향으로 이끈다. 인간은 다른 양태와 만나면서 새로운 존재관계를 맺고 거기서 적합한 관념과 공통성을 획득하여 더 많은 변용능력으로 자신의 역량을 키워나간다. 활동능력의 확장은 욕망의 기쁨이며 자유로움으로 가는 길을 안내한다.

인간과 자연이 부적합한 인과관계 속에서 공통성을 확보하지 못하면 서로의 결합과 변용은 파괴와 슬픔을 낳는다. 인간이 자연을 착취수단으로 삼아 '억압하고 뽑아내고 변형'(an extractive modification for production)하는 이윤 극대화의 자본주의 생산방식은 자연에 거주하는 온갖 코나투스의 존재를 파괴하고 활동역량을 감소시켜서 슬픔의 계열로 몰아넣는다.

스피노자의 시선으로 보면 "지금 지구 전체가 슬프다"고 표현할 수 있다. 슬픔의 원인을 제거하지 못하면 작은 불씨 하나에도 거대한 산야가 불로 뒤덮이는 분노로 폭발한다. 미움과 분노는 슬픔의 계열이다. "슬픔은 인간의 더 큰 완전성에서 더 작은 완전성으로 이행하는 것이며, 미움은 외적 원인을 동반하는 슬픔이며, 분노는 타인에게 해악을 끼친 어떤 사람에 대한 미움이다."(같은 책, 제3부 정서의 정의)

나무 한 그루는 인간에게 책상이라든지 땔감이라는 목적으로 변형되지만, 나무는 스스로 그렇게[自然] 신의 필연적 본성으로 표현된 힘이며 실존적 존재다. 사람과 나무는 자연의 일부다. 존재하는 모든 양태의 실재는 완전성을 갖는다. 서로 접속하고 합성하고 변용하여 더 큰 완전성으로 가는 역량의 확장이 바로 이성의 길이며 신을 더 잘 인식하는 기쁨으로 우리를 이끈다.

나무끼리 결합하여 숲 전체의 생태계를 유지하는 것도 유익한 변용이다. 나무를 가공하여 책상으로 만드는 일이 생산이다. 숲의 나무와 인간이 만나서 책상이 만들어지는 변용의 생산과정도 모든 양태에 유리하다. 인간은 소비를 통해 책상과 결합하여 지적이고 유익한 코나투스의 존재로 변용하는 기쁨을 얻는다.

문제는 자본주의 생산과 소비 방식이 서로 적합한 공통성을 넘어 무분별하게 나무를 훼손하고 생태계를 파괴한다는 점에 있다. 탐욕적인 시장 자본주의에서는 적합한 공통성(서로 유리한 변용+사용가치의 필요충족+생산과 소비의 적정성)이 무너지고 개별자본의 이익(서로 파괴적 변용+교환가치의 잉여추구+이익 극대화)을 위해 숲이 사유화되고 무분별하게 나무를 베어내 생태계를 파괴하는 비극이 언제나 벌어진다.

무수한 양태들이 서로 결합하여 유리한 코나투스로 나가는 스피노자의 공통성(common) 개념(또는 공통관념 common concept)은 나무와 숲과 같은 자연자원이 어느 개인 자본의 사적 독점으로 전락하거나 사유화(enclosure)되지 않고 '모두가 공동의 권리를 갖는 사회 공유자산으로서 민주적으로 공통 관리하는 커먼즈(commons)'와 연결된다.

나무는 또 다른 변용의 길을 걷는다. 나무가 서로 모여 숲을 이루면 무수한 변용의 역량이 펼쳐진다. 숲은 단순한 나무의 집합을 벗어나 새로운 개별적 복합체를 이루며 새로운 성질을 얻는다. 숲에서 버섯이 자라고 온갖 새가 날아들고 이끼에다 미생물과 박테리아가 생기면서 수많은 변용의 양태들이 서식한다. 거기에는 무한한 신의 속성과 힘이 투사되어 우주 전체의 모습이 그려지듯이 거대한 '신 즉 자연의 생태 네트워크(ecological network)'가 열린다.

나무와 숲과 인간은 서로 적합한 인식과 공통성을 가지고 모두에게 이익을 준다. 나의 이익이 타자의 손해를 대가로 한다면 공통성은 없다.

사회공동체도 나의 이익이 너의 이익이 되는 공통적 변용을 통해 이성적 코나투스의 모습이 그려진다. 인간과 인간이 서로 적합한 인식과 공통성을 갖게 되면 자신에게 유익한 일이 타인에게도 유익한 일로 작용한다. 서로 협력하여 사회를 이루어 의미 있는 삶과 전체 행복을 누리도록 하는 것도 이성적 코나투스의 삶이다.

서로가 공통성을 갖고 결합하면 더 큰 능력을 가지게 된다. 인간에게 인간은 최고로 유익하다. "만일 전적으로 본성이 똑같은 두 개체가 서로 결합한다면 단독의 개체보다 두 배의 능력을 가진 개체가 되기 때문이다. 인간에게 인간보다 더 유익한 것은 하나도 없다. … 모든 사람이 동시에 모든 사람에게 공통된 이익을 추구하는 것보다 더 가치 있는 어떤 것도 바랄 수 없다. …이성의 인도에 따라서 자기의 이익을 추구하는 사람들은 자신이 다른 사람들을 위해서 바라지 않는 어떤 것도 자신을 위하여 욕구하지 않으며, 따라서 그들은 공정하고 성실하며 또한 정직하다."(같은 책, 제4부 정리18 증명)

경제학은 부분적 쾌락과 효용의 공리주의, 자기이익과 합리적 계산의 개인주의 그리고 도구적 이성의 수단에서 벗어나 스피노자의 이성적 코나투스와 더 큰 완전성을 향한 인간적 삶과 기쁨, 나아가 본성에서 공통성을 가진 개체의 역량(또는 개별신체individual body)이 모여 더 큰 힘을 발휘하는 사회적 신체 또는 사회공동체(social body)에서 새로운 시야를 얻을 수 있다.

'나쁜 만남'은 있어도 '나쁜 지배'가 있어서는 안 된다

평생 연구실이 1층이라 거미가 방충망 틈새로 침입해 여기저기 집을 짓는다. 거미는 옹색한 창틀 직각 모서리에도 빗금 치듯 본능적으로 거미줄을 쳐놓고 먹이를 기다린다. 가끔 지저분한 거미줄을 어찌할까 망설인다. 어떤 때는 생태적 공존의 차원에서 방치하다가도 때로 화장지를 움켜쥐고 쓰레기통 속으로 직행하는 나의 손에서 거미를 본다. 다시 며칠이면 어김없이 거미집은 재건축된다. 거미의 본성과 나의 본성이 소리도 없이 오랜 세월 동안 싸움을 벌여왔다.

나라는 인간을 중심으로 본다면 거미는 내 공간의 별별 하루살이를 거미줄로 낚아채서 정리해 주기 때문에 선이지만 눈에 거슬리기도 하고 내 영토를 침범했다는 점에서 악이다. 선과 악은 나에게 좋은 관계인가 나쁜 관계인가에 따라 달라진다.

거미는 거미줄이라는 역량으로 생명력의 코나투스를 유지하려고 애쓴다. 나 역시 자료가 가득한 공간을 토대로 존재의 힘과 연구 생산력(?)의 코나투스를 보존하려고 노력한다. 나와 거미의 코나투스가 충돌한다.

거미도 그렇듯 사물도 그 자체로 선과 악은 없다. 칼이 외과의사와 만나면 좋음이고 강도에게 들리면 나쁨이다. 양태들과의 관계에서 좋음(good)과 나쁨(bad)이 나온다. 나는 거미를 파괴할 수 있는 더 힘있는 존재다. 거미는 나와 나쁜 관계에 있게 된다.

자연은 더 크고 강한 것이 더 작고 약한 것을 파괴하여(같은 책, 제4부 공리) 자신의 코나투스를 유리하게 펼치는 만남의 세계를 필연적 법칙으로 전개한다.

스피노자의 핵심은 자연 안에 '나쁜 만남'은 있어도 '나쁜 지배'가 있어서는 안 된다는 데 있다. 스피노자가 살았던 혼란스러운 정치체제처럼 군주가 신민을 통제하고 주인이 노예를 억압하는 지배체제는 결코 용납돼서도 안 되었다. 자연만물은 신의 능력과 힘을 분유하고 인과관계의 만남에 따라 서로 변용된 양태라는 점에서 누가 누구를 일방적으로 지배할 수 없으며 모두가 동등할 따름이다.

거미줄에 걸린 파리도 거미와 나쁜 만남이었다. 거미는 파리를 잡아먹음으로써 자신의 활동능력과 코나투스를 증진한다. 거미는 파리의 입장에서는 나쁜 관계로 마주쳤지만 지배하지는 않는다.

밀림에서 호랑이에 쫓기는 들소도 나쁜 관계의 마주침이다. 인간처럼 호랑이는 들소떼를 거느리고 지배하지 않는다. 인간만이 서로간의 대립과 지배 관계 때문에 온갖 잔인한 살상을 벌인다. 스피노자가 『에티카』를 집필했던 근원적 까닭도 우리 모두는 신의 표현으로서 타인과 공존하고 협력하는 동일한 자유인이라는 것을 깨우치기 위함이었다.

평생 허름한 골방 하숙집에서 지냈던 스피노자의 거실에도 거미는 수시로 출현했을 것이다. 스피노자는 짓궂게도 거미줄에 파리를 던져넣어서 거미의 움직임을 관찰하며 시간을 보내기도 했다.

들뢰즈는 스피노자가 파리를 잡아먹는 거미를 지켜보며 외부에서 오는 필연적 죽음이라는 관점에서 우리에게 '죽음이라는 환원 불가능한 외재성'을 가르친다고 본다.[9] 동물은 우연이라도 마주치면 필연적으로 서로 죽이기는 하지만 그것은 어디까지나 외부에서 이뤄진 '나쁜 만남'일 뿐이었다. 이와 달리 군주가 신의 이름을 앞세워 신민을 전쟁으로 몰아넣고 굶어죽도록 방치하거나, 시장경제가 인간이 죽든 말든 상관없이 자신의 추상적 법칙에 따라 움직이도록 작용하는 '나쁜 지배'는 야만의 극치(ultimi barbarorum)로서 외부가 아닌 '내재적 죽음'이었다.

스피노자의 거미사례는 데카르트의 공리를 반박하는 과정에서 등장한다. 데카르트는 "더 크거나 더 어려운 것을 해낼 수 있는 것은 이보다 덜한 것도 해낼 수 있다. 예를 들어 50파운드를 들어올릴 수 있는 힘은 25파운드를 그 절반의 힘으로 들어올릴 수 있다"고 말한다. 당연한 듯 보이는 데카르트의 이야기를 스피노자는 거미에 비유하여 비판한다. "거미는 쉽게 그물망을 짜는 데 반해 사람들은 굉장히 어렵게 짠다. 반대로 천사는 못할지 모를 일들을 사람들은 쉽게 한다."[10]

거미줄은 거미에게 실존역량 그 자체로서 완전성이다. 실재는 완전성이다. 거미의 본성상 거미줄을 짜는 행위는 매우 쉽다. 자연스럽다. 나는 거미를 단숨에 잡아 쓰레기통에 버릴 정도로 역량이 큰 인간이지만 거미줄을 짜는 행위는 첨단기계를 동원해도 불가능하다.

나와 거미는 제각각의 고유한 역량을 달리 갖고 있어서 서로 비교하고 측정할 수도 없다. 역량은 공통의 기준에 의해 비교 측정할 수 없는, 즉 통약 불가능성(noncommensurability) 또는 이질성(heterogeneity)을 갖고 있어서 서로 바꿔 쓸 수도 없다.

거미에게 데카르트가 "50파운드를 들어올릴 수 있는 힘을 절약해서 절반의 힘으로 들어올리라"고 명령한다면 언뜻 쉽고 편한 것 같지만 사실은 절대로 이뤄질 수 없는 일이다. 거미줄을 덜 능숙하게 짜는 일이 거미한테는 불가능하다. 만약에 거미가 자신의 의지로 절반만 거미줄을 짠다고 한다면 엄청난 고통이 뒤따른다. 거미의 본성에는 전혀 맞지 않기 때문이다. "어떤 존재도 자기가 할 수 있는 것에 **못**미처 있지 않다. 즉 모든 존재는 항상, 그리고 매순간, 자기가 될 수 있는 모든 것이 된다. …모든 역량(potentia, puissance)은 현행적(en acte)으로 있다. 즉 모든 역량은 실제로 그렇게 되는 것이다."[11]

거미로 '있음'과 '뭔가 할 수 있음'이 따로 떨어져 있지 않다. 거미줄은 거미가 매순간 '스스로 그러하듯이' 자신이 될 수 있는 역량의 모든 것이다. 거미는 덩치 큰 모기나 몇 마리 잡으려고 거미줄을 대충 성기게 짜면서 자신의 힘을 아끼지도 않는다. 거미줄은 어떤 의도나 결여도 없이 현행하는 완전성(perfection)의 표현이며 거미의 실존 그 자체다.

거문고의 장인에게 실존은 제작역량과 따로 떨어져 있지 않다. 거문고의 제작과정과 장인의 삶은 하나다. 장인은 오동나무를 골라서 오래도록 말린다. 일정한 시간이 지난 뒤 끌로 울림통을 만들어 부속물을 붙이고 현을 고른다. 거문고 현과 나무통이 하나가 되어 서로 공명하고 음색의 떨림이 바람에 실려 자연스러워야 작업이 끝난다. 한 달이 걸려서 완성된 거문고는 장인이 자신의 역량을 최고로 표현하는 매순간이 완전성 그 자체다.

만약 어떤 주문자가 장인에게 거문고의 값이 비싸니 절반 가격에 기간도 보름으로 줄여달라고 부탁하면 어떨까? 단연코 불가능하다. 장인에게 덜 완전하게 만드는 일은 자신의 본성과 어긋나기 때문이다. 설령 장인이 가난한 살림에 당장 병원비가 필요해 터무니없는 조건을 수락한다 해도 엄청난 고통을 느낄 것이다. 이때 돈이라는 외재성은 주문자의 시장권력이나 장인의 빈곤과 각각 변용되어 지배하는 힘으로서 작용하는 능력(변용능력) 또는 권력(potestas, pouvoir)으로 내재화한다. 들뢰즈가 말하는 나쁜 지배이며 내재적 죽음이다.

화폐권력에 좌절된 거문고 장인에게 스피노자는 따뜻한 눈길을 돌린다. 엄청난 고통을 감수했던 장인에게 슬퍼하거나 자책하지 말라고 위로한다. "당신은 속으로 눈물을 흘리면서도 지금 되돌아보면 아쉽겠지만 그때 그 어려운 순간에도 자신이 할 수 있는 최고의 역량을 보여줬기 때문이다."

헐값으로 거문고를 만들었던 어제의 시간이 불완전하고 오늘이 완전한 것은 아니다. 어제도 오늘도 완전하다. 당신은 매일매일 자기 본성에 따라 고유한 방식으로 최고의 역량을 다했기 때문이다. 다만 더 큰 완전성이 더 작은 완전성으로 이행하면서 슬픔을 느꼈을 뿐이다.

인간은 신의 무한한 힘을 자신의 고유한 역량으로 나눠 가지며 실존하는 역동적 존재다. 완벽한 신은 오류가 없듯이 인간도 결여와 불완전은 없다. 매순간 우리는 완전함의 실존 그 자체다.

호수의 표면에 번지는 동심원은 매순간 밀리고(수동, passion) 밀치면서(능동, action) 둥그런 원을 그리며 퍼져나간다. 순간순간의 동심원은 크기(역량)만 다를 뿐 물이라는 양태가 변용하는 완전성의 표현이다.

숱한 예술가들이 나중에 성공하고 나서 무명시절에 그렸던 헐값의 그림들을 고가로 되사들여 불태운다. 이것은 외부성에 수동적으로 움직였던 자신의 본래적 역량(potentia)을 회복하기 위해 자기원인의 적합한 행위로 바꾸는 변용능력(potestas)이라고 볼 수 있겠다.

스피노자는 힘을 potentia(puissance, 역량, 잠재적 능력)와 potestas (pouvoir, Power, 능력·권한·권력)로 구분하는데 번역어는 물론 개념도 다양하다.

potentia는 거미와 거문고 장인의 사례에서 보듯 자신의 생명력과 실존을 유지하는 본래적 또는 현행적인 힘으로서 감춰진 잠재력과도 같다. 무질서한 에너지이며 잠재적이고 수평적인 활력이며 정치적으로 다중(multitude)의 역동성으로까지 확대된다. potestas는 개체에 본래적으로 들어 있는 potentia가 외부의 마주침에 따라 변용하는 능력이며 '사물에 내재한 힘이 다른 사물과의 관계에서 발생하는 힘'이다. 개체는 코나투스를 유지하고 확장하기 위해 자신에게 위협적인 것은 회피하고 유리한 양태는 적극적으로 결합하여 새로운 변용능력을 확장하고자 노력한다. 예를 들어 전기에너지가 전선을 흐를 때는 '무정형의 내재적 힘'(potentia, power)이지만 컴퓨터와 만나면 다양한 변용능력으로 바뀌어 질서 있는 힘, 즉 '정형의 특정한 힘'(potestas, Power)으로 나타난다. 정치적으로는 다중의 역동적 potentia가 제도와 법률의 틀을 이뤄서 모습을 갖추면 특정한 권력의 potestas가 된다. 특정 힘의 potestas가 자발적인 능동의 potentia와 유리되면 군주는 주체적 시민(Subject)을 신민(subject)으로 예속하는 지배권력이 되기도 한다.

스피노자의 실존적 역량은 베블런이 소망했던 기술자(엔지니어) 세계에서도 드러난다. 기술자는 유한계급의 약탈적 본성과 대립되는 제작본능을 가지고 자연과학의 객관적 인과관계, 과학적 사실과 기계과정, 전체 사회의 발전을 위해 사물과 기계를 효율적으로 개선하는 계급이다.

베블런은 자본주의 세계를 영리기업(business)과 산업(industry)이라는 두 가지로 나눈다. 영리기업은 약탈과 돈벌이(making money)를 속성으로 하며 산업영역은 효율적 생산과 기술자의 제작행위(making thing)를 본능적 특징으로 삼는다.

조금 이야기를 돌려, 기술자=산업의 특성은 일본 경영의 신 마쓰시타 고노스케(松下幸之助)가 술회한 자서전에서도 보인다.

어느 날 마쓰시타가 절간을 다녀오다가 목이 말라서 두리번거렸다. 마침 근처에 수돗물이 있는 집을 찾았더니 대문만 열려 있었다. 주인도 없고 해서 조심스레 물만 먹고 나오는데 순식간에 어떤 생각이 스쳤다. "누구나 물을 떠먹도록 대문이 열려 있는 것은 그만큼 수돗물 값이 싸기 때문이다. 나도 누구나 필요한 사람이 가격에 구애받지 않고 전구를 살 수 있도록 많이 만들어서 싸게 팔아야겠다." 그 뒤로 마쓰시타는 "다리미의 값도 3할 이하로 내릴 것, 제품도 좋아야 하며 매월 1만 개를 만들어서 값이 싸진다면 1만 개를 더 만들고 더 싸진다면 1만 5천 개를 더 만들자"는 생각으로 좋은 물건을 싸게 공급하여 사람들이 손쉽게 생활에 쓸 수 있도록 했다.

베블런이 보기에 마쓰시타는 전형적으로 생산효율성을 생각하고 제작을 통해 보람을 얻는 산업영역의 기술자에 속한다.

영리기업은 땀 흘리고 근면 성실한 효율과 합리적 생산과 대립적으로 움직인다. 그들은 '최대한 많이 만들어서 값을 내리고 효율과 생산성을 극대화'하는 기술자의 산업영역은 관심이 없을 뿐더러 오히려 높은 수익을 올리는 데 거추장스러운 방해물로 간주한다. 제품생산의 효율성을 고의로 떨어뜨려 공급을 감축시켜서 가격을 올리는 독점적 이익을 얻고자 한다. 이것을 베블런은 영리기업의 사보타주라고 부른다. 사보타주는 생산현장에서 효율성을 의도적으로 퇴보시키는 것이다.

자본가들은 이윤획득이 가능한 가격(profitable price)이 보장되지 않으면 자신들의 기계생산시설과 유·무형의 자산을 인질로 삼아 베블런이 비꼰 것처럼 '효율성과 양심의 의도적 철회'(conscientious withdrawal of efficiency)를 자행한다.

제작본능에서 나오는 장인의 실존적 완전성과 최고의 생산역량은 영리기업가에 의해서 저지당한다. 스피노자의 개념으로 보면 기술자의 현행적 힘과 역량(potentia)은 시장가격의 지배권력(potestas)에 의해 왜곡된다.

베블런은 기술자들이 역량을 모아 기업인들의 사보타주를 저지하고 효율적 생산으로 낭비를 없애서 사회 전체가 물질적 복지수준을 높이고자 하는 기술자 중심 사회를 구상하였다. 1919년 소비에트 혁명에 자극을 받은 베블런의 '기술자 소비에트(soviet of technician, 기술자 최고권력기구) 이론'은 당시 소련이라든가 영리기업의 가격체제가 지배하는 미국의 상황에서 현실 가능성은 없었다. 하지만 1929년 대공황을 맞아 루즈벨트 대통령이 시행한 뉴딜정책에서 노동조합을 세계 최초로 인정한 조치는 베블런이 제기한 기술자 우위 시대의 흐름과 결코 무관할 수는 없었다.

이탈리아의 마르크스주의자 네그리(Antonio Negri)는 스피노자의 역량과 능력을 권력의 차원에서 탁월하게 재해석했다. 여기서 문제는 가장 좋은 정부를 찾는 것이 아니라, 각각 주어진 정치사회의 유형 안에서 더 좋은 해방(자유) 형태를, 즉 다중에게 자신들의 고유한 역량(potentia)을 마음껏 펼치게 하면서 재전유해 나갈 수 있는 (그리고 그렇게 해야만 최적의 자기조절을 할 수 있는) 구조를 찾아내는 것이었다. 스피노자의 민주주의는 대중적 권위라는 역동적 형태인 '구성하는 권력'(pouvoir constituant, constituent power, '구성된 권력'이 아니라 '혁명적 사건'을 통해 표출되는 저항자들의 활력이나 법과 규범 그리고 제도를 구축해 내는 법질서로부터의 예외적 힘)에 의해 활성화되는 것이다. 스피노자의 경고대로 역량(potentia)과 권력(pouvoir)은 서로 대립하는 것이 아니라 다양함(non opposita sed diversa)에 있는 것이었다.[12]

다중의 역량(potentia)을 다양하게 표현하는 민주적 정치 또는 공동체나 결사체와 같은 사회적 기구(social body) 그리고 유익한 제도의 힘과 권력(potestas)은 코나투스의 생명력을 더 큰 완전성으로 이끌고 기쁨을 낳는다. 거꾸로 다중의 역량과 동떨어져서 나를 수동적으로 지배하고 예속시키는 군주의 권력은 슬픔과 분노의 정념을 일으킨다.

다중에는 언제든 주권의 일부를 국가에 위탁했으나 자신들을 배신하고 억압한 홉스의 권력을 촛불혁명처럼 회수해서 새로운 역량의 권력으로 바꿀 수 있는 저항과 혁명이 들불처럼 잠재되어 있다.

예속과 지배권력으로부터 해방되어 실존적 역량을 회복하고자 하는 주체성의 발휘는 자기가 원인이 되고자 하는 욕망의 자기생산(autopoiesis, 스스로 생명력을 유지하고 발휘하기 위한 능동적인 코나투스의 힘)으로 나타난다. 욕망은 어떤 모습으로 결정될지는 모르지만 뜨거운 용암의 마그마처럼 해방으로 나아가는 흐름이다. 수많은 네트워크들이 마주치고 바뀌고 변형하며 어떤 결절점에서 특이성(singularity)이 이뤄진다.

스피노자는 지배권력에 대항하여 다양한 정서와 욕망의 갈래가 흐르며 부딪히고 상호 작용하는 정념(수동적 감정)의 역학 속에서 새로운 주체성이 창출된다고 보았다. 지금껏 개인을 복종으로 이끌어 왔던 정념은 가끔 자신을 변형(reconfigure)시켜서 기존 제도가 가진 권력을 무너뜨린다.

권력이 통제하지 못하고 남아 있던 지푸라기들이 많아지면 정념은 변용되어 군중들을 다시 움직이게 한다. 스피노자는 지배권력에 대항하는 슬픔의 정서를 분노(indignation)로 표현한다. "분노란 타인에게 해악을 끼친 어떤 사람에 대한 미움이다."(같은 책, 제3부 정서의 정의) 분노는 도덕적 감정을 넘어 무엇보다도 정치적 성격을 갖고 있어서 어떤 '침해'(offense)를 목격하였을 때 피지배의 예속된 사람들이 힘을 응집시켜서 반란을 일으키도록 몰고 간다. 처음에는 한 사람이 침해를 당했지만 슬픔이 번져서 대중들 모두가 겪는 것처럼 간주된다. 슬픔의 전염은 하나의 원인 때문에 촉발되기도 하고 주변에 같은 슬픔이 넘쳐흐르게 하여 예속 편입된 코나투스들이 공통적으로 반란 또는 반동적 운동(reactionary movement)을 일으키도록 결정짓는다.[13]

시장권력에 대항하여 사회를 보호하기 위한 칼 폴라니의 이중운동(double movement) 역시 슬픔의 정서가 분노로 이어지고 인간 삶의 실존역량을 되찾기 위한 행동력의 분출이다. "슬픔이 크면 클수록 인간은 슬픔을 제거하고자 하는 행동력(agendi potentia, the power of acting)도 커진다."(같은 책, 제3부 정리37 증명)

칼 폴라니의 실체경제는 수요와 공급의 시장법칙과 화폐권력으로 매개되는 객체화(objectivation)된 권력을 거부한다. 주체적 역량으로 의식과 책임을 가진 생산자와 소비자가 직접적인 관계망 속에서 재화의 유용성과 경제적 가치를 평가하고 계획적으로 조정하여 인간의 살림살이와 경제를 '투명하게'(transparent) 이끄는 민주사회를 지향한다.

칼 폴라니는 투명한 사회를 만들기 위해 내적 조망(inner overview)을 내세운다. 가족과 같은 연대망 속에서 인간과 사회를 전체적으로 조망하여 구성원들의 내면적 의견과 욕구를 느끼고 함께 경험하는 자발적 조직원리를 대안으로 가져가는 것이다. 사회구성원들이 가슴에 품고 있는 의견과 욕구들을 '상호 다양한 관점과 토론'으로 반영하고 서로가 의무와 책임을 다하는 사회를 칼 폴라니는 최고의 공동체로 여겼다.

칼 폴라니가 구상한 사회는 노동조합, 협동조합, 각종 결사체, 생태적 연대망, 참여적(자주적) 지자체 등을 사회적 골간으로 삼는 결사체 사회주의, 길드 사회주의 또는 자주적 관리사회주의로도 불린다.

칼 폴라니의 길드 사회주의는 생산자와 소비자들이 사전에 경제적 가치를 조정하고 합의하는 과정이라 볼 수 있는 사회주의 경제계산(socialist accounting)에서도 잘 드러난다. 여기서는 기능을 서로 달리하는 생산자조합과 소비자조합들의 연합체가 합의를 통해 경제적 가치(가격)를 협상해 낸다. 가격결정에서 물적 화폐라는 낯선 매개자의 권력에 의존하지 않고 생산자와 소비자 집합이 서로 내면적으로 조망하고 이해관계자들의 조합과 연합체들이 합의와 조정으로 협상가격을 끌어낸다.

스피노자의 관점에서 내적 조망은 인간의 살림살이가 외적인 시장권력에 좌우되는 외적 조망이 아니라 자기가 원인이 되고 스스로 주체적 역량을 발휘하여 움직이는 내적 작용인이다. 시장에서 하나의 재화는 수요와 공급이 마주치는 가격결정으로 생산과 소비량이 결정된다. 시장의 가격결정에서 생산자의 노고와 애정, 소비자의 욕구와 의견, 눈에 보이지 않는 사회적 비용과 편익, 꼭 필요한 사회적 소비량을 넘어 파기되는 낭비, 생태적 문제, 재화의 유용성과 같은 문제는 완전히 배제된다.

내적 조망은 '생산자와 소비자 연합체가 가격결정의 다양한 요인들을 타당성 있게 합의하여 마침내 공통성'에 이른다는 점에서 스피노자의 인식론적 방법론과도 통한다. 내재적 역량은 수동적 외부원인(외부조망, 시장에 의한 가격결정, 외부 광고마케팅의 이미지와 상상의 혼란 등)과 시장권력에서 벗어나 '인간, 동료, 사회와 자연환경의 그물망'(실체경제의 개념)을 내적으로 조망하고 거기서 적합한 공통성을 획득하여 새로운 기쁨과 욕망을 창조해 나간다.

다이아몬드 같은 사치재는 시장경쟁기구에 맡겨도 상관없다. 기본적 필수재화에는 내적 조망성을 부여하여 사회적 필요와 욕구를 충족시켜 줘야 한다. 이것은 구체적으로 노동, 건강, 주택, 자녀를 위한 좋은 교육, 식량 등 먹을거리, 생태, 연구, 창조적 활동의 기회, 여가를 향유하는 모든 사람을 위한 자연·예술·시의 폭넓은 융합활동, 언어와 역사의 향수, 자기존엄성을 가지고 살아가기 위한 생활보장, 지자체나 정부와 각종 자발적 결사체에서 제공하는 서비스(육아와 노약자를 위한 돌봄 등)를 아우른다.[14]

마르크스를 생태적 사회주의로 해석한 사이토 고헤이도 시장근본주의(상품화)와 소련형 사회주의(국유화)도 아닌 제3의 길로서 커먼을 제시한다. 전력, 주택, 의료, 교육 등을 공공재로 삼아서 사람들

이 노동자와 시민의 자발적 상호부조와 같은 어소시에이션에 의해 민주주의적으로 관리할 것을 강조한다.[15]

기후위기라는 총체적 재난 시대에 '자본의 상품화'를 넘는 마르크스와 '자기조정시장을 넘는' 칼 폴라니가 커먼즈의 민주적 관리, 자발적 결사체(association)의 역동성, 공공재와 비시장경제의 사회적 조정을 핵심으로 생태사회주의(ecosocialism)라는 교차로에서 서로 수렴하는 모습도 보여준다고 하겠다.

연전에 한국사회를 분노에 빠뜨렸던 토지개발과 주택공급은 엄청난 공적 이득을 사적으로 독점화시키는 투기 메커니즘에서 나왔다. 부동산투기를 막고 삶의 실체를 유지하는 방법 역시 누가 봐도 타당한 '생산과 소비가 갖는 필연적 인과관계의 적합성과 공통성의 확보'를 통해 불로소득을 회수하고 가격을 협의하여 모두가 공통의 부를 얻는 데 있다.

사실 시장경제는 다른 차원에서 이미 사회에 묻혀 있는, 말하자면 사회에 빨판을 드리워 상품이 아닌 것을 끊임없이 상품화하고 사회적 공유자산을 인클로저하여 부당하게 이익을 착출하는 착근경제(embedded economy)의 성격을 지닌다. 탈법 투기적 카르텔(투기세력 정치권력과 재벌·언론과 검찰의 블록동맹체)이 사회 깊숙이 악의 뿌리를 내려 공유지를 사유화하고 권력의 로비를 통해 막대한 불로이득을 거둬나가고 있다. 시장경제를 다시 사회에 되묻고자 하는 이중운동은 커먼즈를 통해 사회의 공유자산을 회복하고, 인클로저화되는 사회를 보호하고, 투명한 민주사회를 만들어 모두가 공통성의 삶을 확보하고자 하는 거대한 저항도 함께해야 한다.

　칼 폴라니의 실체경제에서 실체(substance)는 '인간과 동료와 자연과 나를 둘러싼 사회환경'이 상호 작용하여 서로 유익한 코나투스의 힘(potentia)으로 결합하면서 거기에 통일과 안정성을 부여하는 제도, 즉 재분배·호혜성(상호성)·시장교환이라는 사회적 통합패턴의 제도화(제도화된 질서권력으로서 potestas)로 이어진다. 칼 폴라니의 핵심은 하나의 제도일 뿐이었던 시장교환이 자기조정시장의 메커니즘으로 지배하는 억압적 권력 또는 스피노자가 말하는 해악으로부터 발생하는 슬픔의 정념을 분노와 강력한 반동적 행동력으로 제거하려는 데 있다.

　사회로부터 떨어져나온(disembed) 시장권력을 다시 되묻고자 하는 칼 폴라니의 재착근(reembed) 작업도 결국은 지배권력(poestas)으로 변질된 자기조정시장을 다시 사회적 신체가 갖는 코나투스의 생명력과 힘(potentia)에 묻고 본래의 제도적 패턴으로 되돌리고자 하는 실존역량의 회복운동이다. 주고받는 증여의 호혜성을 동태적인 축으로 삼아 재분배와 시장교환을 부차화시키려는 칼 폴라니의 운동 역시 제도를 포함하여 궁극적으로 신의 본질이 변용된 양태들이 서로 지배하지 않고 각기 고유한 실존과 역량을 구현해야 한다는 스피노자의 존재론적(ontological) 인식과도 이어진다. 칼 폴라니가 제도는 '인간이 부여하는 의미와 삶의 목적을 구현해 놓은 체화물(embodiment)'(GT, p. 262)이라고 말했을 때도 "단지 제도에 불과한 시장이 지배적 권력으로 바뀌어 인간과 더불어 모든 존재의 코나투스를 예속시켜서는 안 된다"고 이야기하는 것과 같다.

스피노자의 실체(신 즉 자연)와 칼 폴라니의 실체(실체경제)가 갖는 공통성은 무엇일까? 물론 스피노자와 칼 폴라니의 실체(substance)는 본질과 차원도 다른 개념이지만 거칠게 유효한 의미만을 추출하면 신과 자연과 인간이 서로 변용하여 필연적 인과관계를 맺으며 어우러지고 우리 삶을 내재적으로 생성시켜 주는 근본적 토대라는 공통성도 지닌다.

실체는 신의 무한한 힘과 능력을 분유한 양태들의 변용이 전개하는 그물망이며 인간과 자연이나 온갖 사물들과 무수한 정서가 상호 작용하고 변용(affection)하여 공통성을 확보해 가는 '사이 주체성'(intersubjectivity, 수많은 양태들의 접속과 정서의 흐름과 변용으로 너와 내가 구별되지 않는 공통 인식의 지대)의 능동적 영역이다. 실체는 외부의 초월적 존재로서 군림했던 신(또는 피지스 physis로 신격화된 시장권력, 삶의 실체적 내용을 효율과 이익 극대화의 형식에 가두는 형식경제)을 위한 목적행위(목적인)를 기각하고 대신 자기가 원인이 되는 실존의 역량과 능동적 힘으로 움직이는 작용인의 공간이며 상생하는 살림살이(livelihood)의 영역으로 작용한다. 실체는 슬픔을 분노의 행동력으로 제거하고 한걸음 더 나아가 기쁨을 얻기 위해 '내적 역량이 마주치는 경험과 즐거운 정서가 서로 흐르도록 하는' 욕망과 해방 놀이터라고도 보겠다.

시장권력이 지배하는 오늘날 물이 마른 대지를 적시듯이 분자 수준의 보이지 않는 슬픔의 정서가 곳곳에 스며들어 분노가 된다.

분자혁명은 자기로부터 소외된 권력(potestas)의 슬픔 또는 악을 자기원인의 역량(potentia)과 행동 결정력으로 제거하고자 하는 능동적 욕망의 흐름에서 나온다.

인간적 삶과 풍요로움은 '기쁨의 정서'를 얻는 데 있으며 '그것을 추구하고 갈망하고 노력하는 코나투스의 기쁨'은 다름 아닌 '진정한 선의 다다름'으로도 이어진다.

욕망하고 역량을 키우며 선에 이른다

주류경제학은 인간을 현실처럼 자신의 역량을 발휘하기 위해 능동적으로 행동한다고 보지 않는다. 자신의 효용과 이익을 극대화하기 위해 일관된 선호체계(system of preference)를 갖고 외부자극에 따라 부분적 쾌락과 고통으로 반응하고 계산하는 수동적 존재만을 인간모델로 삼는다. 당연히 개인주의에 입각한 경제학 방법론은 타인에게 피해를 입히지 않으면 된다는 불간섭의 소극적 자유주의를 전제로 하고 있어서 타인의 행동에 무관심하고 윤리와 도덕적 문제도 논외의 대상이 된다.

경제학에 처음으로 역량의 개념을 도입한 경제학자는 공리주의를 근본적으로 비판했던 센(A. Sen)이다. 뒤를 이어 윤리철학자 누스바움(M. C. Nussbaum)도 여기에 가세했다.

센과 누스바움은 인간의 평등과 불평등을 경제적 물질이 아닌 역량의 발휘라는 관점에서 바라본다. 역량접근(capability approach)은 인간 삶의 질을 개인적 효용이나 소득의 결과로만 따지는 획일적 공리주의(경제적 관계)에서 탈피하여 자신이 소망하는 모습을 구체화하기 위해 '필요한 기능을 선택하고 기회를 얻어 실현할 수 있는 (functioning, 실질적 기능수행) 다양한 역량동기'(사회적 맥락)에 중점을 둔다.

역량은 어떤 상태(being)에 있고 싶고 거기에서 어떤 일을(doing) 성취할 수 있는 여러 가지 실질적 기능들(functionings)의 조합에서 나온다.[16] 역량의 꾸러미는 좋은 영양상태, 건강, 교육과 같은 기본적 기능수행에서부터 사회적 지위, 직업, 소득, 여행, 전문적 기술, 친구와의 만남, 자존심, 사회적 인정, 정치적 참여, 공동체의 협력까지 다채롭다. 사람마다 다양한 상태와 활동(또는 존재와 행위)을 포함하는 기능수행의 집합에서 '자신이 가치 있다고 여기는 내용을 선택해서 좋은 삶(wellbeing)을 영위할 수 있는 자유로움'이 역량을 좌우한다. "개인의 역량은 성취할 수 있는 기능수행들의 다양한 조합을 가리킨다. 역량은 일종의 자유로서 여러 가지 기능의 조합을 성취할 실질적 자유이다[덜 형식적으로 말하면, 다양한 삶의 양식을 추구할 자유다]."[17]

다양한 기능수행의 집합에서 언제든 자신이 가치 있다고 생각하는 특정한 역량과 좋은 삶을 위해 선택과 기회를 획득할 수 있는 자유가 역량이다.

A와 B 두 사람이 자전거를 타고 달린다고 할 때 공리주의와 역량접근법은 서로 다른 방향에서 바라본다. 공리주의는 두 사람 모두

가 소비재(자전거)를 구입하여 재화의 효용과 물질적 쾌락을 실현했기 때문에 인간욕구가 똑같이 충족된 것으로 간주한다. 사실 A는 자전거를 통근용으로 샀지만, B는 자가용을 놔두고 통근과 운동도 겸하고 여유마저 즐기려는 목적으로 구입하였다.

A의 기능수행 집합은 A조합(자전거를 탈 수 있는 건강상태, 자전거)이다.

B의 기능수행 집합은 B조합(건강상태, 자전거, 자가용, 도보 출퇴근)이다.

B는 A보다 선택할 수 있는 기능수행의 집합이 다양하기에 A보다 역량이 훨씬 많고 자유롭다. 공리주의처럼 물질적 소득의 많고 적음을 역량의 크기로 보지 않는다. B처럼 소득을 자전거와 같은 자원으로 전환하는 역량도 삶의 질을 측정하는 척도가 된다.

사실 A는 최근 가족회의에서 만장일치로 합의하여 자동차를 팔았다. 시민환경단체에서 활동하는 A는 기후위기를 막기 위해 프로그램을 제작하고 자신도 몸소 실천하기로 했다.

A의 기능수행 집합은 다시 A′조합(건강, 자전거, 지적 역량, 가족과의 화합, 시민단체 활동)으로 바뀐다.

역량접근법은 A처럼 인간 삶에서 역동성을 가지고 고유하고 다양한 생활양식을 전개하는 행위주체(agency)를 매우 중요시한다.

A와 B가 자전거를 타고 다니면서 겪는 사회적 문제는 역량의 공간에 영향을 끼친다. 자전거도로의 여건이 미흡하거나 자전거를 타는 데 따르는 사회적 무시와 편견 같은 것이다. A와 B가 결국 자전거

를 포기하고 다시 자동차를 선택할 수밖에 없는 상황이 지속되면 기능수행 집합의 내용은 줄어들어 좋은 삶을 위한 기회와 선택도 좁아진다. 그만큼 실질적 자유도 축소된다. 이 때문에 센은 기능수행의 집합과 다원성을 위해 정부의 역할, 정치와 민주주의, 특정한 사회의 기능과 공통가치, 공공담론의 참여를 강조한다.

센과 누스바움은 모든 시민이 평등한 역량을 누릴 수 있는 조건을 창출하여 사회정의로 삼는 역량접근을 정치적 목표로 설정한다. 누스바움은 아예 국가가 사회정의를 위해 제공해야 할 최저수준으로 기능수행의 집합목록을 건강, 안전, 정치적 권리, 개인적 성찰을 포함한 10개로 나누어 핵심 역량으로 제시한다.[18] 그녀는 인간의 기능적 역량목록을 제시하여 모든 사회에 적용될 공통적이고도 보편적 수준의 역량에 더 많은 관심을 보인다. 센은 누스바움의 핵심 목록을 달가워하지 않지만 역량 리스트는 숙의민주주의와 공적 추론(public reasoning)을 거쳐야 한다고 강조한다.

센과 누스바움의 역량접근은 공통적으로 아리스토텔레스에 뿌리를 둔다. 센의 역량은 가치 있다고 여기는 어떤 것이나 좋은 삶의 목적을 실현하기 위해 실질적인 기능수행들의 집합내용을 조합할 수 있는(combination of functionings) 실질적 자유다. 기능수행들의 집합은 어떤 목적을 실현하기 위한 자원으로서 미실현적 개념들이다. 역량은 어떤 목적을 위해 아직 실현되지 않은 실질 기능의 다양한 조합이라는 점에서 잠재능력(potential)이기도 하다.

아무리 부자라도 가치 있는 목적을 위해 자신의 소득을 과감하게 다른 자원으로 전환(conversion)하거나 맞바꾸지(trade off) 못하면 그것은 여전히 잠재된 역량자원에 지나지 않는다. 매우 오래된 격언처럼 부가 곧 행복은 아니다. 부는 행복을 실현하기 위한 잠재자원에 지나지 않는다.

기능수행(functioning)들은 아리스토텔레스에게서 디나미스(dynamis, 힘·세력·역량·가능성)와 에르곤(ergon, 기능·성과물·성취)의 개념과 대응한다.

지상에 있는 현상계의 개별자들은 형상과 질료의 결합을 통해 끊임없이 생성하며 발전해 나간다. 간단하게 아리스토텔레스의 에르곤과 디나미스는 '형상이라는 최종목적(end, telos)을 실현하기 위한 질료의 기능들(functions, ergon)과 잠재역량(capability, dynamis)의 운동개념'이며 '현실태(완전태)를 완성하기 위한 가능태의 기능수행과 활력'이다. 예를 들어 어느 꼬마가 커다란 바위를 깎고 새기는 조각가를 보았다. 몇 달이 지나가자 조각가는 하늘을 날 듯한 멋진 말을 완성했다. 그것을 본 꼬마가 "아저씨는 어떻게 바위 속에 말이 있는 줄을 아셨어요?"라고 물었을 때 말은 형상이고 바위는 질료가 된다. 질료는 말이라는 특정한 형상을 얻을 가능성이 있는 가능태(잠재태)이다.

사물은 한꺼번에 모습을 드러내는 것이 아니라 다양한 과정을 통해서 자신의 형상을 자연스럽게 보여준다. 씨앗이 싹을 틔워 묘목이 되고 다시 잎과 줄기가 나오고 커다란 수목으로 커가는 것도 질료적인 잠재태가 형상의 현실적 모습으로 드러나는 현상이다. 자연은 형상을 따라 완성된 모습을 나타내기 위해서 끊임없이 움직인다. 질료가 형상을 따라 변화하는 운동과정은 최종적인 목적이 있기 때문이다.

조각가가 자신의 예술적 덕성과 탁월성을 발휘하여 바위에서 말의 형상을 끄집어내지 않고 순전히 판매하기 위해서만 조각을 한다면 그것은 자연스러움(the natural)에 위배된다. 사물의 가능태는 반드시 형상을 따르는 최종의 목적에 부합되어야만 하기 때문이다. 아리스토텔레스의 핵심적 가치는 '자연스러움'에 있다. 커다란 바위를 조각가가 그 속에서 원래부터 잠재해 있는 형상의 모습을 세상에 내보이는 것처럼 인간도 에우다이모니아(eudaimonia), 즉 자신에 내재한 신성(인간의 형상)을 발휘하고 드러내며 완성해 나가는 삶이야말로 최고의 자연스러움이다.

좋은 삶(a good life)으로서 에우다이모니아는 인간의 역량접근을 목적으로 하는 센의 좋은 삶 또는 잘살기(well being)에 대응한다. 에우다이모니아는 '좋은'(eu) 영혼 또는 '신성'(daimon)의 합성어이다. 아리스토텔레스는 인간에게 깃든 영혼과 신성을 발휘하여 최상의 좋음으로 나가는 에우다이모니아를 가장 인간성이 풍부히 피어나는 삶(human flourishing)으로 보았다.

센은 자신의 역량접근법이 아리스토텔레스와 매우 중요한 연관성을 가졌다고 인정하면서도 기능수행과 역량의 사용방식에서 서로 실질적 차이가 있다는 점을 부각한다.[19] 아리스토텔레스는 에우다이모니아를 누구나 좇아야 할 '보편성'의 목적대상으로 삼는다.

센 자신은 물론 누스바움도 개별 사회적으로 좋은 삶은 '다양성'의 추구에 있으며 누구든 필요에 따라 기능수행 조합 또는 꾸러미목록을 선택할 수 있는 실질적 자유를 역량으로 강조했다는 점에서 아리스토텔레스의 목적론과 다르다고 주장한다.

서양철학사에서 거대한 뿌리줄기를 이루었던 아리스토텔레스의 목적론(teleology)은 그것을 일거에 무너뜨린 스피노자의 반목적론(antiteleology)과 대립한다. 아리스토텔레스는 완벽주의(perfectionism)이고 스피노자는 완전주의(perfectism)라는 점에서도 대척점에 서 있다.

완벽주의는 인간의 존재란 원래 불완전하며 모든 인간은 자신의 불완전한 존재를 완전하게 만들기 위해 자신의 본성을 구성하는 특성들을 계발해야 한다고 본다. 이와 달리 완전주의를 설명해 주는 '완전함'은 존재론적으로 결여(steresis, privation, 결핍)가 존재하지 않음을 의미한다.[20] 스피노자의 완전주의에서 모든 존재는 신의 무한한 역량을 나눠 갖기 때문에 역량의 차이는 있을망정 완전하다.

센의 역량접근은 아리스토텔레스가 말하는 좋은 삶(a good life), 즉 인간본성에 자리 잡은 이성=신을 되살리는 영혼의 활동으로서 최상의 좋음, 탁월성, 행복(에우다이모니아)을 준거의 틀로 삼고 있다.[21] 아리스토텔레스에게 모든 사물의 형상은 최종적인 목적인이 내재되어 있으며 현실태도 최종목적에 부합해야 한다. 역시 인간에게 좋은 삶을 위한 이성=영혼의 활동과 행복은 아리스토텔레스의 4대 원인론(형상인·질료인·작용인·목적인) 중에서 최종 목적인에 해당한다. 신은 인간을 에우다이모니아를 구현할 형상의 목적인으로 간주한다.

신이 목적이 될 수는 없다. 목적은 인간이 자기유용성에 맞춰 스스로 대상에 의미를 부여한 것에 불과하다. 스피노자의 반목적성은 당연히 아리스토텔레스의 목적론을 거부한다. 스피노자에게 실체(신)는 언제나 내재적 작용인이다.

아리스토텔레스의 목적론과 스피노자의 반목적론을 결정적으로 구분 짓는 내용은 선의 관념(concept of good) 또는 선한 삶이 무엇인가를 확인하면 명료해진다. 아리스토텔레스는 선을 목적의 원인(목적인)으로 삼으며 스피노자는 선을 작용의 결과(작용인)로 본다.

선은 자신의 욕망과 본성을 긍정하면서 끊임없이 추구되어 드러나는 '그 무엇'이다. 행복은 '불완전한 존재가 완전함'(아리스토텔레스)을 추구하는 초월적 지위에 있는 것이 아니라 '완전한 존재가 더 큰 완전성'(스피노자)으로 이행하는 매순간의 기쁨에서 나온다. "우리는 그것을 선이라고 판단하기 때문에 그것을 향하여 노력하고 의지하며 충동을 느끼고 욕구하는 것이 아니라, 반대로 노력하고 의지하며 충동을 느끼고 욕구하기 때문에 어떤 것을 선이라고 판단한다."(E, 제3부 정리9 주석)

선은 코나투스의 덕성(virtue)으로서 욕망이라는 인간본성과 일치하는 한에서 필연적이다. "사물은 우리의 본성과 일치하는 한에서 필연적으로 선이다."(같은 책, 제4부 정리31) 선은 이성적 보편성이나 목적론의 부여도 아니며 개개인이 각자의 욕망과 적합할 때 다양성을 갖는다.

모든 존재는 신 즉 자연의 필연적 본성에서 무수한 인과관계의 연결망에 따라 변용된 양태로서 자기를 표현한다. 사물이든 관념이든 양태를 통한 신적 인식은 적합한 인식과 공통성을 획득하는 능동성에서 나온다. 이성적 코나투스를 향한 욕망의 본성을 수많은 양태들과 일치시키고 적합화할 때 그것이 선이다.

스피노자는 선을 먼저 내세우는 목적론에 반대한다. 정치영역이 선의 개념과 범주를 먼저 형성하거나 누스바움처럼 처음부터 기능수행의 목록을 확정해서 공적 목적으로 삼으면 다양성이 상실될 수 있다. "기능수행 자체를 시민들이 하나의 확정적 방식으로 강요하는 공적 정책의 목표는 자유주의적 다원주의가 갖는 가치를 포기하기 때문이다."[22] 기능수행의 선함(the goodness)을 평가할 때 선의 개념은 다양성을 위배하지 않아야 하며 인간의 실질적 발달에는 사전에 부과하지 않는 개념이 필요하다.[23]

센의 다양한 실질적 기능수행과 누스바움의 핵심 역량목록은 인간적 삶과 다양성을 보장해 주는 밑거름으로서 누구나 좋은 삶을 영위할 수 있는 인간발달의 기본적 인프라가 된다. 그렇지만 좋은 삶 또는 선(the good)의 관념을 앞세우면 인간의 삶에서 가장 중요한 창조적이고도 다양한 역동성을 훼손할 수 있다. 역량발달은 보편성(universalism)의 필요조건을 기반으로 개별 사회의 문화적 가치에 따른 다원성(pluralism)과 능동적 행위주체의 역동성(dynamism)을 충분조건으로 갖춰야 한다.

인간의 욕망을 긍정하면서 도출되는 스피노자의 선처럼 '노력

하고 충동을 느끼고 욕구하도록 욕망을 긍정하여 선에 이르는 길'이
인간 개개인에게 개성과 다양성은 물론 더 큰 완전성으로 이행하는
기쁨을 가져다준다.

> 당신이 배를 만들게 하고 싶다면, 사람들에게 목재를 가져
> 오게 하고 일을 지시하고 일감을 나눠주는 일을 하지 마라. 대신
> 그들에게 저 넓고 끝없는 바다에 대한 동경심을 키워줘라. (A. 생
> 텍쥐페리)

바다를 향한 끝없는 갈구와 욕망이 배를 만든다. 바다에 뛰어들
고 싶은 욕망은 수영이라는 능력을 키운다. 수영선수는 운동장보다
수영장에서 자유롭다. 수영에 서툰 사람은 물이라는 양태와 만나게
되년 자신을 변용할 수 있는 역량이 부족하기에 자유롭지 못히다.
수영에 능숙한 사람은 물의 흐름과 팔다리를 적응시키는 합일, 즉
양태들 간의 운동과 정지의 비율에서 공통성을 획득하여 능동적 변
용능력을 얻는다. 자유는 역량과 능동적 변용능력에 달려 있다.

코나투스의 이성적 삶은 욕망을 긍정한다. 욕망은 우리 삶을 더
나은 방향으로 이끄는 덕성의 기초다. 자유인의 삶은 욕망을 덕성으
로 삼아 이성과 더불어 적합한 인식, 공통성, 능동성에 기초하여 새
로운 욕망을 끊임없이 창조한다. 수영은 다이빙과 파도타기라는 새
로운 욕망을 창조하고 이어서 스쿠버가 되고 싶은 도전과 모험으로
코나투스의 삶에 활력과 기쁨을 불어넣는다.

배를 만들게 하고 싶다면 바다에 대한 동경심과 욕망을 키워줘야 한다. 배를 만드는 목적을 선으로 앞세우면 배만 만드는 데 그칠 수 있다. 끝없이 바다를 동경하고 갈구하고 충동하는 욕망의 길을 긍정하고 걷다 보면 배를 만드는 것 이상으로 수만 갈래의 길이 우리의 눈앞에 펼쳐진다.

자기본성과 합일하는 선과 욕망의 길에서 우리는 또 다른 세계의 문을 두드릴 수 있다. 바다에 대한 끝없는 동경심은 무한한 욕망을 안겨주어 바다를 찬미하는 예술가가 되거나, 바다를 넘어 우편배달 비행기를 모는 조종사가 되거나(A. 생텍쥐페리), 멕시코 해변에서 아침나절에 물고기를 잡고 오후에 한가롭게 낮잠을 자는 어부가 되거나(하인리히 뵐의 『느림예찬』), 대대로 살아온 어촌마을에서 고래와 이야기하며 행복을 느끼는 시인이 되거나, 바다 너머 대도시로 나가서 자신의 꿈을 실현하기 위한 의지와 용기를 준다.

꿈꾸고 갈구하고 의지하고 충동하며 자신의 욕망과 본성에 따라 살아가고 삶에서 부딪히는 수많은 양태를 변용하여 자신만의 역량을 키워나가는 길이 스피노자가 말하는 선이다. 인간은 선의 길을 걸으며 누구도 흉내낼 수 없는 그 사람만의 단독성(singularity) 또는 특이성을 가진 존재가 된다.

"선이란 우리가 형성하는 인간본성의 전형에 점차적으로 접근하는 수단이 되는 것을 우리가 확실히 알고 있는 것이라고 이해한다."(E, 제4부 서문)

역량접근의 자유와 스피노자의 역량에서 드러나는 자유는 다르다. "대단히 많은 것에 적합한(유능한) 신체를 가진 사람은 정신의 가장 큰 부분이 영원한 정신을 소유한다."(같은 책, 제5부 정리39) 자연은 곧 신이기 때문에 자연을 많이 지각하고 경험할수록 신과 닮게 된다. 수많은 양태와 마주치고 경험하며 공통 개념을 형성하고 사물의 원인에 내재한 신적 인식을 통해 신에 대한 지적 사랑(스피노자의 제3종 인식으로서 직관)과 영원한 정신의 기쁨을 얻는다.

스피노자가 『에티카』에서 마지막까지 말하고 싶은 메시지는 사랑과 기쁨이다. 기쁨은 신체와 정신이 더 큰 완전성으로 이행하는 정동 또는 정서의 변이다. 스피노자에게 역량과 자유는 신체의 변용 능력을 키우며 인간발달을 위해 노력하고 영원한 정신과 만남으로써 기쁨(laetitia)을 얻는 것에 있다.

기쁨과 자유는 더불어 살아가는 사회에서 나온다. 스피노자는 외부의 수동적 정념에서 벗어나 덕과 이성에 따라 살아가는 자유로운 인간들이 모여 사는 사회를 제안한다. "자유로운 인간들은 홀로 고독 속에 살아가는 것보다 협력하여 살아가는 사회 안에서 더 자유롭다."(같은 책, 제4부 정리73) 역량과 자유의 문제를 자유로운 개인과 기쁨의 사회공동체까지 확장하는 작업도 필요하다. 이때 "풍요로운 사회에서 인간과 사회적 발전이 실패하고 오히려 풍요로움이 인간과 사회적 발전에 장애가 될 수 있는 원인도 설명할 수 있다."[24]

스피노자와 칼 폴라니의 공통인식

헤겔은 스피노자를 근대철학의 결정적인 지점으로 보고 철학을 하려면 반드시 스피노자를 통과해야 한다고 말한다. 그것은 스피노자의 철학체계가 근대철학의 내재적 과제인 신과 인간의 필연적 관계를 완전히 새로운 차원에서 인식했기 때문이다.

프랑스 철학자 들뢰즈는 스피노자를 철학자들의 그리스도라고 불렀다. 이탈리아의 정치철학자 네그리(A. Negri)는 "스피노자주의가 되지 않고서는 어떻게 삶과 철학의 희망을 다시 긍정할 수 있겠는가?"라고 밝힌다. 스피노자는 숱한 현대사상가들이 새롭게 조명하면서 현대철학을 한 단계 끌어올렸다.

파문과 금기 뛰어넘기

스피노자는 1632년 네덜란드 암스테르담에서 유복한 유대계 상인의 셋째아들로 태어났다. 그의 할아버지와 아버지는 종교적 박해를 받던 포르투갈을 떠나 개신교 국가인 네덜란드로 이주하여 유대인 공동체를 이루며 살고 있었다.

당시 네덜란드는 에스파니아와 독립전쟁을 벌이면서도 독자적인 해상무역으로 번영을 누리고 있었으며 새로운 과학과 철학·예술·문화의 중심지로서 황금시대를 구가했다. 17세기에 자유로운 분위기가 넘치자 유대인 공동체에서도 전통적인 성서해석과 교리를 반박하는 이단성도 불거졌다. 위릴 다 코스타(Uriel da Costa)의 경우 영혼은 불멸하지도 않으며 죽음 이후에 다른 삶은 존재하지 않는다고 비판하였다가 혹독한 대가를 치렀다. 그는 1640년에 공개적으로 태형을 당하고 파문의 위기까지 겪다가 결국 자살로 생을 마감하였다. 스피노자가 다 코스타와 같은 이단적 사상에 익숙했다는 것은 의심의 여지가 없다.

스피노자는 히브리어 문법책을 쓸 정도의 능숙한 언어구사력에다 유대교 성서와 랍비의 문서들에도 높은 학식을 가졌다. 자폐적이었던 유대인 공동체와 달리 바깥세계는 다양한 사상의 용광로가 들끓고 있었다. 새로운 학문과 지적 담론은 유럽의 공동언어였던 라틴어로 쓰여 있었다. 스무 살이 되던 해에 스피노자는 예수회 소속의 자유사상가이며 무신론자로 알려졌던 프란시스쿠스 반 덴 엔덴(Franciscus van den Enden)의 라틴어학교에 입학하여 라틴어와 스콜라

철학, 데카르트 철학, 과학, 수학, 물리학을 배우며 독자적인 사상을 갖추게 된다.

스피노자의 이단적 생각과 생활방식은 유대인 사회에서 골칫거리였다. 랍비들은 회개하고 유대인 교단과 화해할 것을 요구하고 경제적으로 회유했지만 스피노자는 거부한다. 광신도로 보이는 자객에게 습격도 받았다.

1656년 7월 27일, 24세의 스피노자는 유대인 사회와 종교는 물론 경제적인 모든 것으로부터 단절되는 파문(chrem, 헤렘)을 당한다. 스피노자의 파문은 아직도 연유가 확실하지 않지만 다른 누구보다도 가혹했다. 그만큼 뛰어난 랍비로 촉망받았던 스피노자에 대한 배신감이었을까? 온갖 저주가 담긴 판결문은 섬뜩하였다.

…스피노자를 파문하고 이스라엘 백성들로부터 쫓아내기로 결정하였다. …우리는 스피노자를 추방하고, 욕하고, 저주하노라. 여호수아가 여리고(Jericho, 팔레스타인의 옛 도시) 사람들을 저주했던 축출선언으로… 율법서에 쓰여 있는 모든 징계로 그를 저주하노라. 낮에도 그에게 저주가 있을 것이고, 그가 일어나 있을 때도 저주가 있을지어다. 그가 밖으로 나가도 저주가 있을 것이고, 그가 안에 있어도 저주가 있을지어다. 주께서는 그를 용서하지 않을 것이며, 주의 분노와 질투가 그자에게 벌을 내리실 것이고… 주께서 하늘 아래서 그의 이름을 지워 없애실 것이다….

저주의 판결문은 다음과 같은 경고로 끝난다. "누구도 그와 말이나 글로도 교류해서는(communicate) 안 된다. 그에게 어떤 친절도 베풀거나 같은 지붕에 있어서도 안 되고, 그와 4큐빗(약 1.8m) 이내에 있어서도 안 되며, 그가 쓰거나 작성한 글을 읽어서도 안 된다."[1]

스피노자는 파문으로 모든 것을 잃었다. 형과 함께 운영하던 상점 일도 그만두었다. 이전부터 명성이 자자했던 스피노자는 허름한 하숙집에 머무는 동안 많은 사람들의 방문과 편지를 받게 된다. 경제적으로 궁핍했으나 렌즈 깎는 일로 생계를 유지하면서 스스로를 고독한 삶으로 몰아넣었다. 자신이 소망하는 욕망과 본성에 따라 생활하면서 이성의 길을 걸으며 무한한 자유를 얻었던 시간이었다.

공동체에서 파문이나 추방(excommunication)은 유대인의 전통과 교리에 근거하는 권력과 지식담론 체계의 에피스테메(episteme)를 벗어나서 비록 힘들고 처절하지만, 사막 저 건너편에 있을지도 모를 새로운 존재와 인식론을 확고히 할 수 있는 탈주의 계기가 되었다. 공동체 바깥에서 스피노자의 사유는 세속화된 신과 단절하고 금기를 뛰어넘는 획기적 작업으로 나타난다. 스피노자도 그러했듯이 파문이나 추방으로 쫓겨난 바깥세계는 공동체 내부와 달리 누구도 자신을 보호해 주지 못하고 쓸쓸하고 황량한 방랑의 길이 펼쳐져 있었다. 그곳은 오이디푸스가 자기 눈을 찌르고 떠도는 사막처럼 처절한 시련의 공간이었지만, 한편으론 신의 저주를 벗어나 새로운 사유와 행동을 시도하는 탈주의 영역이기도 했다.

파문의 판결문은 랍비들이 신의 이름을 빌린 저주로 가득 찼다.

자신이 섬긴 신을 떠난 자는 악인이었다. 완벽한 신이 완전한 세계를 창조하고도 아직도 징벌하고 저주를 내리는 까닭은 신 스스로가 보기에도 아직 세상은 불완전하고 흡족하지 않다는 증거일 텐데 그것은 참으로 '완전함'의 모순된 행위였다. 아니면 세속종교의 성직자들이 무서운 신을 만들어 인간을 복종시키고 노예로 삼고자 했던 연유에서 찾을 수밖에 없었다. 신의 명령은 선과 악을 가르는 기준이었다. 악에 대한 신의 징벌은 공포를 낳았고 도덕이 되었다.

스피노자가 보기에 신은 초월적 존재자도 아니고 세계를 창조하지도 않았다. 완전한 신이 뭔가 부족해서 또 하나의 세계와 자연을 만들었다는 것도 앞뒤가 맞지 않았다. 신이 피조물을 창조하는 순간 '완전한 무한자'는 스스로 결여를 드러내기 때문에 '불완전한 무한자'(이 말은 둥근 삼각형과 같은 형용모순임)가 된다.

완전한 신은 존재 그 자체로 완벽했다. 신은 어느 것도 창조하지 않았으며 어느 것에도 의존하지 않고 자연에 내재하는 본질적 근원의 실체로서 자기원인의 무한한 산출자였다. 스피노자의 신(무한성)은 곧 무한한 변용의 양태로서 자신의 본성(nature, 자연)을 필연적으로 드러낼 뿐이었다.

신은 만물의 내재적 원인으로서 '신 즉 자연'(Deus sive Natura)이었다. 무신론으로 오해받을 수 있는 신 즉 자연이라는 신의 개념은 유대교와 기독교의 거센 반발을 불러일으켰다. 점차 입지도 축소되고 고독은 더욱 깊어갔다.

스피노자는 선과 악이 시작되었던 지점으로 들어간다. 아담과 하와는 뱀의 유혹에 못 이겨 선악과를 먹지 말라는 신의 명령을 어긴다. 최초로 죄를 범한 인류는 에덴의 동산에서 추방되어 죽음과 노동이라는 고통스러운 삶에 들어간다.

스피노자는 아담과 하와가 신의 명령을 위배했던 행위에 의문을 품었다. 신이 선악과를 금지한 것은 명령이 아니라 계시였다. 선악과는 뱀에게 괜찮지만 인간이 먹으면 신체에 해를 끼치고 죽을 수도 있다는 충고였다. "따라서 아담에게 명한 금지는 다음과 같은 의미입니다. 즉 아담이 과일을 먹으면 죽을 것이라는 신의 계시가 그 금지의 의미입니다. 이는 우리의 자연적인 이해력이 독은 치명적이라는 것을 알려주는 것과 같습니다."(『스피노자 서간집』, 서신19)

나의 지인은 김밥이나 비빔밥을 먹을 때 항상 당근을 뺀다. 몸에 알레르기가 일어난다고 한다. 나에게 당근은 좋지만 어떤 사람에게는 독이 된다. 같은 사물이라도 누구에게는 좋음이 되고 누구에게는 나쁨이 된다. 나와 당근의 마주침이 새로운 양태의 존재양상을 촉발하여 신체 코나투스의 생명력에 활력을 불어넣으면 좋음이 되고 그렇지 않으면 나쁨이 된다. 당근은 나에게 선이고 다른 사람에게는 악이 되듯이 선과 악은 인간 중심의 관점에서 나올 뿐이었다. 세계에 존재하는 모든 사물은 양태로서 신의 본성을 갖고 있기에 그 자체로는 선도 악도 아니었다.

선과 악은 우리와 사물의 마주침의 관계에서 발생한다. "왜냐하면 동일한 사물이 동시에 선이고 악일 수 있으며 또한 양자와 무관할 수 있기 때문이다. 예컨대 음악은 우울한 사람에게는 좋고, 슬픈

사람에게는 나쁘며, 귀머거리에게는 좋지도 나쁘지도 않다."(*E*, 제4부 서문)

도덕(moral)은 선악의 개념에 기초해서 초월적 계율을 어긴 양심의 가책과 죄책감으로 구성된다. 스피노자는 선과 악의 절대적 도덕률이 아니라 인간이 다른 존재와 마주치면서 상대적으로 발생하는 좋음과 나쁨의 관계윤리(ethics)로 나간다. 스피노자의 『윤리학』(*Ethica*)은 인간도 자연의 일부로 다른 개체와 어떤 관계를 맺고 살아가야 하느냐를 말한다.

이미 언급했듯이 칼 폴라니는 서양인의 의식을 구성하는 세 가지 인식 또는 깨달음(knowledge) 중에서 첫번째 죽음의 의미를 유대인의 구약성경에 나타나는 선과 악의 개념에 두었기 때문에 윤리가 아닌 '도덕'으로 나가게 된다. 신의 징벌로서 죽음이 거꾸로 생명을 잉태하는 계기가 되었기 때문에 '생명은 죽음에 빚졌다는 채무의식'도 형성한다. 두번째 자유에 대한 깨달음은 죽음을 기꺼이 받아들이는 체념으로 유한한 생명의 소중함을 인식하고 자유로운 삶을 얻는다. 세번째 사회에 대한 깨달음은 '사회 속의 인간은 더불어 의존할 수밖에 없는 존재'이며 의존의 부채를 다 갚아야, 말하자면 도덕적 채무 메커니즘을 제로로 만들어야 비로소 진정한 자유를 얻는다는 사회적 자유의 개념을 제시했다.

사회에서 의존은 인간과의 관계에서만 그치지 않고 자연생태계의 온갖 만물과 연관된다. 칼 폴라니가 도덕에 방점을 찍고 있다지만 온갖 개체와의 의존관계와 부채의식을 어떻게 해소할 것인가라는 차원에서 보면 궁극적으로는 '인간과 자연의 관계윤리'를 말하려는 것이었다. 차원도 다르고 무리한 비교이지만 칼 폴라니가 더 이상 책임질 것이 없이 자립적인 인간이 되고 신 앞에서 구원받을 영혼을 끝까지 지킨다는 데서 행복을 찾으려 했다면, 스피노자는 자기 원인의 능동자가 되어 신과의 관계를 더 가까이 가져가는 데서 기쁨을 얻고자 했다.

무지의 장막과 안다는 것, 직관과 몸의 세계

공동체에서 추방된 사람들은 아무런 보호막도 걸치지 못한다. 공동체 바깥으로 쫓겨난 자들은 인접 공동체 부족의 포로와 노예가 되거나 황량한 사막에서 굶어죽기도 한다.

홉스가 말하는 만인의 만인에 대한 투쟁(homo homini lupus)의 세계도 공동체 바깥이었다. 공동체와 공동체의 간극은 진공지대였다. 그곳에서는 종전 공동체의 구성원으로서만 의미를 가졌던 존재의 필연성이 사라지고 탈공동체의 불안과 공포의 상황에서 스스로가 책임을 져야 하는 우연의 선택성이 개체를 감싼다.

스피노자가 파문을 당하며 유대 공동체 바깥에서 직시했던 것도 불안, 공포, 죽음이었다. 성직자는 물론 권력자들도 자신을 신의 대리인으로 내세우고 군중들을 선과 악의 공포로 사로잡아 복종을 요구했다.

홉스는 자연상태에서 인간이란 이기적 본능과 생존투쟁으로 무질서와 폭력을 야기하기에 자연권 일부를 국가에 양도하여 평화와 안정을 보장 받아야 한다는 사회계약설을 제기했다. 홉스는 국가를 지상의 폭력적 죽음으로부터 시민의 생명을 보호하는 리바이어던(Leviathan)이라 불렀다. 국가통치권자를 지시하는 리바이어던은 인간의 평화와 안전을 빚고 있는 불멸의 영원한 신(Immortal God)이자 하나님의 또 다른 이름이었다. 비록 홉스가 인간의 자연권을 인정하여 당시 왕권신수설의 군주와 대립도 빚었지만, 리바이어던의 이름으로 행해지는 선악의 징벌과 공포는 사람들을 아무런 저항도 못하고 순종하는 신민으로 만들었다.

스피노자는 홉스에 반대했다. 인간은 신의 노예도 아니고 군주에 예속된 존재가 아니었다. 스피노자는 우리에게 자신의 욕망과 본성을 자연스럽게 따르면서 자기 보존과 욕망의 코나투스를 이성적으로 이끌고 역량을 강화하는 존재로서 능동적 주인의 길을 제시하였다.

이성적이고 능동적 코나투스의 삶은 진실로 '안다'는 데서 출발한다. 미신에 대한 맹목적 믿음과 정서에 휘둘리는 수동적 삶은 무지(ignorance)와 인간의 어리석음에서 나온다. 무지는 공포와 두려움을 가져다준다. 천둥번개는 신의 분노가 아니라 자연법칙의 개별적 인과관계에 따라 무한한 실체에서 필연적으로 뻗어나온 양태들의 변용이었다. 컴컴한 밤에 창문 커튼이 흔들리는 모습에서 느끼는 두려움은 바람이 불어서 생긴 자연과학의 현상임을 알지 못해서 벌어지는 상상일 뿐이었다. 수동적 정념에 휘둘리는 정서의 혼란과 편견도 내재적 원인과 결과를 제대로 알지 못한 데서 발생하는 것이었다.

아는 것이 힘이다(Knowledge is power). 베이컨(F. Bacon)의 계몽(enlightenment)시대에 인간은 근대 이전의 주술적이고 마법적인 자연세계를 합리적 과학지식과 이성의 빛으로 어둠을 밝혔다. 인간은 아는 것을 힘으로 삼아 미신과 맹목적 운명에서 벗어나 자연을 지배하게 되었으나 또 다른 오류를 범하였다.

이성과 기술의 과잉은 오히려 자연을 억압하였으며 "야만에서 문명으로 벗어난 계몽은 사실 문명이 야만으로 다시 전락했다"는 것이 아도르노와 호르크하이머(T. Adorno and Max Horkheimer)의 비판이다. "신화는 계몽으로 넘어가게 되자 자연은 단순한 객체의 지위로 떨어진다. 인간이 자신의 힘을 증가시키기 위해 치르는 대가는 힘이 행사되는 대상[자연]으로부터의 '소외'다."[2]

베이컨과 데카르트의 앎(지식)은 정신이 신체를 지배하듯이 자연을 객체적 대상으로 분리하여 억압하는 데 있었다. 이성과 정신만을 강조하고 신체와 경험, 정서, 자연은 무지의 상태에 놓았다.

스피노자의 앎은 정신과 신체까지 모두 안다는 데 있다. 스피노자에게 '아는 것이 곧 힘'은 신체적 감정의 흐름과 정신의 관념을 동시에 아우르고 궁극적으로 신과 자연의 실체와 닿고자 하는 자기원인의 능동성에서 나온다. 그래도 알 수 없는 것이 많았다. "신체가 무엇을 할 수 있는지 지금까지 아직 아무도 규정하지 않았기 때문이다."(E, 제3부 정리2 주) 지금도 우리는 몸이 무엇을 하는지에 대해서 알지 못한다. 신체는 아직도 알아가야 할 그 무엇이다.

스피노자는 '앎=깨달음=인식'(knowledge)을 세 가지로 나눈다. 우리 몸은 무수한 개체와 본성들이 합쳐진 복합적 개체이기 때문에 일부의 신체적 흔적과 이미지가 마치 전체 모습인 것처럼 인식되기도 한다.

제1종 인식은 부분적이고 부적합한 인식이며 자연의 원인에 대한 무지에서 비롯된다. 비 오는 밤하늘에 번개가 내려쳤을 때 우리는 뭔가 죄를 지은 듯 놀란다. 천둥과 번개를 자연법칙의 내적 인과관계로 제대로 파악하지 않고 외적 자극에 대한 상상을 통해 신의 분노로 느끼는 이미지가 제1종의 인식이다. 종교예언자들은 말이나 이미지, 상상적 환상을 통해서 신의 이미지를 만들어낸다. 원인에 대한 인식 없이 결과만 가지고 세계를 받아들이는 1차원적 인식이다.

제2종 인식은 사물이나 감정의 결과를 인과관계로 이해하여 적합한 인식을 갖고 공통성을 확보하는 이성적 능력이다. 정신은 제1종 인식처럼 "부적합한 관념을 더 많이 가질수록 수동적이게 되고 반대로 [제2종 인식처럼] 적합한 관념을 더 많이 가질수록 능동적이게 된다"(같은 책, 제3부 정리1 보충). 제1종 인식에 머물게 되면 인간은 혼란과 수동적 삶에서 벗어나지 못한다. 사물의 인과관계를 제대로 이해하거나 자신을 휘둘리게 하는 외부 정념의 원인을 정확히 파악해서 타당한 인식과 공통성을 획득해야 한다. 자유인의 삶은 적합한 관념을 획득하고 능동적 변용의 '되기'(becoming)에 달려 있다.

제3종 인식은 신이라는 영원의 상(相)을 직관으로 깨닫고 인식하는 직관지(直觀知)로서 다양한 해석이 뒤따른다. 유한한 인간이 신의 본성상 필연과 완전성에서 나오는 양태들의 인과관계와 자연법칙을 완전히 안다는 것은 불가능하다. 인간의 지성으로 도저히 '알 수 없는 것' 그 무엇인가에 대해서 제2종 인식의 이성적 능력과 함께 정서의 흐름과 정동, 공감, 감응, 직관, 깨달음으로 무한의 실체에 도달하려는 인식 또는 떨림의 감정이 제3종 인식에 해당한다.

'전체'는 아는 것과 모르는 것으로 이뤄져 있다. 무한한 실체의 신만이 알고 있는 전체를 유한한 양태의 인간이 모두 안다는 것은 불가능하다. 인간은 무지의 세계에 둘러싸여 있다.

제1종 인식도 무지의 산물로서 우리를 부적합한 인식과 착각에 빠뜨린다. 제2종 인식이 무지의 혼돈을 없애고 이성적 능력으로 타당한 이해와 공통성을 가져다준다지만 '인간과 신의 거리'(스피노자에게 신과 인간은 서로 거리도 없다. 신 즉 자연이며 인간은 자연의 일부다)만큼이나 거대한 무지의 세계가 존재한다. 제3종 인식은 무지를 건너기 위한 직관적 방법이기도 하다. 스피노자가 영원한 상(相)을 만나는 제3종 인식의 기쁨은 이성의 앎이 아니라 직관과 공명이며 신체와 정신이 함께하는 '삶'과 '정동'(정서의 변이)의 떨림과 펼침이다.

아는 것보다 모르는 것이 무엇인지를 정확히 아는 것도 중요하다. 방법론이든 조작이든 무지가 지식을 결정짓는다. 경제학에서 '앎과 지식의 생산'은 역설적으로 '무지'를 동반한다.

사고실험에서 무지의 베일은 빼놓을 수 없다. 롤스(John Rawls)는 『정의론』(A Theory of Justice, 1971)에서 평등한 분배의 원칙을 무지의 장막(veil of ignorance)에 가려진 원초상태(original position)라는 가상 상황에서 찾았다. 사람들은 달나라에서 정의의 원칙을 놓고 토론회를 벌이고 나서 다시 지구로 귀환할 때 어떤 처지로 돌아갈지 모른다고 가정하기 때문에 누구도 자신의 이해관계에 구애받지 않고 공정한 분배방법을 합의하게 된다. 어떤 상황에서 자신은 자신에 대해서 아무것도 모른다는 무지의 베일이 원초적 상태다.

칼 폴라니가 지적했듯이 타운센드의 염소와 개들의 행동공리도 추상화의 지식을 조작해 내기 위해서 제3의 조건은 무지의 장막에 가뒀다. 실제로 무인도에는 살찐 물개가 우글거렸다. 야생의 개들은 물개가 훨씬 잡아먹기 수월한데도, 타운센드는 개들과 염소들의 생존투쟁과 행동공리를 추출하기 위해서 경험적 사실(물개의 실재)을 무지의 장막으로 가렸다.

롤스와 같은 무지의 실험은 지식의 생산방법으로 타당할지라도 타운센드의 행동공리는 무지의 장막으로 지식을 자신이 의도하는 패러다임에 따라 조작하고 왜곡시켜서 엄청난 폐해를 일으켰다. 특히 개들과 염소의 행동공리는 인간사회를 동물의 세계로 타락시켰으며 신 또한 식량부족과 굶주림의 자연법칙을 정당화하고 죽음을 시장의 균형과 안정으로 인도하는 공포의 가면을 쓰게 되었다.

애덤 스미스는 지식생산에서 인간과 신 사이에 무지의 장막을 드리우고 '알지 못하는 세계'는 직관과 감정의 회로를 통해 접근하였다.

이미 살펴본 것처럼 애덤 스미스는 경제주체란 자기행위가 전체 차원에서 어떤 기여를 할 것인가 의도해서도(intend) 안 되며, 어떤 결과를 낳을 것인가에 대해서도 반드시 몰라야 하는, 즉 무지의 장막에 갇혀 있어야 한다고 주문한다. 우리가 알지 못하는 무지의 세계에서 개인의 이득행위는 보이지 않는 손에 이끌려 의도하지 않고(unintended) 기대도 하지 않았던(unexpected) 사회의 공공이익을 실현시키고 자비로운 결과를 만들어낸다는 것이다.

인간이 알 필요도 없고 경제주체가 알지 못하는 '무지의 세계'는 신의 섭리가 작동하는 보이지 않는 영역이었다. 어느 개인이 혹시라도 자기이익의 극대화로 야기되는 폐해와 모순을 걱정이라도 한다면 매우 주제넘은 일이었다. 애덤 스미스는 경제주체가 자기이익의 극대화를 위해 마음껏 행동하도록 방임하기 위해서 개인적 이득행위가 야기하는 행동의 결과를 신의 영역으로 넘겨버렸다.

종전 공동체의 심층적 상징체계(symbology)와 초월적 신의 선악구조에 매몰되었던 집단의 미약한 존재는 이익사회로 넘어오면서 도덕과 분리되어 자신의 이득본능을 마음껏 발휘하는 당당한 개인적 주체로 떠오른다. 호모 에코노미쿠스 또한 경제적 이득본능을 거리낌 없이 드러내도 자신의 행동이 조화로운 '신의 섭리=무지의 장막'에 의해서 정당화되는 근대 경제인의 모델로 탄생하게 된다.

도덕과 분리된 인간의 이기적 본성으로 시장경제의 메커니즘이 원활히 작동할 수 있는 동력이 장착되었지만 애덤 스미스는 낯선 타인들이 모여 저마다 욕심을 내며 싸우고 경쟁하는 시장 자본주의의 삶에 적합한 새로운 도덕체계를 수립할 필요가 있었다.

뉴턴이 천체의 운행과 질서를 중력의 법칙으로 이었듯이 애덤 스미스는 서로 얼굴도 모르는 이방인들을 하나로 묶는 정서적인 끈을 마련하였다. 그는 선악의 초월적 도덕개념을 신에게 위탁해서 무지의 상태로 만들고 대신에 인간의 감정을 도덕적 기초로 삼았으니 그것이 바로 『국부론』(1776)에 앞서 출간한 『도덕 감정론』(1759)이다.

선하거나 악한 사람 누구나 인간본성에는 연민이나 동정심(compassion)의 감정이 흐르고 있다. 타자를 이해하고 서로를 느껴보는 동감(sympathy)의 원리는 낯선 사람들을 서로 이어주고 함께 살도록 만들어주는 그물망이다.

다른 사람이 부상을 당했을 때 '나도 언젠가는 저렇게 될 수도 있다'는 가상의 마음으로 아파하는 상상력(imagination)은 사회 전체를 거대한 가족처럼 연결해 주는 동포의식의 원천이었다. 사람들은 "상상력을 통해 우리는 자신을 그의 처지와 바꿔서 스스로 똑같은 고통을 겪는 것처럼 상상한다. 우리는 서로가 한몸이듯 타인의 신체에 들어가서(We enter as it were into his body) 어느 정도 그와 같은 사람이 된다."(TMS, p. 4).

지금도 우리는 흔히들 격렬한 싸움에서 "너도 내 입장에서 한번 생각해 봐!"라는 말을 자주 듣는다. 우리는 서로 처지를 바꿔 상대방의 입장에서 나를 바라봄으로써 내가 하는 행동이 지금 잘하고 있는지를 판가름한다. 동감의 원리는 '상상 속에서 서로의 입장을 대신하는 교환행위' 속에서 이루어지며 행위의 적정성(propriety)을 판단해 준다.

스미스에게 자신의 이기심(egoism)을 억누르고 조절할 수 있는 도덕적 판단력은 타인의 처지에서 나를 바라보고 서로 입장을 바꿔서 생각하는 역지사지(易地思之)의 동감원리를 통해 끊임없이 훈련되는 것이었다.

서로 입장을 바꿔보는 애덤 스미스의 상상력은 예전에 자신이 여러 번 다쳤던 이미지가 새겨진 정신의 관념을 소환하여 연쇄적으로 신체반응을 촉발하고 감정(sentiments)을 불러일으켜서 타인(다친 사람)과 내(관찰자)가 거의 한몸인 것처럼 변용(affection)하는 힘으로서 스피노자의 정서(affect) 인식론과 통한다. 상상력으로 두 사람은 '너와 내가 서로를 초월하여 다른 하나의 모습'으로 변용하는 개체초월적 존재(interindividual, transindividual)가 된다.[3]

애덤 스미스의 얇은 수동적 정념의 포로가 될 수 있는 제1종 인식(내가 부상당했던 수많은 기억과 이미지들)을 인과관계로 파악하여 제2종 인식의 공통성(역지사지를 통한 행위의 적정성과 공감)을 확보하였으며, 정동과 정서의 변이와 함께 너와 내가 하나가 되는 신체적 변용(상상력을 통해 타인의 신체에 들어가서 가지는 공감)은 제3종 인식으로서의 '직관'과 함께 이루어졌다고 보겠다.

애덤 스미스의 『도덕 감정론』에서 감정들(sentiments)은 스피노자와 니체가 말했듯이 인간은 단일한 개체(individual)가 아니라 복합적 개체로서 수많은 정서와 본능들로 나눠질 수 있는(dividual) 존재를 떠올린다. 애덤 스미스의 수만 갈래 정서와 감정은 도저히 알 수 없는 무지의 영역인 타인의 신체까지 들어가서(into his body) 너의 아픔과 나의 아픔을 거의 같은 수준으로 느끼게 해주는 직관적 방법이었다.

애덤 스미스에게 '자기이득'과 '이기심'의 구별은 매우 중요하다. 자기이득의 추구는 자신이 이익을 얻는 만큼 다른 사람의 이익도 존중하는 인간행동이다. 타인의 이익을 침해하면서까지 자신의 것을 챙기려는 이기심과는 엄격히 구분된다. 자기이득은 자애심(self love)으로서 공자의 『논어』에 나오는 "내가 바라지 않는 것을 남에게 행하지 마라"(己所不欲勿施於人)와 통한다. 자신을 사랑하는 만큼 타인의 이익과 재산을 침해하지 않고 존중하는 것이다. 이기심은 남의 것을 뺏고 도둑질하고 희생시켜서 자신의 이익만을 도모하는 탐욕이다.

자기이득의 자애심은 타인의 처지를 배려하고 존중하는 '공감'이 밑바탕에 깔려 있다. 애덤 스미스는 타인과의 공감이라는 정서의 끈을 도덕감정의 근본 원리로 삼아 근대 산업사회의 이행기에 나타났던 '도둑질하고 뺏고 사기 치는'(이기심) 약탈과 혼란의 무질서를 '교역하고 바꾸고 교환하는'(자기이득) 질서의 시장세계로 바꾸고자 했다.

"공감은 직관적 경험이며 그것은 자기이득을 '제멋대로의 혼란이 아니라 질서 있고 조용하게' 추구하도록 이끈다. 공감은 사회를 만인이 이리떼처럼 싸우는 홉스의 정글세계에서 벗어나 시장교환이라는 제도적 틀로 바꾸는 전제조건이 되었다. 그런데 애덤 스미스의 가르침과 메시지를 수많은 추종자들이 지금은 완전히 망각한 듯 보인다."[4]

신고전학파 경제학의 합리성은 도구적 이성에만 근거하고 있으며 정서의 흐름이나 공감과 같은 직관은 아예 존재하지 않는다. 수요와 공급의 자동조절 메커니즘이 신의 섭리를 대신하면서 무지의 영역이 사라지고 도덕감정과 윤리도 완전히 차단되었다.

애덤 스미스는 자기이득의 본성에 근거한 호모 에코노미쿠스를 근대 경제인의 주체성(subjectivity)으로 내세우면서 공감의 정서를 통해 서로 하나가 되는 사이 주체성(intersubjectivity, 너와 내가 몸의 접촉과 정서의 흐름으로 하나가 되는 상호주관성)을 도덕감정의 요체로 삼았다.

인간행동의 원동력으로서 자기이득은 공감의 도덕감정과 결합해야만 시장제도가 건강성을 유지하고 경제와 윤리도 균형 있게 발전할 수 있는 것이었다. 오늘날처럼 공감과 직관적 인식이 사라지면 남는 것은 '동물적 이익만을 앞세우는 일차원적 코나투스의 존재'일 뿐이었다. 데카르트의 형이상학을 잇는 신고전학파 경제학에서도 인간의 주관적 감정이나 직관은 완전히 추방되었다. "데카르트는 전통과 신화와 미신을 없애고자 했으며, 특히 주관적인 비체계성[느낌과 감정에 대한 의존]을 타파하고자 했다. …경제학자들은 지금까지 경험적 실재(empirical reality)와 확고한 관련이 없이도 경제모델을 창안할 수 있게 되었다. …데카르트는 전체 세계를 그 자신의 존재원리가 되는 하나의 기본적 좌표로 옮겨놓았다. 데카르트에게 있어 이는 모든 물질의 공통분모에 해당하는 레스 엑스텐사(res extensa, extended things, 연장된사물), 즉 공간을 차지하는 물질만을 다뤘다."[5]

데카르트는 인간신체도 정신의 명령에 따라 기계처럼 움직이는 자동인형으로 보았다. 경제학자들도 세계는 물질로만 구성되어 작동하는 수학과 역학적 기계론을 받아들였다. 전체는 부분의 총합이었으며 언제든 부분은 전체로 되돌아갈 수 있다는 환원주의(reductionism)가 지배하였다. 물은 고체가 되었든 액체가 되었든 H_2O라는 분자로 언제든 환원되는 물질이었다. 따뜻한 물, 차가운 얼음, 뜨거운 수증기가 주는 감성과 느낌은 배제되었다.

외부의 현상계를 받아들이는 감각과 정서나 경험은 무지의 상태로 완전히 밀려났다. 세상의 모든 것들을 가격으로 소환하여 희소성의 틀에 가둬놓고 효용과 이득을 따지는 계산 합리적 물질공간만이 남게 되었다. 간단한 예를 들어 경제학 교과서에서 수요의 법칙은 다음과 같이 도출된다. Qd(수요량)=f(P, P1, P2⋯, I, T, E). 사과의 수요량에 영향을 끼치는 요인으로는 해당 재화의 가격(P), 보완재(P1), 대체재(P2), 구입할 여력이 있는 소득(I), 취향과 기호(T), 기대(E) 등 여러 가지 변수가 존재한다. 그렇지만 수요의 법칙은 사과의 가격을 제외한 다양한 요인들은 '다른 조건이 같다면 또는 고정되어 있다면'(ceteris paribus, other things being constant)의 가정을 내세워 배제한다. 다른 모든 변수를 불변으로 처리하여 가격이 하락할수록 수요량은 증가한다는 수요의 법칙만을 뽑아내어서 상품과 가격 결정체계를 보편적 진리로 굳히게 된다. 대체로 경제학은 계량모델을 구축하기 위해서 심리적이고 정서적인 불확실의 변수들은 잔차(residual)로 처리해서 '그 밖의 다른 조건은 없는 것'으로 가정하여 무지의 장막에 가려놓는다.

시장경제에서 수요의 개념은 사전적(事前的, a prior) 의미로서 '사고자 하는 의도나 욕구'이며 아직 실현되지 않은 소비를 말한다. 수요와 공급의 법칙은 합리적 소비를 위해 뇌에서 훈련을 위한 학습도구이다. 수요의 법칙에서 수요량은 가격에만 반응하는 것이며 그 밖의 다른 독립변수들은 무지의 장막에 가려져 있어 침묵한다.

신고전학파의 주류경제학에 대항하는 베블런은 수요의 법칙을 해체하고 소비를 역사의 시간과 경험과 감정의 영역으로 끌어들인다. 소비는 합리적 경제행위가 아니었다. 베블런에게 소비행태는 행동경제학의 제1체계(직관·습관·본능·충동, 제2체계는 계산·명시·분석의 이성)와 같은 이른바 비합리적 성향이 작용한다. 소비는 재화의 파괴를 통해 효용을 얻기 위한 경제적 행위가 아니라 자기를 과시하여 타인과 구별 짓기(distinction)를 위한 사회문화적 행동이었다. 과시적 소비는 부족의 대인(big man)이 중요한 행사와 의례에서 자신이 모은 재산을 아낌없이 증여하고 탕진하는 인류학의 포틀래치(potlatch)와 이어진다.

베블런과 칼 폴라니는 주류경제학이 무지의 장막에 집어넣고 시장법칙의 블랙홀로 흡수했던 과거의 경제인류학적 앎과 삶의 방식을 우리가 살아가야 할 비전으로 되살려 '오래된 미래'로 펼쳤다는 점에서 공통점을 지닌다.

시장경제의 수요와 공급 법칙처럼 의도적인 '무지의 생산'은 지시대상을 드러내기 위해 주변 배경을 흐릿하게 처리하는 카메라의 아웃포커스 기법처럼 구체적 현실과 변수들을 사상(捨象)하고 자의적으로 '지식생산'을 조작한다. 더구나 이렇게 창출된 수요와 공급의 법칙은 다양한 인간본성과 세계를 자기조정시장으로 포획하기 위한 지식담론으로 작동하여 야만적 횡포를 벌이는 지배권력(potestas)이 되었다.

미개든 선진이든 존재하는 실재는 고유한 문화와 가치체계를 가진 완전성의 존재이다. 지식은 상대적이다. 상대적 지식이 보편적 진리가 돼서도 안 된다. 존재의 양태는 역량에서 차이가 있을 뿐이지 차별과 계몽의 대상은 아니다. 칼 폴라니는 '고전경제학자라 불리는 사람의 모델'에서 이렇게 말한다.[6]

그가 바로 (신)고전학파 경제학자의 전형적 모델입니다.

그는 미래를 낙관적으로 만드는 주제에 정통합니다.

그는 모든 세상이 수요와 공급에 의한 가격결정 시스템으로 구성된다고 확신합니다.

그래서 구석기부터 신석기와 같은 당연한 역사적 범주도 깡그리 무시합니다.

그는 수학적인 내용에도 상당히 익숙해 있는데 좀더 이해를 높이기 위해 딱 맞는 이차방정식을 공급할 겁니다.

어떤 문제든 미시경제학의 한계분석으로 답변됩니다.

여러분이 다른 모든 조건은 고정되어 있다(ceteris paribus)는 가정만 받아준다면 말입니다.

칼 폴라니의 '실체'(substance)경제는 최소비용으로 최대만족을 추구하는 수요와 공급의 가격결정 시스템 이외의 모든 변수들은 전부 '고정되어 있다'고 가정하고 배제하는 신고전학파의 형식경제를 거부한다.

일상적 비유를 들면 형식경제는 택배노동자들이 아파트 입구를 들어서면서 낯익은 경비원과 인사하고 어린이와 노약자들에게 길을 양보하기 위해 멈추는 배려도 배제한다. 오직 최단거리의 길만 빠르게 직선으로 제시하는 스마트폰 앱 박스의 알고리즘만 작동한다. 시신경제학(necro-economics)에서 보면 배달 앱은 죽음의 알고리즘이다.

칼 폴라니의 실체경제는 인간이 살아가기 위해 자연과 자신을 둘러싼 환경 그리고 동료에 '의존하고 상호 작용한다는 사실'에 기초한다. 인간 삶의 실체에는 일상생활의 느낌·감성·정서의 흐름과 서로 더불어 살아온 이웃·촌락·친족·동료·결사체가 어우러져 있다.

우리의 실체적 삶은, 예를 들어 구체적으로 물이라는 양태와 만날 경우 쾌적하고(물이라는 액체) 차갑고(얼음의 고체) 뜨거운 마음(수증기의 기체)으로 변용하면서 생명에 다양한 활력을 불어넣는 코나투스의 힘과 함께한다.

주류경제학에서 객관주의(objectivism 또는 형식주의formalism)는 다양한 양태의 물을 하나의 물적 대상으로 객체화하고 한계효용과 같은 단위로 측정한다. 쾌적하고 뜨겁고 차가운 물이 주는 천만 갈래 변용의 느낌과 감정을 수학적 계산과 논리로 따져서 이익과 효율의 극대화라는 형식에 가둔다.

칼 폴라니의 실체경제는 나를 둘러싼 환경과 인간적 욕구를 충족시키기 위해 물질대상과 내가 상호 작용하고, 나와 네가 서로 의존하고 어우러지면서 나오는 느낌·감정·정서의 흐름으로 즐거움과 환희를 누리는 주관주의(subjectivism 또는 실체주의substantivism)로 나간다.

칼 폴라니의 영향을 지대하게 받은 모스(Marcel Mauss)는 대상과 인간과 인간이 서로 합일되는 삶의 즐거움을 『증여론』에서 말한다.

> 물건 속에 영혼을 섞고 영혼 속에 물건을 섞으며 생명과 생명을 섞는다. …섞인 인격과 물건은 각각 자신의 영역을 떠나서 서로 혼합된다. 이것이 바로 계약과 교환이다. …공공연하게 주는 즐거움, 후하고 풍류가 있는 지출의 즐거움, 환대와 사적·공적 축제의 즐거움을 다시 발견해야 한다.[7]

혼과 생명이 섞인 물건은 물(物, thing)과 영(spirit)이 뒤섞인 복합물로서 새로운 성질을 획득한다. 내가 5천 원 주고 산 머그컵을 갖고 사랑하는 사람과 커피를 마시면 머그컵은 단순한 객체가 아니라 '사랑과 물건'이 섞이고 즐거움과 추억이 담긴 제3의 중간대상물로 변한다. 더 이상 머그컵은 시장에서 5천 원이라는 상품으로 환원되지 않는다.

물건과 사람이 너와 내가 주체와 객체로 이원화되지 않고 하나가 되어 혼자서는 도저히 느낄 수 없고 둘이 하나가 되어야 얻을 수 있는 공통성, 다시 말해 이성적 근대의 주체(subject)가 아니라 느낌, 정서의 흐름, 정동으로 서로 함께 되는, 너도 아니고 나도 아니고 둘이 새로운 모습을 만들어가는 사이 주체성(intersubjectivity)의 영역이 만들어진다.

형식주의와 신고전학파 경제학은 구체적이고 생생한 인간을 일상생활의 즐거움과 경험으로부터 뽑아내어(disembed) 수요와 공급법칙의 가격결정 시장에 따른 효용 극대화의 행위자로 욱여넣었다. 그것은 인간과 환경과 이웃동료가 서로 의존하고 상호 작용하는 일상적 삶으로부터 '떨리는 경험과 공통감각의 주체성'을 떼어내는 시장경제의 거대한 전략이기도 했다. "칼 폴라니가 시장경제를 다시 사회에 되묻어 재착근하고자 하는(reembedding) 실체주의는 '경험의 경제학'을 열어가는 것과 같다. 베블런은 문화와 패션에 착근된 소비자 경험을 결코 떼어내지 않으려 했다."[8]

베블런이 보기에도 객관주의는 삶의 활력을 가로막고 신고전학파의 형식경제학은 '부자는 근검절약의 결과이며 이윤은 자본의 정당한 대가'라는 것처럼 존재하는 모든 것을 정당화하고 부자들의 모순을 은폐하는 부조리(absurdity)의 지식담론이었다. "베블런은 인생의 비전을 예리하게 깨닫기 위해서는 부조리와 대면해야 한다고 생각했다. 그는 경제학자들에게 부조리를 직시하고 냉소적(ironic) 긴장을 유지하며, '하루하루가 주는 열광과 즐거움'을 드러내고 '현존 제도의 음모'를 폭로할 것을 가르쳐준다."[9]

칼 폴라니의 실체경제는 시장형식으로부터 배제되고 무지의 영역으로 유폐된 인간 삶의 다양한 경험과 기억, 느낌, 정서가 흐르는 공통성과 사이 주체성을 새롭게 복귀시키기 위한 전환시대의 소환장이다.

스피노자의 윤리학에서 존재하는 모든 실재는 완전하다. 완전한 모든 존재를 인간이 자신의 목적에 맞춰서 우열을 가리거나 어떤 것들은 무지의 장막에 넣어 은폐하거나 불완전한 것으로 배제해서도 안 된다.

안다는 것, 깨달음, 경험은 현재의 익숙한 것으로부터 탈주하고 경계선을 넘어서 무지의 영역에서 숨쉬고 있었던 것과의 경이로운 만남(novelty)을 뜻하기도 한다. 탈주는 죽음이다. "experience(경험과 겪음)는 죽음이라는 위험(periculum)에 발을 내딛는 것(ex)이다. 죽음의 위험을 무릅쓰고 새로운 땅에서 변방의 부록(appendix)으로 방치되었던 것에 새로운 의미를 부여하면 경험(experientia)이라는 놀라운 만남을 얻는다."[10] 스피노자의 excommunication(파문)도 자신에게 편안하고 익숙했던 모든 네트워크(communication)를 떠나는 것(ex)이었다. 죽음의 위험에서 만난 탈영토의 경이로움이었다.

스피노자는 새로운 영토에서 신의 개념을 발명하여 무한자의 실체와 만나는 경이로움을 얻었다. 금지된 신체의 욕망을 긍정하여 분자 수준의 미세한 감정과 정서의 흐름을 드러내고 우리 삶에 기쁨과 활력의 코나투스를 안내하였다. 앎과 깨달음과 충격의 경험은 새로운 삶의 경이를 보여준다(Knowledge is life).

스피노자의 제3종 인식으로서 직관은 여기서 그치지 않는다. 몸이야말로 지식과 삶의 터전이라고 말한다(Body is life and knowledge).

직관(intuition)은 글자 그대로 '내부에서 배운다'(intuition, in 내부, tuition 수업)란 뜻이 담겨 있다. 직관은 구조적 지식이 아니라 그 자체로 역사적 과정의 지식이다. 우리가 모든 것에 실패해서 지금껏 저장했던 정보와 지식이론으로도 해결할 수 없는 마지막 단계에서 직관은 막다른 인간을 새로운 방향으로 인도하는 유일한 요소다.

때로 우리는 막막한 질문을 던질 때가 있다. 절망의 벽을 마주하고 나는 앞으로 어떻게 가야 할 것인가? 이에 대한 해답은 내 인생의 경험과 궤적이 깊숙이 배어 있는 지식과 깨달음에서 나올 수밖에 없다. 둘이서 같은 길을 걷고 있어도 내 삶의 길은 너와 다르다. 앞에는 넘어가야 할 바위가 있어서 같은 곤란에 처할지라도 뒤를 돌아보면 둘은 서로 다르게 걸어온 삶이었다. 이제 어떻게 행동해야 할 것인가는 지금의 위험조건보다는 이전에 살아온 경험조건에 따라 좌우된다.

직관은 다름 아니라 모든 것들이 따로 떨어져 있지 않고 서로 끈끈하게 유기적 관계를 맺는 전일적(holistic, 全一的) 기억체계, 다시 말해 삶의 과정에서 이뤄진 히스테리시스(hysteresis, 이력履歷 현상, 이전에 물질이 겪어온 변화상태의 과정에 의존하는 현상)로도 표현된다. 직관은 몸 깊숙이 전체에 내장되어 세포 하나하나와 근육수축의 형태로도 존재하며 히스테리시스의 길을 따라 굽이쳐 나오는 신경기억이며 대사기억(metabolic memory)이다. 모든 지식은 경험에 바탕을 두고 있다.

우리는 부분적이고 곧잘 막연한 윤곽이기는 하지만 직관을 통해 경험에 접근할 수 있다.[11]

막 태어난 손주를 바라보니 뭉클 몸속 어디선가 전율을 느끼며 온몸이 떨리는 느낌이 감돌았다. 어딘가에 숨어 있던 뭔가가 뇌와 의식에 전달될 틈도 없이 곧바로 신체에서 촉발되어 떠오르는 내장적 감각(內臟的 感覺, visceral sensibility)이었다.

곱디고운 손주의 손을 잡자마자 내 의식이 단 몇 초 동안 전일적 기억으로 불꽃처럼 폭발한다.

뿌연 먼지가 카오스의 순간처럼 퍼진다.

40억 년 전 지구가 탄생하면서 멀리 별나라에서 날아온 먼지가 뿌연하다.

별에서는 우주에서 생명을 만들어주는 원소들이 만들어졌다.

인간과 우주는 인간의 상상력을 통해서만 연결되지 않고 실제로 긴밀하게 연결되어 있다.

우리 몸의 각종 장기와 조직 속에 있는 탄소, 뼈 안에 있는 칼슘, 피에 들어 있는 철분, 수분 속의 산소는 별에서 만들어졌다.

별들의 고향이다. 저 별은 나의 별이고 너의 별이다.

반 고흐는 먼 우주에서 몇억 년을 날아와 이제 막 도착한 새벽 별을 보고 우주의 떨림을 느꼈다.

글썽이는 눈물방울에 엉킨 별빛은 '별이 빛나는 밤'에 화폭으로 옮겨졌다.

나는 죽어 먼지(탄소)로 해체되고 너는 그것으로 탄생한다.

너는 나이고, 나는 너이며, 나는 너의 기억이며, 너는 나의 기억이다.[12]

스피노자의 정서는 단순한 감정을 떠나서 신체의 내장과 근육에 새겨진 경험과 직관의 정동 또는 정서의 촉발과 흐름이다.

내 수업에서 학생들은 컴퓨터를 사용하지 못한다. 수강생들은 눈, 코, 귀, 입, 펜을 쥔 손으로 집중하며 몸 전체로 (말이 빠르기 때문에) 폭포수처럼 쏟아지는 강의의 파동에 맞서야 한다.

우리는 몸 전체로 맞서야 합니다. 몸을 움직이지 않고 머리로만 공부해서는 안 됩니다.

컴퓨터 자판만을 두드리는 행동은 우리를 버튼만 눌렀다 놓는 단순한 동작의 버튼 프레서(button pressor)로 만듭니다.

노트에 필기하면서 쓰고 밑줄도 치고 좌우로 그리고 나만의 기호로 정리하는 몸동작의 학습은 경험과 기억과 지식을 여러분 몸 깊이 체화시킬 겁니다.

여러분 우리 몸에 뇌가 몇 개 있습니까?

"…"

하나가 아니라 수억 수만 조(兆) 개가 있습니다. 우리 몸 세포 하나하나에 뇌가 있습니다.

여러분 손끝에도 수억 개의 뇌가 있습니다.

분명히 언젠가 문득 내가 이런 생각을 하다니 스스로 소스라치게 놀랄 때가 있을 겁니다.

감동과 떨림이며 창발의 환희입니다.

스피노자의 말대로 신체의 감각이나 경험의 경로를 통하지 않고는 어떤 지식과 이성도 성립하지 못한다. 신체가 유능할수록 정신도 유능하다. 무수히 많은 신체가 자극받을수록 정신은 더 유능하다. 정신의 능력은 신체의 능력에 따라 결정된다.

기후위기와 생태계의 파괴도 알고 보면 신체를 게으르게 하고 편리만 추구하는 우리의 삶에서도 기인한다. 디그로스(degrowth, 탈성장, 성장지양, 적정 성장)라는 시스템 디자인을 주장하는 생태철학자들도 거대한 전환의 하나로서 암묵적으로 스피노자의 신체와 직관을 내세운다. "신체활동을 꾸준히 하는 동안 우리 인간은 근육의 기억을 축조한다. 우리의 언어패턴·활동패턴·사고패턴은 우리의 뇌가 발전되는 방식을 빚어낸다. 따라서 특정 방식으로 우리의 육체와 정신을 움직임으로써 그리고 다른 이들이 같은 방식으로 움직이도록 그들을 가르침으로써, 우리는 계속해서 우리 자신과 새로운 세대를 생산해 나간다."[13]

우리는 아직도 "인간의 신체가 무엇을 하는지에 대해 아무도 알수 없다"(*E*, 제3부 정리2 주석).

조금이라도 몸을 더 움직여야 한다. 웬만하면 버스를 타고 더 걷는다. 택배음식이 도착하면 엘리베이터까지 나가서 곧바로 받아온다. 텃밭에 가서 이웃과 함께 채소를 기르고 먹고 이야기를 나눈다. 길거리를 걷다 문득 꽃향기도 깊이 마신다.

케인스에게 좋은 삶은 자연과 대면하고 사물 하나하나에 깊은 애정을 쏟고 인간과의 따뜻한 교류를 통해 '직접적인 즐거움'을 얻는 데 있었다. 모든 것을 화폐욕망으로 간접 대상화하여 거기에서 소유의 쾌락을 얻는 1차원적 세계를 벗어나서 다양하고 즐겁고 풍요로운 삶의 세계를 구축한다. 케인스는 말한다. "더불어 우리는 시간마다, 매일매일 덕스럽고 충만하게 살아가는 법을 가르쳐주고, 사물을 직접 대하며 즐거움을 얻을 수 있고, 실을 잣지도 않고 땀 흘려 일하지 않으면서 들판의 백합에서 즐거움을 느낄 줄 아는 사람들을 존경하게 된다."

사소한 움직임이 너와 나의 더 큰 움직임으로 이어지고 새로운 종류의 사람과 관계를 디자인한다.

몸이야말로 삶과 앎과 깨달음의 출발지점이다. 거기에는 직관과 경험의 깨달음과 인간신체에서 우리가 알 수 없는 신비한 영성도 나온다. 신비가 사라지면 직관이 사라지고 차가운 이성(제2종 인식)만 남는다. 스피노자의 몸이 거대한 전환을 디자인한다.

공감과 동기화, 떨림과 기쁨으로 함께 가는 길
스피노자는 파문 이후에 쓸쓸하고 고독했으나 명성은 점점 높아져서 조용히 방문하는 사람들도 늘어났다. 당시 먼 거리에 있는 학자들이 서신을 통해 지적 공동체를 형성했던 편지공화국(Republic of Letters)이 말해주듯 스피노자도 서신을 주고받으며 자신의 생각을 교류하는 지인의 폭도 넓혔다. 1676년에 라이프니츠(G. W. Leibniz)는 스피노자와 줄이 닿는 친구들에게 『에티카』 원고를 자신이 검토할 수 있도록 기회를 얻어달라고 간청했다. 그해 11월에 라이프니츠는 스피노자를 직접 만나기 위해 헤이그로 여행을 떠났다.

스피노자는 렌즈 깎는 일로 생계를 유지하면서 수학과 광학을 비롯한 자연철학에도 깊은 관심을 가졌다. 네덜란드의 물리학자이며 천문학자인 하이헌스(Christiaan Huygens)와의 만남은 스피노자의 『에티카』에도 영향을 끼쳤을 것이다. "스피노자와 하이헌스는 천문학과 운동법칙에 대한 데카르트의 계산에 나타난 오류와 같은 물리학의 문제들을 토론하면서 1663년과 1666년 사이에 상당히 많은 시간을 보냈던 것 같다."[14]

16~17세기 대항해시대를 맞아 천문학자와 항해자 모두 정확한 경도를 결정하고 빛이 뜨는 정확한 시간을 측정하기 위해 정밀한 시간 측정기기가 필요했다. 위도는 측정하기 쉬웠지만 동서의 경도는 가늠하기가 어려웠다. 지구가 24시간 동안 한바퀴 360°를 돌기 때문에 1시간의 차이는 경도 15°의 위치변화를 알려준다. 오차가 없는 정밀한 시계만 있으면 경도를 측정해서 배의 위치를 정확히 알 수 있었다.

여전히 바다에서 길을 잃어버린 선박들이 암초에 부딪히거나 해적의 먹잇감이 되었다. 영국·스페인·네덜란드 정부는 경도를 정확히 알아내는 사람들에게 거액의 포상금을 내걸었다. 누가 더 정밀한 시계를 만들어내느냐 하는 경쟁이 치열했다. 갈릴레이를 비롯한 과학자들도 시계제작에 몰두하여 종전 기계식의 폴리옷(foliot, 수평 막대)을 대신하여 정밀성이 높은 진자(pendulum)의 작동방식이 새롭게 도입되었다.

1650년대에 하위헌스는 진자의 원리를 이용하여 3시간에 1초 정도의 오차가 있는, 당시로는 고도로 정밀한 추시계를 발명했다. 1664년에 하이헌스가 특별히 설계한 추시계를 이용하는 해상실험이 런던왕립협회와 합동으로 열리기도 했다.

스피노자는 하이헌스의 운동론에 깊은 관심을 가졌다. "선생님께서는 하이헌스의 운동론에 대해 말씀하실 때, 데카르트의 운동규칙들이 거의 틀리다고 보시는 것 같습니다. …하이헌스 선생님의 [추와 관련된] 연구와 성과물 그리고 프랑스에서의 정착에 대해 새로운 소식을 알려주신다면 주저하지 마시고 가능한 한 일찍 제게 알려주시기를 부탁드립니다."(『스피노자 서간집』, 서신31)

1665년 흑사병이 다시 거세져서 런던을 거쳐 유럽으로 퍼졌으며 네덜란드도 심상치 않았다. 하이헌스는 서부 헤이그 보르뵈르흐(Voorburg)에 가까이 사는 스피노자와의 만남도 여의치 못했으며 멀리 여행할 상황도 되지 않아 그 다음해야 프랑스 정부의 초청으로 파리에 가게 된다.

1665년 2월 22일에 갑갑한 하이헌스는 몸이 아파서 침대에 누위 벽을 바라보다가 신기한 현상을 발견하였다. 실험을 위해 걸어놓았던 두 개의 추시계가 진자주기는 조금씩 다른데도 점점 같은 박자로 왔다갔다하는 것을 보고 깜짝 놀랐다. 한쪽 추시계를 내려서 진자의 위상(박자)을 달리했지만 30분도 안 돼서 다른 쪽 추시계와 같은 위상으로 흔들리는 공감(sympathy)현상을 보였다.

왜 두 개의 시계는 서로 연결되지도 않는데 서로 공감할까? 신비스러운 일이었다. 추시계 하나를 반대편 벽으로 옮겼다. 두 개의 추시계는 거리가 멀어지자 공감현상도 사라지고 서로의 주기도 하루에 5초씩 달라졌다. 이때 하이헌스는 시계추가 움직이면서 일으키는 공기의 흐름이 다른 시계추에 영향을 끼치는 하나의 요인이라고도 생각했다.

하이헌스는 실험을 계속했다. 두 개의 의자를 일정한 간격으로 등지게 하고 그 위에다 걸쳐놓은 두 개의 나무판 지지대 앞뒤로 추시계 A와 B를 매달았다. 이 실험으로 공감 또는 동기현상(synchronization)은 공기의 휘저음이 아니라 벽의 미세한 울림을 통해 두 개의 추시계가 상호 작용하는 결과였음을 확실히 밝혔다.

추시계 A와 B를 양쪽에 매단 나무판 지지대는 추시계의 떨림을 전달하는 공명장치였다. 이번에도 두 개의 추시계는 일정한 시간 뒤에 동기현상을 보였는데 특이하게도 추의 방향이 완전히 정반대로 움직이는 역위상(antiphase)을 보였다. 추시계 A가 비친 거울의 모습이 추시계 B였던 것처럼 시계추가 서로 반대방향으로 움직였다.

    균형을 깨뜨리기 위해 A와 B의 시계추가 똑같은 방향으로 움직이도록 손을 댔더니 의자에서 삐걱거리는 소리가 들렸다. 두 추가 동일한 방향으로 흔들리면 진동이 한쪽으로만 쏠리게 되어 의자가 들썩거렸던 것이다. 다시 시간이 지나자 두 추는 정반대로 움직여 동기화하고 진동 또한 상쇄되어 의자도 안정되었다.

    하이헌스가 최초로 발견한 동기현상은 비선형과학으로 이어지고 자연계에서도 수많은 동기화 사례로 입증되었다.

    기다란 강가에 빼곡히 들어선 맹그로브숲에서 반딧불이도 저녁 시간에 엇갈려 반짝이다가 약속이나 한 듯이 같은 박자로 깜박인다. 어둡고 고요한 강물에 부딪혀 찬란하게 번지는 반딧불이의 명멸은 우주의 합창이며 리듬이었다. 레이저빔도 동조해서 장엄한 폭포수가 요동치듯이 같은 주파수와 위상을 가진 수조 개의 광자를 쏟아낸다. 가수의 공연이 끝나고 처음에 어지럽게 울리던 박수소리가 일제히 하나 된 소리로 울리는 것도 동기현상이었다. 오랫동안 같이 지낸 여성은 생리주기도 같아진다.

심장은 생명을 유지하기 위해 수천 개의 박동 조절세포가 동기화하여 함께 움직인다. 우리가 빨리 달리면 심장도 박동수를 높이고 혈액의 흐름을 가속화하여 몸 전체에 빠르게 전달한다. 거칠어진 호흡으로 폐도 폐활량을 높여서 산소를 공급한다. 신체의 각 부분은 개체의 본성에 아무런 영향을 끼치지 않으면서도 혈액과 산소를 빨리 전달하기 위해 무한한 방식으로 결합하여 달리는 몸을 유지해 준다.

생물체든 무기물이든 동기현상은 어떤 중심축이나 외부적 단서도 없이 스스로 연결하고 상호 작용하는 진동자(oscillator)의 규칙적인 울림과 반복적 리듬으로 나타난다.

스피노자는 1665년에 추시계의 공감을 계속 실험하던 하이헌스를 만난다(같은 책, 서신27). 스피노자는 '윤리학은 형이상학과 물리학에 근거하였고'(같은 곳) 세계는 자연법칙에 따라 양태들이 무한하게 변용된 인과관계의 그물망이었기 때문에 하이헌스의 과학적 발견에 깊은 관심을 가졌다.

하이헌스의 동기현상은 스피노자에게 본성이 서로 다른 신체의 각 부분이 어떻게 스스로 합치하여 코나투스 개체의 생명력을 유지하는가를 물리법칙으로 설명할 좋은 기회였다. 벽에 걸린 시계의 추들이 울림의 상호작용을 거쳐 하나의 단일한 시계 또는 물체(body)가 되는 동기화는 인간신체의 수많은 부분이 서로 결합하여 신체적 개체 또는 몸(body) 전체가 되는 합일에 과학적 근거를 제공하였다.[15]

따라서 우리는 어떤 식으로 복합된 개체가 [복합체를 구성하는 다양한 부분들을 통해] 많은 방식으로 영향 받게 되면서도 그것의 본성을 유지할 수 있는지에 대해 안다. …왜냐하면 개체의 각 부분은 다수의 물체들(bodies)로 구성되어 있으므로 각 부분은 개체의 본성을 전혀 변화시키지 않고, 어떤 때는 느리게 어떤 때는 빠르게 움직이며, 그리하여 자신의 운동을 다른 부분에 더 빠르게, 더 느리게 전달할 수 있기 때문이다. 그러므로 만일 우리가 이러한 제2종류의 개체로 조직된 제3종류의 개체를 생각한다면, 우리는 그러한 개체가 자신의 형상에 아무런 변화도 없이 다른 많은 방식으로 움직일 수 있음을 발견할 것이다. 그리고 우리가 이렇게 계속하여 무한히 나아간다면, 우리는 자연 전체가 하나의 개체라는 것(the whole of nature is one individual)을, 그리고 그 부분들(parts) 즉 모든 물체(bodies)가 전체로서의 개체에는 아무런 변화도 미치지 않고 무한한 방식으로 변화한다는 것을 쉽게 알게 된다. (*E*, 제2부 정리13 보조정리7 주석)

긴 수평막대기에 서로 다른 운동과 정지의 비율(ratio)을 가진 추시계를 걸어놓으면 각각의 진동자는 미세한 울림으로 상호 작용하여 같은 박자로 동기화되고 '부분들은 합성(compose)하여' 마치 하나의 시계처럼 된다. 부분들의 시계는 공감과 합일을 통해 단일한 시계의 개체, 즉 전체로서의 개체(the whole individual)가 된다. 우리 신체도 개체로서 본성이 다른 수많은 감각기관·장기·뼈 들로 구성되어 있지만, 이질적 요소들이 일정한 운동과 정지의 비율로 하나의 신체

(복합적 개체)를 이루고 코나투스에 역동성을 부여한다.

강가 위로 기러기떼는 달빛 속에서 서로 연결하여 우아하게 편대 여행을 한다. 멀리서 바라보면 기러기떼는 수많은 기러기(부분)들이 조직되고 결합한 거대한 개체(복합적 개체, 전체로서의 개체)로 보인다.

기러기는 밤에 이동한다. 낮에는 독수리에게 발각되기 십상이다. 기러기는 나무쪼가리를 입에 굳게 물고 비행한다고 한다(?). 밤이라도 행여 소리가 들리면 잠이 든 독수리가 깨기 때문이다. 달빛 아래로 날아가는 기러기떼는 우리가 보기에 낭만적이지만 그들에게는 위험이 극도로 노출되는 순간이다. 그렇게 기러기떼는 서로가 진동자처럼 동기화되어 전체를 이룬다. 행여 어느 기러기가 독수리의 공격으로 부상을 당해 불시착할 때도 내버려두지 않는다. 한두 마리가 따라와 상처가 아물 때까지 먹이를 주고 간병하다가 본대로 합류한다.

기러기는 하나하나의 개체로서 전체를 이루고 개체의 헌신과 희생으로 집합적 코나투스의 힘과 생명력을 유지하고 노력한다.

기러기처럼 부분들 또는 진동자들은 자신의 본성과 형상이 변화하지 않으면서 끊임없는 공감과 동기화를 통해 전체를 이룬다. 부분은 전체에 예속되어 질식되거나 성질이 변하지 않는다.

개체가 모여 더 큰 개체를 이루고 자연법칙에 따라 무한하게 개별 인과관계의 연쇄고리를 이루어 변화하게 되면 '자연 전체도 하나의 개체'가 된다. 자연은 부분들의 전체가 되고 다시 더 큰 개체가 된 전체를 품으며 어느 것 하나 뒤처지지 않게 감싸고 무한한 방식으로 변화해 나간다.

반딧불이나 기러기의 편대처럼 부분들은 제각기 파동과 울림을 서로 주고받고 공감하면서 거대한 개체를 이룬다. 어찌 보면 '공감과 동기화'는 실체의 본성상 무한하게 변용된 양태들의 세계가 신의 표현과 떨림으로 무수하게 연결되어 있음을 다른 채널로 보여준 자연법칙이라 하겠다.

데카르트와 스피노자를 가르는 중요한 기준은 '부분들의 집합인 전체'와 '전체로서의 개체'를 구분하는 데 있다. 데카르트의 단순히 '집합 전체를 구성하는 부분들'은 전체에 예속되기도 하고 언제든 부분으로 환원되어도 성질이 변하지 않는 부품과 같은 기계론적 특성을 지닌다. 스피노자의 '전체로서의 개체'에서 부분은 서로가 연결되고 상호 작용하는 진동자처럼 단독성을 갖는다. 이때 부분은 전체의 부분으로 환원될 수 없는 불가역적 특성 또는 대체 불가능성을 지니면서 상호 공감과 떨림의 특이성으로 전체를 새롭게 구성하여 창조해 나간다.

스피노자의 공동체는 역량을 갖는 개체의 특이성을 바탕으로 외부에 항상 열려 있고 끊임없이 변화하는 공통체(the common)로 나간다. 외부의 이질적인 것을 받아들이고, 피부색이 다른 사람들을 받아들이고, 타자에게 마음을 열어가는 공동체는 코뮤니타스(communitas)에 다름 아니다.

나와 너, 우리, 삼라만상의 모든 존재는 자연의 일부이면서 끊임없는 울림과 진동의 상호작용으로 진동자의 역량을 높여가며 너와 내가 다른 '제2종류의 개체' '제3종류의 개체'(같은 책, 제2부 정리13 보조정리7 주석)로 나가고 무한한 방식으로 변용하여 '자연 전체로서 개체'를 이룬다.

노자의 『도덕경』에서 가장 해석하기 힘든 제42장의 첫 구절을 여기에다 적용하면 무리일까?

> 도는 일을 내고(道生一)
> 일은 이를 살리며(一生二)
> 이는 삼을 기르고(二生三)
> 삼은 만물을 이룬다(三生萬物)

도(道)는 1이라는 관념을 발생시킨다. 세계는 자연의 일부로서 서로 접촉하여 만나고 변용된 양태들의 전체다. 다른 모든 것들은 짝을 만나거나 복합되어 양태로서 변용하지만 도(道)만큼은 짝을 가질 수 없다(獨立不改, 홀로 서 있으며 달라지지 않음). 스피노자의 관점에서 도는 어떤 것도 의존하지 않는 자기원인으로서의 실체라고 볼 수 있다.

'도'라는 궁극적 지점에서 출발하여 수많은 양태들은 "서로 유-무, 음-양, 장-단 등의 대립 면들이 서로 꼬여서 세계가 존재한다."[16] 동일한 운동과 정지비율, 감응과 떨림으로 동기화하여 '제2종류의 개체' '제3종류의 개체'가 나오고 무한한 방식으로 세계는 펼쳐진다. 삼라만상의 무한한 세계는 다시 도(道)와 감응하면서 한몸인 듯 자연 전체가 하나의 개체가 된다.

칼 폴라니의 실체경제도 인간과 이웃동료와 나를 둘러싼 환경이 끊임없이 의존하고 상호 작용하면서 단순한 부분집합이 아니라 종전과 성질이 다른 공통성의 '전체로서의 개체'를 만들어가는 데 있다. 서로가 운동과 정지의 비율로 자연의 리듬과 진동을 통해 합일하고 또 다른 종류의 전체적 개체를 이뤄가야 하는 것이 칼 폴라니의 실체경제와 스피노자의 형이상학이 만나는 지점이기도 하다.

띄엄띄엄 서 있는 아름드리 나무 100그루는 형식경제를 은유한다. 나무들이 저마다 경쟁하듯 하늘로 뻗어가는 힘찬 개별 주체(subject)다. 그보다 조금 못 미치는 못난이 나무 50그루가 모인 숲은 서로 의존하고 영향을 주고받으며 너도 아니고 나도 아니고 다른 종류의 전체적(복합적) 개체와 사이 주체성을 끝없이 만든다.

나무가 숲을 이루자 종전과 다른 전체로서의 개체가 나타났다. 새들과 곤충이 날아들었다. 땅속의 뿌리들이 서로 엉키고 이끼·버섯·곰팡이를 비롯한 온갖 유기물질이 숲에 질적 변화를 일으켰다. "송이버섯 곰팡이는 활엽수에 밀려 척박한 땅에 정착한 소나무가 뿌리를 뻗을 수 있게끔 모래와 바위를 분해한다. 소나무는 송이버섯 곰팡이가 살아갈 수 있도록 잔뿌리를 내주는 방향으로 진화한다."[17]

숲의 개체가 모여서 더 큰 개체가 되며 자연 전체는 하나의 개체(the whole of nature is one individual)로서 무한한 방식으로 변용해 나간다. 모든 것을 포용하며 굽이치는 강물처럼 자연은 끝없이 온갖 사건과 사물을 자신만의 방식으로 껴안고 '스스로 그러하듯이' 흘러간다.

인간의 삶도 자연에 내재한 울림과 박자에 맞춰 운동과 정지의 춤을 함께 추고 환희와 기쁨을 누려야 한다. 세계는 무한하게 변화하고 서로 엉키며 살아가는 거대한 생명체와 같다.

나무 한 그루도 특이성의 역량에다 자기를 보존하는 역량과 자연권을 갖는다. 에콰도르는 2008년에 세계 최초로 헌법에 자연의 권리를 명문화했다. '존재 자체와 생명의 순환과 구조, 기능 및 진화 과정을 유지하고 재생을 존중받을 권리와 (훼손되었을 경우) 원상회복될 권리' 두 가지였다고 한다. 실제로 강가에 도로건설 폐기물을 버렸던 지방정부는 법원으로부터 '강과 주변 생태계를 복원하라'고 판결을 받았다.

2018년 미국 오하이오주 털리도 시의회는 이리호가 인간처럼 '생존하고 번성하고 자연적으로 진화할 권리'가 있는 주체임을 선언하는 법안을 통과시켰다. 세상에 존재하는 모든 자연과 물질은 더 이상 인간에게 정복당하는 타자나 수동적 대상으로 간주되지 않고 어엿한 주체로 등장한 셈이다.

제인 베닛(Jane Bennett)은 자연과 물질도 인간처럼 세계의 변화에 활발하게 반응하는 적극적이고 능동적 주체라는 점에 주목한다. 지금껏 인간은 자신을 중심축으로 놓고 주변에 존재하는 환경, 사물, 비인간 생명체들을 이용하고 효과적으로 결합해서 목적론적 결과를 성취한다고 생각했다. 베닛은 행위소(actant) 개념을 확장하여 자연과 물질도 능동적으로 활발하게 행위하며 변화를 위한 응집력을 갖추었다고 본다. 베닛은 인간과 사물이 만들어내는 다양한 환경론적 감수성, 즉 정동성에 주목한다.

배추벌레는 인간이 인식하지 못하는 동안 흙을 갈아엎고 작물의 잎사귀를 뜯어먹어 토양의 질을 풍부하게 한다. 이렇듯 비인간 행위자의 적극적 행위는 인간행위의 경로를 바꿀 수 있는 능동성을 갖는다. 인간만을 주체적 행위자로 여기는 시대는 지났다. 네트워크 안에서 인간이나 배추벌레나 모두 동등한 행위소로 조우하며 효과를 낳는다. 모든 사물은 역동적으로 결합되는 과정에 씨줄과 날줄처럼 복잡하게 연결된 채 서로 정서의 감응 즉 정동(affect)한다.[18] "인간과 비인간은 서로 엉키며 언제나 춤을 춰왔다. 지금껏 인간의 행위가 인간과 비인간이 겹치고 맞물리는 네트워크를 벗어난 적은 한번도 없었다."[19]

무한한 그물망과도 같은 신 즉 자연의 세계에서 인간과 비인간의 활력들이 함께하고 수많은 사물과 영혼과 생각들과 관념이 내 몸에서 부딪히고 서로에게 빠지면서 우리는 더 나은 완전성을 향한 코나투스와 기쁨의 삶으로 나간다.

만물은 서로가 서로를 어루만져야 하네.
하나는 다른 하나에 의해 무성하게 자라는 법.
개체는 전체 속에서 제 모습을 보이네.
다른 것들과 제 몸을 섞으면서
다른 것들의 깊은 품속으로 탐욕스레 빠지면서, 자신의 존재를 새롭게 하고

수천의 새로운 생각을 얻으면서

세계는 꿈이 되고, 꿈은 세계가 되네. (노발리스 2003, 제2부)

스피노자는 마지막으로 말한다. "내가 제시하는 길은 매우 어렵게 보일지라도 발견될 수는 있다. …그러나 모든 고귀한 것은 힘들 뿐만 아니라 드물다."(Sed omnia praeclara tam difficilia, quam rara sunt, But all things excellent are as difficult as they are rare. *E*, 제5부 정리 42 증명)

에필로그

짐(負), 빈(貧), 탐(貪), 화폐 저너머의 세계

영어권에 익숙한 학생들을 대상으로 한자를 쓰고 강의하는 일
은 어렵다. 학생들은 칠판에 한자 쓰는 교수를 제일로 싫어한다. 조
선시대에 일정 수확량에 따라 토지면적을 달리했던 결부법(結負法)
도 한문이 필요한 터라 설명하기가 더욱 쉽지 않다.

결부법은 곡식수확량과 조세수취를 연결하기 위한 제도였다. 1
결(結)은 벼 100부(負)를 산출할 수 있는 면적이다. 오늘날 토지면적
은 절대적이지만 예전에는 토지의 비옥도에 따라 상대적으로 달랐
다. 예를 들어 쌀 두 가마 정도를 생산하는 논 1마지기의 면적은 평
균 200평(坪, 1평은 3.3m²)이지만 기름진 땅은 150평, 물이 마르고 외
진 땅은 250평까지 커다란 차이를 보인다. 그렇듯 1결의 면적도 100

부의 소출량을 기준으로 삼기 때문에 차이가 많이 난다.

수확의 짐[負]

1부(負)란 무엇인가? 그보다도 먼저 '주먹'이라는 말은 어디에서 나왔을까? 가을이 벼와 함께 누렇게 익어가는 시점에 농부는 낫을 들고 첫 수확에 들어간다. 농사짓는 일은 온갖 노고가 많다. 설렌다. 논에 들어가 벼를 한 움큼 쥐고 낫으로 살며시 베어낸다. 손에 쥔 벼 한 움큼[握]이 주먹이다. 한 움큼을 쥔 벼가 한 줌[把, grasp]이다.

주먹은 농부가 땅에 흘린 땀방울의 감격을 처음으로 손에 쥐는 기쁨이 아닐까? 환호할 때 하늘을 향해 주먹을 흔드는 동작도 여기서 기원했음이다.

"농부는 하늘로부터 태양과 비를 선물 받아 토지와 땀방울을 황금으로 변화시키는 수고로운 존재이다. 수확은 자연에 빚졌음이다." 주먹은 자연의 터전 위에 자신의 땀과 노고를 쏟아 새로운 결실을 창조했음에 따른 기쁨이며 자연의 고마움을 다시금 깨닫는 감격이다.

한 줌[把握 파악]의 벼를 10개 묶으면 볏단(뭇) 또는 한 다발[束, bundle]이 된다. 다시 벼 열 단을 모아 손으로 들 수 없어 등에 짊어지게 되면 1부(負) 또는 한 짐이 된다. 100把=10束=1負이다. 그러고 보면 짐[負]은 고단한 삶의 무게가 아니라 수확한 벼를 등에 지는 기쁨이다. 다만 기쁨을 넘어서는 욕심은 탐욕이 되어 내 삶의 등을 휘어

지게 하는 짐이 될 뿐이다.

어릴 적 동화책에 '형님 먼저 아우 먼저'라는 내용이 있다. 수확한 벼는 논에다 고깔모자처럼 원뿔형으로 쌓아놓아 말린다. 이를 볏가리라고 부른다. 형은 동생이 새로이 식구를 늘렸기 때문에 살림이 부족할까 걱정이 되어서 밤중에 몰래 자신의 볏단을 동생의 볏가리에 옮겨놓는다. 동생은 형님이 부모님을 모시기 때문에 죄송한 마음으로 밤중에 몰래 자신의 볏단을 형님의 볏가리에 옮겨놓는다. 낮에 형님은 자기 논의 볏가리가 줄지 않은 것이 이상해서 밤에 다시 볏단을 동생 논에 옮겨놓는다. 마침내 달빛이 훤한 밤에 형님과 동생은 서로 볏단을 옮기려다 만나게 된다. 형님 먼저 아우 먼저의 마음. 추석 둥근달이 아름다운 형제를 환하게 밝히고 있었다. 짐은 서로 나눌 때 기쁨이다.

이것이 농부의 마음이며 바로 농심이다.

"이농심행 무불성사(以農心行 無不成事)—농심으로 행하면 이루지 못할 것이 없다."(농심그룹 경영철학, 여기 입사하려는 학생은 반드시 숙지하시기 바란다고 알림)

갑자기 농심 신라면과 짜파게티가 생각난다고 말하면 늦은 오후 출출한 시간이라 학생들도 신난다.

"어째서 집에서 끓여먹는 라면은 밖에서와는 달리 그다지 맛이 없을까?"

대학 뒷골목의 김밥집에서 쭈글쭈글한 양은냄비에 담긴 라면 맛은 환상적이다. 가스불이 냄비 위를 넘실대도록 화력을 높여서 순간적으로 라면을 끓여내는 비결이 깊은 맛을 내는 것 같다. 양은냄비가 쭈그러져 있으면 움푹 파인 곳으로 불이 집중되어 효과도 더좋다. 방망이로 냄비를 두드리는 데도 이치가 있다. 냄비에 표시된금에 라면 물의 적당량(라면 하나에 500cc)이 담길 수 있도록 쭈그리면 된다.

집에서는 양은냄비도 없고 또 가정용 가스로는 더 이상 화력을높일 수도 없다. 그렇다면 방법은 무엇인가?

"나의 경우에는 물의 비등점을 높이기 위해서 처음부터 짭짤한스프를 먼저 넣는다."

2018년 노벨경제학상을 받은 폴 로머(Paul Romer)의 신성장이론도 라면 끓이기의 노하우에 가깝다. 로머는 왜 천연자원의 부존량이예나 지금이나 변함없는데도 인류는 지속적인 경제성장을 실현했는가 하는 의문을 제기한다. 대답은 한마디로 인간의 아이디어였다.인류는 제한된 천연자원을 혁신적으로 재구성(recombination)하여 높은 생산성 향상으로 지속적인 경제성장을 이뤘다.

예전에 전통적인 3대 생산요소는 토지, 노동, 자본이었다. 지식경제 시대의 생산요소는 사람(people), 아이디어(ideas), 재료(things)로이뤄진다. 로머의 신성장이론을 요리로 설명할 수 있다. 물적 자본은냄비와 프라이팬으로, 인적 자본은 두뇌와 감성을 품은 사람으로, 재료에 해당하는 것은 음식원료와 양념으로서 우리가 사용하는 모든물질이다. 반면에 무형의 아이디어는 문장으로 만들어진 레시피(또는지시 instruction) 또는 아이디어에 해당한다. 라면에 빗대면 양은냄비

(물적 자본)에다 우리의 창조적인 감성과 두뇌(사람), 라면과 스프(재료)는 다양한 아이디어로 체화되어 새로운 창조물을 낳는다.

인터넷만 뒤져봐도 우리는 무수한 라면 레시피와 만난다. 레시피 또는 아이디어는 누구 한 사람이 독점하지 못하는 준공공재가 되어 지식스톡을 높여준다. 기계와 설비 투자의 자본스톡이 아닌 지식스톡의 증가가 신경제성장의 핵심이다.

새로운 라면 아이디어는 아예 너구리와 짜파게티를 합친 짜파구리까지 재구성한다. 우리가 가진 아이디어와 지식도 공유재로서 서로 나누고 보탤 때 삶도 넉넉해진다. 나도 그렇고 학생들도 오늘 저녁은 기필코 라면을 끓여먹고야 말겠다는 각오가 강의실에 꽉 찬다.

농부는 낮에 벼와 대화를 나눈다. 밤에는 벼가 잠을 깰까 논 주변에서는 조심스럽게 걷는다. 이것도 농심이다. 농부의 생태적 사고이다. 물론 웃을 수도 있다. 그런데 오늘날 농부의 생태적 마음은 과학적으로 증명된다. 농부와 벼는 농심과 감응의 세계 속에서 서로가 비언어의 대화를 주고받는다.

어느 날 벌레들이 숲에 침투해서 나뭇잎을 갉아먹는다. 가장자리 나무는 숲의 다른 나무에 위험신호를 보낸다. 나무들마다 긴장하여 벌레가 자기의 잎을 갉아먹지 못하도록 물질을 방출한다. 일종의 페르몬을 맡은 벌레는 더 이상 숲 안으로 접근하지 못하고 물러선다. 그래서 숲의 나무가 벌레 때문에 전멸하는 경우는 없다고 한다.

벼도 태양 아래 이야기를 나누고 달빛에 조심스레 걷는 농심과 공명하여 세상에 유익한 신호를 보낸다. 벼의 페르몬은 다른 병충해를 물리치지만 벼의 생장에 도움을 주고 인간에게는 피치스톤 같은 유익을 선물한다.

나무가 뿜는 페르몬은 벌레에게 악이 되지만 인간에게 선이 될 수 있음이다. 스피노자는 대략 이렇게 말한다. "사랑할 때 즐거운 음악은 기쁨이지만 실연했을 때 즐거운 음악은 슬픔이다." 선과 악은 상황에 따라서 구분될 뿐이다.

선이나 악은 오직 인간이 어떤 목적을 정해 놓고 사유하는 특정한 양태에서 나온다. 인간은 자신에게 유익한 목적을 미리 정해 놓고 그것을 기준으로 선과 악을 구분한다. 인간에게 죽음은 나쁨이지만 자연 전체로 보면 좋음도 나쁨도 아니다. 자연의 관점에서 신체가 스러지고 미생물과 입자로 해체되는 과정은 나쁨도 아니고 그저 '스스로 그러함'[自然] 속으로 돌아가는 순환의 과정일 뿐이다. 자연 안에는 좋음도 나쁨도 없고 선도 악도 없다. 자연은 선과 악도 포용하여 소멸시키며 유유히 흘러간다.

수업이 끝난 날은 추석 전날이었다. 자정에 달맞이를 나섰다. 멀리서 둥글고 훤한 추석 달에 누렇게 익어가는 벼가 황금처럼 빛난다. 벼가 깰세라 아내와 함께 살금살금 조심스럽게 걸었다.

화폐 너머의 세계

조선시대 이앙법(모내기)을 설명하는 강의시간인데 학생들에게 모내기라는 용어 자체도 낯설다.

먼저 이앙법은 볍씨를 한차례 못자리에서 키우고 나서 어린모를 다시 물이 찰랑찰랑대는 논에 옮겨심는 획기적 방법으로 조선시대 후반에야 널리 퍼졌다. 이전에는 농부들이 밭에 직접 볍씨를 뿌리는 직파법이 주종을 이루었다. 이것은 수확도 적을 뿐더러 풀도 덩달아 벼와 함께 자랐다. 잡초를 제거하는 김매기 작업이라도 할라치면 벼가 무질서하게 흩어져서 많은 품이 들었다. 다만 수시로 찾아오는 가뭄에도 견딜 수 있는 장점이 컸다.

이앙법은 모내기 과정에서 건강한 모를 선별할 수 있었고 특히 논에 차 있는 물 때문에 다른 잡풀들이 자리 잡지 못해 김매기 작업이 훨씬 수월하였다. 직파법은 적어도 4~5차례 김매기가 필수적이었으나 이앙법은 2~3차례로도 충분했다. 이앙법은 사반공배(事半功倍)라고 해서 "노동은 반절로 줄어들고 수확은 2배가 늘어났다"고 할 정도로 김매기에 노동력이 80%가 감소하고 수확은 40%가 늘었다.

브레이(F. Bray)가 지적하는 이앙법의 장점은 "벼의 뿌리가 튼튼하고 모가 잘 자라서 높은 수확량을 얻는다. 벼도 못줄에 따라 질서 있게 심어 김매기의 호미질 작업과 해충방제도 손쉬웠다. …직파법에서 이앙법의 전환으로 수확량은 40%가 늘었다."[1] 역시 이앙법의 치명적 단점은 "제초에 편리하지만 가뭄이 들면 손쓸 도리가 없으니 농가에 위험한 일"이었다.

이앙법으로 수확이 늘어났으나 일거리도 많아지고 몸은 고됐다. 공동으로 수리시설을 만들어 물을 가두거나 분뇨와 재를 썩힌

풀과 뒤섞어 만든 퇴비(비료)도 수시로 작업해 놔야 했다. 벼의 재배 기간이 짧아짐에 따라 보리나 밀 작물과 논농사를 연이어 짓는 이모작도 가능해져서 노동력이 시간적으로 적절히 분배될 수 있었다지만 그만큼 할 일도 태산 같았다.

일시에 어린모를 논으로 옮겨심는 모내기 작업은 노동력이 집중적으로 투입되어야 했다. 마을 전체의 협동이 필요했다. 오늘은 내 논에서 내일은 이웃집의 모내기를 돕고 서로 품을 나누며(품앗이) 손이 달리는 과부와 노약자의 논은 대신 농사를 지어주는 상부상조의 두레공동체가 생겨난 것도 이앙법이 안겨다준 우리네 농촌의 모습이 되었다.

수확량이 많아지면서 논의 가치가 커졌다. 사람의 노동력보다는 생산수단으로서 논의 비중이 높아짐에 따라 토지자산을 가진 자와 그렇지 못한 자의 생산력 격차도 커졌다.

이앙법과 관련하여 『조선왕조실록』의 사료를 해석하면서 칠판에 한자를 써놓고 물끄러미 쳐다본다.

잠깐 수업시간이 멈춘다. 딴짓을 하던 학생들도 의아한 듯이 쳐다본다. 대면수업에서 하나의 장점은 교수의 침묵, 멈춤, 사소한 몸짓 하나하나까지의 비언어적 기호가 강의실을 풍요롭게 하는 데 있다. 컴퓨터 줌(zoom)으로 연결되는 비대면 수업에서는 잠깐이라도 서로 생각의 시간을 갖는 '멈춤'의 공백은 용납되지 않는다. 모든 것이 컴퓨터 기기처럼 오류 없이 매끈하고 단절이 없어야 한다.

칠판에 써놓은 한자는 탐어다작(貪於多作)이었다.

(탐어다작: 조선 후기 이앙법의 도입으로 많은 소출을 올리기 위해 토지면적을 늘리고 다작에 욕심을 부려서 부농으로 커가는 당시의 욕망을 나타내는 문장)

貪(탐)이라는 한자를 보니 며칠 전에 읽었던 책 한 대목에서 풀이되었던 빈(貧)이라는 글자가 딸려와서 잠깐 시선을 멈췄다. 이야기가 다른 데로 흘러간다.

한자 빈(貧)은 화폐 또는 자원을 나눈다는 뜻을 가진다. 개인으로서는 가진 것을 나누면 더 적게 가지게 되어 자신만 가난해지는 것으로 생각할지 모른다. 그러나 유한한 자원을 나누어 함께 살지 않으면 사회 전체의 지속적 재생산은 불가능하다. 共生共貧(공생공빈).[2]

貪(탐)과 貧(빈)에 들어 있는 패(貝)는 카우리(cowrie, 자주색 조개 紫貝)를 뜻한다. 서아프리카의 말리제국에서 카우리는 여성의 생식기와 닮아 다산·풍요·번영을 상징하며 초기 원시화폐로서 소액계산에 주로 쓰였다. 한자에서 패(貝)자가 들어가면 모두 화폐와 관련 있다.

貧(빈)이라는 글자를 나누면 分+貝가 된다. 조개 또는 화폐를 나눈다, 즉 '자원을 나눈다'는 뜻을 가진다. 개인으로서는 자기 것을 나누면 적게 가지게 되어 가난해질 수 있다. 그렇지만 애초 생산 자체가 불가능하였으나 무한하다고 여겼던 지구상의 모든 자원이 고갈되는 위기상황에서 유한한 자원을 함께 나누는 가난의 생활이야말로 지속적인 생태계 사회를 가능케 하는 필요조건이 되었다. 함께 가난하지 않으면 함께 살아갈 수 없다[共生共貧].

작은 것이 아름답다(Small is beautiful), 적을수록 더 좋다(Less is more)의 경구로 우리를 깨우친 경제학자 슈마허(E. F. Schumacher)는 『자발적 가난』에서 소박한 삶이 주는 무한한 풍요를 강조한다.[3] 자발적 가난은 가난을 창조하여 자유를 안겨준다. 결핍을 채우려 하지 말고 오히려 부족함을 사랑하는 '성스러운 가난'은 자신에 대한 긍지와 마음의 평화를 안겨준다.

시장상품 세계는 결핍과 부족함을 끊임없이 만들어내고 인위적으로 희소성의 원리를 창출한다. 결핍을 소비로 메워서 일시나마 만족의 평안을 누리지만 그 역시 순간적이어서 또 다른 결핍이 바닷물의 갈증처럼 격렬히 솟아오른다. 결핍에 시달리는 인간의 불안과 초조함이 현대 자본주의를 가동시키는 욕망 메커니즘이다.

결핍을 사랑하여 자유를 얻을 것인가? 결핍에 초조하여 불안한 존재로 살아갈 것인가? 유한한 자원을 나누고 창조적 가난으로 결핍(deficiency)에서 충족(sufficiency)을 발견하는 것이야말로 절실한 생존의 양식이 되었다.

貪(탐)도 한자를 빠개면 今+貝가 된다. 지금 현재 눈앞[今]의 화폐[貝]만 바라보고 이익에 급급하면 탐욕이 될 수밖에 없다.

인도의 간디가 자연생태계의 파괴를 우려하는 말은 핵심을 찌른다. "지구의 자원은 모든 사람의 필요 또는 니즈(needs)를 충족시켜 주는 데 충분하지만 모든 사람이 탐욕(greed)을 부리면 감당하지 못한다."(Earth has enough for everyone's needs, but not everyone's greed)

貧(빈)=필요=needs

貪(탐)=탐욕=greed

필요는 자연이 감당하기 충분한 살림살이며 오늘 나의 자그만 몸짓이 지구 전체에 영향을 끼친다는 근원적 사고를 뜻한다.

탐욕은 그렇지 못하다. 잠깐 다른 데로 눈을 돌리면 대학도 눈앞의 돈과 돈이 될 만한 유용한 것만 탐닉한다. 지금 쓸모없는 것[不用]을 연구하여 훗날에 쓸모 있도록[有用] 만들어야 하는데 대학마저도 당장의 이득에 매달린다. 어제 만난 의과대학 교수는 미래에 큰 과제가 있는데 당장 연구비를 따기 위해서는 주제를 다른 것으로 바꿀 수밖에 없다고 안타까워한다.

베블런은 딱 103년 전에 미국의 대학이 금전문화에 휩쓸리는 것을 개탄하고 대학이 빈둥빈둥 게으르며 호기심으로 반짝이는 정신(idle curiosity)으로 가득 차야 한다고 말한다. 대학은 당대에 그 뜻과 생각이 너무 커서[廣人] 미친놈[狂人]이란 소리를 듣는 사람들이 많아야 한다. 그것이 또 하나 대학의 존재가치다. 베블런도 당시 괴짜였다.

貧(빈)을 다시 파자(破字)해 보면 화폐[貝]와 분리해서[分] 생각한다는 뜻도 생긴다.

오늘 여러분은 강의실의 환한 불빛 아래서 공부합니다. 옷도, 신발도, 책상도 여러분이 만든 것은 없습니다. 우리는 누군가의 도움으로 공부하고 입고 쓰고 돌아다닙니다. 물론 돈으로 다 살 수 있습니다. 우리는 화폐로 모든 것들을 구입할 수 있는 화폐교환의 시장 네트워크에 살고 있습니다. 그런데 화폐를 우리 눈앞에서 지우고 분리시켜서 시장 그 너머를 바라봅시다. 전기에너지 하나만 하더라도 청년 비정규직의 죽음이 도사리고 있습니다. 화력발전소, 전철, 돼지농장, 오징어 가공공장 등에서 하청업체의 비정규직과 외국인 노동자들 그리고 살처분되는 동물들이 있습니다. 푸코(M. Foucault)의 말을 조금 비틀면 '(우리를) 살게 만들기 위해 (그들을) 죽음으로 몰아가는' 비정한 생명권력(biopower) 시스템을 살아가고 있습니다.

화폐의 경계선을 넘어 또 다른 앎과 생각을 통해 우리는 진정으로 삶의 의미가 무엇인지를 깨닫고, 서로가 깊은 공감과 연대망을 이을 수 있을 것이다. 탐욕과 화폐를 넘어 새로운 세계의 의미질서를 발견하고 거기에서 진정한 기쁨을 얻는 존재여야 한다.

짐[負], 빈(貧), 탐(貪)이라는 딱딱한 한자를 갖고 풀이했던 강의가 학생들에게 얼마나 흥미로웠는가는 모르겠지만 라면을 끓여먹겠다는 오늘의 소망은 충만한 것 같다.

주

프롤로그 5천원과 외상장부

1. Polanyi 1935, p. 370.

2. Hart 1986, p. 3.

3. Hart 2009, p. 100.

제1부 무인도와 죽음의 경제학

동물의 왕국과 인간경제

1. Townsend 1786, pp. 36~38.

2. 같은 책, p. 36.

주류경제학의 허구적 원형

1. 원용찬 2016, 145~52쪽.

2. Fromm 1965, pp. 84~96.

3. Block and Somers 2014, pp. 158~72.

4. 미셸 투르니에 1967.

5. 조르주 바타유 2004, 69쪽.

6. 유기환 2006, 61쪽.

7. Th. W. 아도르노, M. 호르크하이머 2001, 26쪽.

애덤 스미스의 시신경제학

1. Foucault 2003, p. 255.

2. 조르조 아감벤 2008, 33~51쪽.

3. Mbembe 2003, p. 39, 40.

4.   Montag 2005.

5.   미셸 푸코 2014, 383~85쪽.

6.   조르조 아감벤 2016, 577쪽.

7.   Foucault 2007, pp. 64~67.

8.   Hill and Montag 2015, p. 307.

칼 폴라니의 실체경제와 탈상품화 세계

1.   Polanyi 1957, p. 253.

2.   라즈 파텔 2011, 177쪽.

3.   "해삼어장이 섬주민 공유자산으로… 농촌기본소득 실험 재발견,"『한겨레』 2021. 2. 1.

4.   미셸 바우웬스, 바실리스 니아로스 2020, 9쪽.

5.   Jessop 2007, p. 130.

6.   Guizzo and Lima 2017, p. 109.

7.   언어·기호·이미지의 기표(記標, signifiant, 기호표현)는 단독으로 의미를 갖지 못한다. 언어는 차이의 체계이기 때문에 체계 내의 다른 기호화의 대립관계(차이)에 따라 기의(記意, signifié, 기호내용)를 내포한다. 빨간 신호등(기표)도 단독으로 의미를 갖지 못한다. 다른 파란 또는 노란 신호등과 함께 교차로에 세워짐으로써 비로소 '멈춤'이라는 기의를 내포한다. 축구 경기장에서 빨강은 열정과 사람을 기의한다.

8.   Ruskin 1894, p. 13.

제2부 칼 폴라니의 '거대한 전환'

칼 폴라니의 주저함과 결단

1.   Polanyi 1954, pp. 336~50.

2.   개러스 데일 2019, 91쪽.

3.   Polanyi-Levitt and Mendel 1987, p. 20.

4. Polanyi 1954, p. 339.

5. 원용찬 2012, 당대, 17~22쪽.

6. Polanyi 1954, p. 350.

7. 개러스 데일 2019, 97쪽.

8. Bishop 1994, p. 164.

9. Polanyi 2010.

10. Özel 2001, p. 4.

11. O'Brown 1959, p. 105.

12. 베르나르 마리스 2009, 238쪽.

13. Polanyi 1935, pp. 372~74.

14. 같은 글, p. 369.

15. 같은 글, p. 370.

16. Polanyi 1947, p. 65.

17. Polanyi 1935, p. 369.

18. 같은 글, p. 370.

19. 지금 1990대 후반에 들어선 칼 폴라니의 딸 폴라니 레빗(Karl Polanyi Levitt)의 회고에 따르면 "아버지가 가장 중시했던 문학가는 셰익스피어였으며 전쟁 때에도 그의 작품을 갖고 다녔고, 또 한 사람은 러시아의 도스토옙스키였다." 도스토예프스키의 소설은 러시아인 어머니가 전해줬던 농촌 대지의 자치공동체적 뿌리(코뮨)와 기독교 사회주의의 정신을 더욱 깊게 했을 것이다. 그의 아버지는 영국식 진보주의로 영향을 끼쳤으니 칼 폴라니의 정신 깊숙한 곳에 '시장과 공동체 사상'이 공존하는 형태로 융합되었던 것도 당연하였다웄 깊게 했을 것이다. 그의 아버지는 영국식 진보주의로 영향을 끼쳤으니 칼 폴라니의 정신 깊숙한 곳에 '시장과 공동체 사상'이 공존하는 형태로 융합되었던 것도 당연하였다.

20. Rogan 2017, p. 74.

21. 모리스 블랑쇼, 장 뤽 낭시 2005, 22쪽.

22. 왕은철 2012, 18쪽.

사회적 자유와 도덕적 채무

1.   Schafer, untitled, unpublished ms, p. 24.

2.   Bishop 1994, p. 164.

3.   Polanyi 1927, p. 16. 『자유에 대하여』는 칼 폴라니가 1927년에 강연원고로 집필했고 이후 오스트리아 사회민주당의 기관지 『투쟁』(*Der Kampf*)에 게재하기 위해 수정을 거쳤지만 도중에 중단되었다. 이 원고는 원래 칼 폴라니의 부인인 일로나 두친스카 폴라니(Ilona Duczynska Polanyi)가 소장하고 있던 초고로서 2000년대 초반까지 세상에 알려지지 않았다. 독일어 원고 "Über die Freiheit"는 『대전환의 연대기』(*Chronik der großen Transformation*) 제3권(2005)에 게재되었다. 영문 원고는 Thomasberger and Cangiani ed.(2018)에 수록되었다.

4.   Polanyi 1935, p. 375.

5.   Thomasberger 2003, p. 6.

6.   Polanyi 1927, p. 16.

7.   같은 글, p. 18, 19.

8.   같은 글, p. 16.

9.   같은 글, p. 26.

10.   같은 글, p. 27.

11.   같은 글, p. 22.

12.   Polanyi 1937, p. 153.

13.   Polanyi 1927, p. 22.

14.   Polanyi 1937, p. 152.

15.   Polanyi 1927, p. 55.

16.   같은 글, p. 25.

17.   김왕배 2013, 137쪽.

18.   Polanyi 1927, p. 27.

19.   Popper 1973, p. 323.

20.   Kapp 1978, p. 268.

388

21. Polanyi 1937, p. 146.

22. Polanyi 1957, p. 270.

23. 진희선·송경룡 2013, 300, 301쪽.

24. 정태인·이수인 2013, 174~79쪽.

25. Mauss 1967, chapter 1.

26. Godbout 2000, p. 30.

27. Weiner 1992, chapter 5.

28. Servet 2007, p. 270.

29 Rodrigues 2004, p. 198, 199.

칼 폴라니의 화폐의미론

1.   1929년 세계대공황으로 부채가 많고 실업자도 넘쳐났던 오스트리아의 뵈르글(Wörgl)이란 도시에서 노화하는 화폐 시스템이 도입되었다. 돈은 매월 1%씩 화폐가 감소하기 때문에 뵈르글 시민들은 매월 1%분의 스탬프를 사서 노화하는 돈에 첨부해야만 현재의 화폐가치를 그대로 유지할 수 있었다. 돈은 갖고 있으면 불어나기보다는 가치가 감소하기 때문에 즉시 써야만 했고 마이너스 이자 때문에 장롱에 보관하거나 일반화폐처럼 이자를 낳는 저장의 용도로도 사용할 수도 없어서 전체 경제순환에 투입되고 실물경제를 뒷받침하게 되었다. 더구나 이자도 지불할 필요가 없어서 누구든 돈을 빌려 일을 시작할 수 있었다. 노화하는 돈이 시행되고 나서 2년 후에 뵈르글에서는 공공부채와 실업자가 사라졌지만 오스트리아 국가가 개입해서 중단시키고 말았다.

2. Keynes 1936, pp. 355~57.

3. Ruskin 1894, p. 93.

4. 베르나르 마리스 2009, 238쪽.

5. 이중운동은 '확장하는 시장경제운동'과 '사회를 보호하기 위한 자기방위운동'의 싸움이며 자기조정시장의 사회적 파괴에 대응한 반작용으로서

다양한 계층들이 사회와 문화, 국가와 정치적 영역에서 일으킨 자기방어 운동을 뜻한다. 칼 폴라니는 시장경제의 자기파괴적 메커니즘의 활동을 둔화시킨 사회보호의 반작용이 없었다면 인간사회는 파멸될 뻔했다고 말한다.

6. Polanyi 1947~50, p. 198.

7. 데이비드 그레이버 2011, 72~85쪽.

8. Polanyi, Arensberg, and Pearson 1957, p. 266.

9. Maucourant 2002, p. 164.

10. Blanc 2018, p. 60.

11. Hornborg 2017, p. 628.

12. 크리스 한, 키스 하트 2016, 152쪽; Hart 2009, p. 99, 100.

13. 제프리 잉햄 2004, 27, 28쪽.

14. Commons 1961/1934, p. 474.

15. Wray 2012, p. 154.

16. 미크로네시아연방공화국에서 4개의 도서지역으로 구성된 얍(Yap)섬은 지금 달러가 통용되고 있지만 돌화폐로 널리 알려진 문화인류학적 장소로 알려져 있다. 이 섬에서 금속은 생산되지 않으며 대신 돌을 다듬고 가공하여 만든 물건이 훌륭한 노동의 상징으로 인정받는다. 돌화폐는 얍섬에서 400마일 떨어진 섬에서 발견되는 석회석을 채석하고 가공하여 얍섬까지 힘들게 운반해 온 것이다. 돌화폐는 가운데 구멍이 뚫리고 둥근 모양의 도넛 형태로, 작은 것은 지름 20cm에서 큰 것은 4m에 이르기까지 크기가 다양하며 현재 1만~1만 2천 개 정도가 있는 것으로 추정되고 있다.

17. Furness III 1910, pp. 1~7.

18. 이노우에 도모히로 2020, 162쪽.

19. 같은 책, 188쪽 "재난소득 논쟁과 MMT"(옮긴이 후기).

20. 제프 크로커 2021, 26쪽.

21. 데이비드 그레이버 2011.

이뮤니타스와 코뮤니타스

1. White 1964, pp. 29~31.
2. Bruni 2012, p. 203.
3. 루이지노 브루니 2020, 32쪽.
4. 신동원 2013, 193, 194쪽.
5. 강신익 2016, 60쪽.
6. Derrida 2003, p. 94.
7. 지오반나 보라도리 2004, 226쪽.
8. Exposito 2010, p. 4.
9. 같은 책, p. 29.
10. 같은 책, p. 13.
11. Exposito 2002, p. 167.
12. 루이지노 브루니 2020, 33쪽.

제3부 스피노자, 기쁨의 경제로 가는 길

데카르트가 경제학에 끼친 폐해

1. 박우희 2007, 9쪽.
2. 대니얼 데닛 2019, 149쪽.
3. 정념의 passion은 passive(수동적)에서 나온 단어로서 인간의 능동적 정서보다 외부의 자극에 수동적으로 반응하여 생기는 감정이다.
4. Fullback ed. 2006, p. 471, 472.
5. 슬라보예 지젝 외 2018, 56쪽.
6. Whitehead 2007, p. 32.
7. Arendt 1998, p. 283, 284.
8. 토마스 세들라체크 2012, 240쪽.
9. Veblen 1898, pp. 73~75.
10. Mini 1974, p. 24.

1. 스피노자의 『에티카』(*Ethica, Ethics,* 1677)는 제5부로 구성되어 있으며 각 부마다 기하학적 논증에 따라 서문, 정리, 증명, 정의, 공리, 보충, 보조정리, 공준, 주석, 부록으로 끊임없이 증명하는 방식으로 전개되고 있다. 앞으로 『에티카』의 출처표기는 특정 텍스트의 페이지가 아니라 (E, 제1부 정의3~5)와 같은 식으로 표시한다.

2. 스피노자의 용어 affect(affectus)와 affection(affectio)은 지금도 번역용어에 대한 논란이 많다. affect는 정동(情動)·정서·감정·감응으로, affection은 변용·정서로 옮기고 있으나 통일되어 있지 않다. 이 글에서는 affect를 폭넓게 정서로 옮기지만, 문장에 따라 번역어를 병기한다.

3. 박삼열 2012, 30쪽.

4. 질 들뢰즈 2015, 35쪽.

5. Veblen 1932), p. 310.

6. 홍훈 2007, 96쪽.

7. Veblen 1898, p. 70, 71.

8. 원용찬 2007, 22, 23쪽.

9. Kaucky 2016.

10. 한성안 2020, 85쪽.

11. 한성안 2010, 21~23쪽.

12. Atlan 1998, p. 215.

13. 이수영 2017, 181쪽.

14. 안토니오 다마지오 2007, 320쪽.

15. Glimcher 2003, p. xix.

16. 샘 해리스 2013, 16, 17쪽.

17. Buzaglo 2006, p. 383.

18. Kahneman 2003, pp. 15~21.

19. 홍훈 2016, 80, 81쪽.

20. 홍훈 2013, 292~311쪽.

욕망 긍정의 코나투스와 인간역량

1. 스피노자의 potentia(역량)와 potestas(능력)의 구별과 설명은 이 책 305쪽 참조.

2. 프리드리히 니체 2020, 85쪽.

3. 홍영미 2006, 37쪽.

4. 손기태 2016, 198쪽.

5. 아마르티아 센 1999, 63쪽.

6. 알렉상드르 마트롱 2012, 347~59쪽.

7. 홍훈 2016, 80쪽.

8. 알렉상드르 마트롱 2012, 362쪽.

9. 질 들뢰즈 2015, 24, 25쪽.

10. 베네딕투스 데 스피노자 2016, 42쪽.

11. 아리엘 수아미 2010, 11, 12쪽.

12. 안토니오 네그리 1977, 30~44쪽. 번역본의 '야만적 별종'은 '야생적 별종' 이라고 옮겨야 한다는 지적도 많다.

13. Lordon 2014, p. 139. 현동균 박사가 프랑스어판 원본을 번역하여 싱가포르에서 보내준 원고를 참조(2020년, 미간행).

14. 若森みどり 2011, 244쪽.

15. 사이토 고헤이 2020, 145쪽.

16. Sen 1995, p. 40.

17. Sen 1999, p. 75.

18. 평균수명을 누릴 수 있는 생명(life), 양호한 건강과 적절한 영양을 공급받고 적합한 주거공간을 보유하는 신체건강(bodily health), 자유롭게 이동할 수 있고 각종 공격으로부터 보호 받는 신체보전(bodily integrity), 감각기관을 활용할 줄 알아야 하며 상상하고 사고하고 추론할 줄 아는 감각·상상·사고(senses, imagination, and thought), 주변 사람이나 사물에 애

착을 느낄 수 있는 감정(emotions), 선의 관념을 형성할 수 있는 실천이성 (practical reason), 다른 사람과 더불어 살고 다른 사람을 인정하는 관계 (affiliation), 인간 이외의 종(other species)으로서 동물이나 식물 등 자연 세계에 존재하는 것에 관심과 관계 맺기, 웃고 놀 줄 알아야 하고 여가를 즐기는 놀이(play), 정치적 선택과 정치에 참여할 권리, 정당한 재산권을 행사하고 의미 있는 인간관계를 맺어서 인간답게 일할 수 있는 환경통제 (control over one's environment)다(마사 누스바움 2015, 49, 50쪽).

19. Sen 1993, p. 46.
20. 이주강 2015, 14, 15쪽.
21. Crespo 2008, p. 14.
22. 허성범 2013, 138쪽.
23. Zuolo 2004, p. 7.
24. 같은 곳.

스피노자와 칼 폴라니의 공통인식

1. Nadler 2018, p. 141.
2. Th. W. 아도르노, M. 호르크하이머 2001, 30쪽.
3. Hill and Montag 2015, p. 107.
4. Frantz 2005, p. 37.
5. 토마스 세들라체크 2012, 243쪽.
6. Dale 2010, p. 111.
7. 마르셀 모스 2002, 94쪽.
8. Lash 2018, p. 22.
9. Dyer 1997, p. 52.
10. 清水禮子 1978, 31쪽.
11. Yantsch 1979, pp. 220, 221.
12. 현재 지구의 모든 생명체는 약 1천억 톤의 탄소를 필요로 하는데 그중 5억 톤 정도만 생태계에서 자연스럽게 생산된다. 나머지 995억 톤의 탄소는

생명체의 시체들을 재활용해 만들어진다. 죽음이 없으면 생명에 필요한 탄소의 200분의 1만 만들어지고 죽음 없는 세상에서는 새로운 삶이 200배 덜 가능해진다는 말이다. 김대식 2014, 96쪽.

13. 요르고스 칼리스, 수전 폴슨, 자코모 달리사, 페데리코 데마리아 2021, 103쪽.

14. Nadler 2018, p. 259.

15. Buyse 2017, p. 129.

16. 최진석 2001, 339쪽.

17. 노고운 2020, 107쪽; Tsing 2015.

18. 김종미 2020, 142~49쪽.

19. Bennet 2010, p. 31.

에필로그 짐[負], 빈(貧), 탐(貪), 화폐 저너머의 세계

1. Bray 1994, p. 46.

2. 박지형 2019, 241쪽.

3. E. F. 슈마허 1996.

참고문헌

『스피노자 서간집』: 베네딕투스 데 스피노자 (2019), 『스피노자 서간집』, 이근세 옮김, 아카넷.

E: Benedict de Spinoza (1994), *The Ethics and Other Works*, Dewin Curley ed, New Jersey: Princeton Uni. Press. B.

　B. 스피노자 (2014), 『스피노자 선집』, 황태연 옮김, 비홍출판사.

　베네딕투스 데 스피노자 (2007), 『에티카』, 강영계 옮김, 서광사.

GT: Karl Polanyi (2001), *The Great Transformation*, Boston: Beacon Press.

　칼 폴라니 (2009), 『거대한 전환』, 홍기빈 옮김, 길.

LM: Karl Polanyi (1977), *The Livelihood of Man*, Harry W. Pearson ed, New York: Academic Press.

　칼 폴라니(2017), 이병천 옮김, 『인간의 살림살이』, 후마니타스.

TMS: Adam Smith (1790), *The Theory of Moral Sentiments*, MetaLibri Digital.

　애덤 스미스 (2018), 『도덕 감정론』, 김광수 옮김, 한길사.

Wealth: Adam Smith (1776), *The Wealth of Nations*, MetaLibri Digital.

　애덤 스미스 (2020), 『국부론』 상/하, 김수행 옮김, 비봉출판사.

김대식 (2014), 『김대식의 빅퀘스천』, 동아시아.

강신익 (2016), 「코나투스 건강학: 스피노자 윤리학과 생물의학의 통접」, 『의철학연구』 22.

개러스 데일 (2019), 『칼 폴라니, 왼편의 삶』, 황성원 옮김, 마농지.

김왕배 (2013), 「도덕 감정: 부채의식과 감사, 죄책감의 연대」, 『사회와 이론』 제23집.

김종미 (2020), 「제인 베넷 Jane Bennet: 호수와 나무에도 법적 정치적 권리가 주어져야 하는가?」, 김환석 외 21인, 『21세기 사상의 최전선, 이성과 감성: 전지구적 공존을 위한 사유의 대전환』, 이성과감성.

김환석 외 21인 (2020), 『21세기 사상의 최전선, 이성과 감성: 전지구적 공존을 위한 사유의 대전환』, 이성과감성.

노고운 (2020), 「애나칭 Anna Tsing: 비인간 생물은 역사의 주인공이 될 수 있는 가?」, 김환석 외 21인, 『21세기 사상의 최전선, 이성과 감성: 전지구적 공존을 위한 사유의 대전환』, 이성과감성.

노발리스 (2003), 『푸른 꽃』, 김재혁 옮김, 민음사.

대니얼 데닛 (2019), 『의식의 수수께끼를 풀다』, 유자화 옮김, 옥당.

데이비드 그레이버 (2011), 『부채 그 첫 5000년』, 정명진 옮김, 부글.

라즈 파텔 (2011), 『경제학의 배신』, 제현주 옮김, 북돋움.

루이지노 브루니 (2020), 『콤무니타스 이코노미: 모두를 위한 경제는 어떻게 가능한가』, 강연선 외 옮김, 북돋움.

마르셀 모스 (2002), 『증여론』, 이상률 옮김, 한길사.

마사 누스바움 (2015), 『역량의 창조』, 돌베개.

모리스 블랑쇼, 장 뤽 낭시 (2005), 『밝힐 수 없는 공동체/마주한 공동체』, 박준상 옮김, 문학과지성사.

미셸 바우웬스, 바실리스 니아로스 (2020), 『커먼즈 경제에서의 가치문제』, 조윤경 옮김, KPIA(칼 폴라니 사회경제연구소).

미셸 투르니에 (1967), 『방드르디, 태평양의 끝』, 김화영 옮김, 민음사.

미셸 푸코 (2014), 『생명관리정치의 탄생: 콜레주 드 프랑스 강의 19788~79년』, 오트르망 옮김, 난장.

박삼열 (2012), 『스피노자의 '윤리학' 연구』, 선학사.

박우희 (2007), 『경제학의 기본원리: 과학·철학·예술과 경제원리의 발견』, 서울대학교 출판부.

박지형 (2019), 『스피노자의 거미: 자연에서 배우는 민주주의』, 이음.

베네딕투스 데 스피노자 (2016), 『데카르트 철학의 원리』, 양진호 옮김, 책세상.

베르나르 마리스 (2009), 『케인즈는 왜 프로이트를 숭배했을까?』, 조홍식 옮김, 창비.

사이토 고헤이 (2020), 김영현 옮김, 『지속 불가능 자본주의』, 다다서재.

샘 해리스 (2013), 『자유의지는 없다』, 배현 옮김, 시공사.

손기태 (2016), 『고요한 폭풍, 스피노자: 자유를 향한 철학적 여정』, 글항아리.

슬라보예 지젝 외 (2018), 『매트릭스로 철학하기』, 이운경 옮김, 한문화.

신동원 (2013), 『호환마마 천연두: 병의 일상 개념사』, 돌베개.

아리엘 수아미 (2010), 『스피노자의 동물우화』, 강희경 옮김, 열린책들.

아마르티아 센 (1999), 『윤리학과 경제학』, 한울아카데미.

안토니오 네그리 (1977), 『야만적 별종: 스피노자에 있어서 권력과 역능에 관한
　　연구』, 윤수종 옮김, 푸른숲.

안토니오 다마지오 (2007), 『스피노자의 뇌: 기쁨, 슬픔, 느낌의 뇌과학』, 임지원
　　옮김, 사이언스북스.

알렉상드르 마트롱 (2012), 『스피노자 철학에서 개인과 공동체』, 김문수·김은주
　　옮김, 그린비.

왕은철 (2012), 『애도예찬: 문학에 나타난 그리움의 방식들』, 현대문학.

요르고스 칼리스, 수전 폴슨, 자코모 달리사, 페데리코 데마리아 (2021), 『디그로
　　쓰: 지구를 식히고 세계를 치유할 단 하나의 시스템 디자인』, 우석영·장석준
　　옮김, 산현재.

원용찬 (2007), 『유한계급론: 문화·소비·진화의 경제학』, 살림.

_____ (2012), 『칼 폴라니, 햄릿을 읽다』, 당대.

_____ (2016), 『빵을 위한 경제학』, 인물과사상사.

유기환 (2006), 『조르주 바타이유: 저주의 몫, 에로티즘』, 살림.

이노우에 도모히로 (2020), 『기본소득의 경제학: 알기 쉬운 현대화폐이론
　　(MMT) 논쟁』, 송주명·강남훈·안현효 옮김, 진인진.

이수영 (2017), 『에티카: 자유와 긍정의 철학』, 오월의 봄.

이주강 (2015), 『완전주의: 스피노자의 반(反)목적론』, 밥북.

E. F. 슈마허 (1996), 『자발적 가난: 덜 풍요로운 삶이 주는 더 큰 행복』, 이덕임 옮
　　김, 그물코.

정태인·이수인 (2013), 『협동의 경제학』, 레디앙.

제프 크로커 (2021), 『기본소득과 주권화폐』, 유승경 옮김, 미래를 소유한 사람들.

제프리 잉햄 (2004),『돈의 본성』, 홍기빈 옮김, 삼천리.

조르조 아감벤 (2008),『호모 사케르: 주권권력과 벌거벗은 생명』, 박진우 옮김, 새물결.

_____ (2016),『왕국과 영광: 오이코노미아와 통치의 신학적 계보를 향하여』, 박진우·정문영 옮김, 새물결.

조르주 바타유 (2004),『저주의 몫』, 조한경 옮김, 문학동네.

지오반나 보라도리 (2004),『테러시대의 철학: 하버마스, 데리다의 대화』, 손철성·김준성 옮김, 문학과 지성사.

진희선·송경륭 (2013),「칼 폴라니의 '전환적' 사회경제사상에 대한 고찰」,『사회사상과 문화』제23집.

질 들뢰즈 (2015),『스피노자의 철학』, 박기순 옮김, 민음사.

최진석 (2001),『노자의 목소리로 듣는 도덕경』, 소나무.

크리스 한, 키스 하트 (2016),『경제인류학 특강』, 홍기빈 옮김, 삼천리.

토마스 세들라체크 (2012),『선악의 경제학』, 노은아·김찬별 옮김, 북하이브.

Th. W. 아도르노, M. 호르크하이머 (2001),『계몽의 변증법』, 김유동 옮김, 문학과 지성사.

프리드리히 니체 (2020),『인간적인 너무나 인간적인 I』, 김민기 옮김, 책세상.

한성안 (2010),「진화경제학의 유토피아로서 '에브토피아'」,『사회경제평론』34.

_____ (2020),『진보집권 경제학』, 생각의 길.

허성범 (2013),「역량과 인권: 센과 누스바움」,『시민인문학』25.

홍영미 (2006),「스피노자의 코나투스 이론」,『철학연구』73.

홍훈 (2007),「신고전학과 경제학의 변화와 한국학계의 수용(1960~2006)」,『사회경제평론』29/2.

_____ (2013),『신고전학과 경제학과 행동경제학』, 신론사.

_____ (2016),『행동경제학 강의』, 서해문집.

清水禮子 (1978),『破門の哲學』, みすず書房.

若森みどり (2011),『カ―ル・ポランニ:市場社會・民主主義・人間の自由』, NTT出版.

Adaman, Fikpet, Pat Devine ed. (2002), *Economy and Society: Money, Capitalism and Transition*, Montreal etc: Black Rose Books.

Arendt, H. (1998), *The Human Condition*, Chicago: The University of Chicago Press.

Atlan, Henri (1998), "Immanent Causality: A Spinoza Viewpoint on Evolution and Theory of Action," in G. van de Vijer et al ed.

Bennet, Jane (2010), *Vibrant Matter: A Political Ecology of Things*, Durham and London: Duke University Press.

Bishop, Jordan (1994), "Karl Polanyi and Christian Socialism: Unlikely Identities," quoted in Kenneth McRobbie ed.

Blanc, Jérôme (2018), "Making Sense of the Plurality of Money: A Polanyian Attempt," in Gómez M. Georgina ed.

Block, Fred and Margaret R. Somers (2014), *The Power of Fundamentalism: Karl Polanyi's Critique*, Cambridge: Harvard Uni. Press.

Bray, Francesca (1994), *The Rice Economies: Technology & Development in Asian Societie*s, Uni. of California Press.

Bruni, Luigino (2012), *The Genesis and Ethos of the Market*, London: Palgrave Macmillan.

Buḑra, Ayşe and Kaan Aḑartan ed. (2007). *Reading Karl Polanyi for the 21st Century*, Basingstoke: Palgrave.

Buyse, F. A. (2017), "Spinoza and Christian Huygense: The Odd Philosopher and the Odd Sympathy of Pendulum Clocks," *Societate si Politica* 11/2.

Buzaglo, Jorge (2006), "Capabilities: From Spinoza to Sen and Beyond," Edward Fullbrook ed, *Real World Economics: A Post-Autistic Economics Reader*, London etc: Anthem Press,

Cangiani, M. and C. Thomasberger eds. (2018), *Economy and Society: Selected Writings*, Cambridge: Polity Press.

Commons, John R. (1961/1934), *Institutional Economics: Its Place in Political Economy* volume 2, Wisconsin: The University of Wisconsin Press.

Crespo, R. (2008), *On Sen and Aristotle*, Working Paper Series IAE, IAE Business School, Austral University.

Dale, Gareth (2010), *Karl Polanyi: The Limits of the Market*, Cambridge: Polity Press.

Dalton, George ed. (1968), *Primitive, Archaic and Modern Economies*, New York: Anchor Books.

Derrida, Jacques (2003), "Autoimmunity: Real and Symbolic Suicides," in Giovanna Borradori ed.

Dyer, Alan W. (1997), "Prelude to a Theory of Homo Absurdus: Variations on Themes from Thorstein Veblen and Jean Baudrillard," *Cambridge Journal of Economics* 21.

Exposito, Roberto (2002), *Immunitas: The Protection and Negation of Life*, Zakiya Hanafi trans, Cambridge: Polity,

_____ (2010), *Communitas: The Origin and Destiny of Community*, Stanford: Stanford University Press.

Foucault, Michel (2003), *Society Must Be Defended: Lectures at the Collège De France 1975~1976*, David Macy trans, New York: PICADOR.

_____ (2007), *Security, Territory, Population: Lectures at the Collège De France 1977~1978*, A. Davidson trans, Palgrave Macmillan.

Frantz, Roger (2005), *Two Minds: Intuition and Analysis in the History of Economic Thought*, New York: Springer.

Friedman, Milton (1991), "The Island of Stone Money," Working Paper in Economics E-91-3, The Hoover Institution Stanford University.

Fromm, Eric (1965), *Escape from Freedom*, New York: Holt.

Fullback, Edward ed. (2006), *Real World Economics: A Post-Autistic Economics Reader*, London etc: Anthem Press.

Furness, William Henry Ⅲ (1910), "The Island of Stone Money,"quoted in Milton Friedman(1991).

Giovanna Borradori ed. (2003), *Philosophy in a Time of Terror: Dialogues with Jürgen*

Habermas and Jacques Derrida, Chicago: Uni. of Chicago Press.

Glimcher, Paul W. (2003), *Decisions, Uncertainty, and the Brain: The Science of Neuro Economics*, NY: MIT Press.

Godbout, J. T. (2000), "Homo Donator versus Homo Oeconomicus," Antoon Vandevelde ed, *Gifts and Interest*, Leuven: Peeters.

Gómez M. Georgina ed. (2018), *Monetary Plurality in Local, Regional and Global Economies*, London and New York: Routledge.

Guizzo, Danielle and Lara Vigo de Lima (2017), "Polanyi and Foucault on the Issue of Market in Classical Political Economy: Complementary Approaches to the Radical Theory of Social Control," *Review of Radical Political Economics* vol. 49/ no. 1.

Hart, Keith (1986), "Heads or Tails? Two Sides of the Coin," *Man*, New Series 21/4.

_____ (2009), "Money in the Making of World Society." Chris Hann and Keith Hart eds, *Market and Society: The Great Transformation Today*, New York etc: Cambridge University Press.

Hill, Mike and Warren Montag (2015), *The Other Adam Smith*, California: Stanford Uni. Press.

Hornborg, Alf (2017), "How to Turn an Ocean Liner: A Proposal for Voluntary Degrowth by Redesigning Money for Sustainability, Justice, and Resilience," *Journal of Political Ecology* 24.

Jessop, Bob (2007), "Knowledge As a Fictitious Commodity: Insights and Limits of a Polanyian Analysis," in Ayşe Buğra and Kaan Ağartan eds.

Kahneman, D. (2003), *Thinking, Fast and Low*, London: Allen Lane, Penguins Books.

Kapp, K. W. (1978), *The Social Costs of Business Enterprise*, Nottingham: Spokesman University Paperback.

Kaucky, L. (2016), "Was Spinoza a Forerunner to Darwin," Draft paper written 2016 prior to presenting it at the Philosophy Summer School, http://www.researcherid.com/rid/P-2484-2016.

Kenneth McRobbie, ed. (1994), *Human, Society and Commitment*, Montreal etc: Black Rose Books.

Keynes, John Maynard (1936), *The General Theory of Employment Interest and Money*, Cambridge: Macmillan.

Lash, Scott (2018), *Experience: New Foundation for the Human Science*, Cambridge: Polity

Lewis, John, Karl Polanyi, Donald K. Kitchin eds. (1972), *Christianity and the Social Revolution*, NY: Books for Libraries Press).

Lordon, Frédéric (2014), *Willing Slaves of Capital*, Gabriel Ash trans., London etc: Verso.

Maucourant, Jérôme (2002), "Polanyi on Institutions and Money: An Interpretation Suggested by a Reading of Commons, Mitchell and Veblen," in Fikpet Adaman, Pat Devine eds.

Mauss, Marcel (1967), *The Gift*, New York: Norton & Company.

Mbembe, Achille (2003), "Necropolitics," *Public Culture* 15/1.

Mini, Piero V. (1974), *Philosophy and Economics*, Gainesville: The University Presses of Florida.

Montag, Warren (2005), "Necro-economics: Adam Smith and Death in the Life of the Universal," *Radical Philosophy* issue 134 series, https://www.radicalphilosophy.com/article/necro-economics.

Nadler, Steven (2018), *Spinoza: A Life*, New York: Cambridge Uni. Press.

Nussbaum, M. and A. Sen eds. (1983), *The Quality of Life*, Oxford: Clarendon Press.

O'Brown, Norman (1959), *Life against Death: The Psychoanalytical Meaning of History*, Middletown: Wesleyan Uni. Press·

Özel, Hüseyin (2001), "The Consciousness of Death: Polanyi's Understanding of Human Nature," The 8th International Karl Polanyi Conference 12~14, Mexico City, Mexico.

Polanyi, Karl (1927), "On Freedom," M. Cangiani and C. Thomasberger eds.,

Economy and Society: Selected Writings(2018), Cambridge: Polity Press.

_____(1935), "The Essence of Fascism." in John Lewis, Karl Polanyi, Donald K. Kitchin eds.(1972).

_____(1937), "Community and Society. The Christian Criticism of Our Social Order," in M. Cangiani and C. Thomasberger eds.(2018).

_____(1947), "Our Obsolete Market Mentality," in George Dalton ed.(1968).

_____(1947~50), "Notes on Primitive Money," in George Dalton ed.(1968).

_____(1954), "Hamlet," *Yale Review* 43/3.

_____(1957), "The Economy as Instituted Process." in Karl Polanyi, Conrad M. Arensberg, and Harry W. Pearson.

_____(2010). "The good life in Industrial Society," Karl Polanyi Archive. Con-42-Fol-13.

Polanyi, Karl, Conrad M. Arensberg, and Harry W. Pearson (1957), *Trade and Market in the Early Empires: Economies in History and Theory*, New York: The Free Press.

Polanyi-Levitt, Kari and Marguerite Mendel (1987), "Karl Polanyi: His Life and Times," *Studies in Political Economy* no. 22/Spring.

Popper, K. R. (1973), *The Open Society and its Enemies*, London: Routledge.

Rodrigues, Joao (2004), "Endogenous Preference and Embeddedness: A Reappraisal of Karl Polanyi," *Journal of Economic Issue* XXXVIII/1.

Rogan, Tim (2017), *The Moral Economists*, Princeton & Oxford: Princeton University Press.

Ruskin, John (1894), *Munera Pulveris*, London: George Allen.

Schafer, F. untitled, unpublished ms, in Polanyi-Levitt, Kari and Marguerite Mendel.

Sen, Amartya (1993), "Capability and Well-bing," in M. Nussbaum and A. Sen eds..

_____(1995), *Inequality Reexamined*, New York: Harvard University Press.

_____(1999), *Development as Freedom*, New York: Anchor Books.

Servet, Jean-Michel (2007), "Le Principe de Réciprocité chez Karl Polanyi, Contribution à une Définition de L'Économique Solidaire," *Revue Tiers Monde* no. 190.

Thomasberger, C. (2003), "Freedom and Responsibility: Karl Polanyi on Freedom," Paper Presented at the 9th International Karl Polanyi Conference, Montral: Concordia University.

Thomasberger, C. and M. Cangiani, ed. (2018), *Economy and Society: Selected Writings*, Cambridge: Polity Press.

Townsend, Joseph (1786), *A Dissertation on the Poor Laws by a Well-Wisher to Mankind* Republished(1817), London: Ridgeways.

Tsing, Anna (2015), *The Mushroom at the End of the World*, New Jersey: Princeton University Press.

Veblen, Thorstein (1898), "Why is Economics an Evolutionary Science," in Thorstein Veblen(2006).

_____ (1932), *The Theory of Business Enterprise*, New York: Scribner's.

_____ (2006), *The Place of Science in Modern Civilization*, New Brunswick etc: Transaction Publishers.

Vijer, G. van de et al eds. (1998), *Evolutionary Causality: Biological and Epistemological Perspective on Selection and Self-organization*, Netherlands: Springer Science etc.

Weiner, Annette (1992), *Inalienable Possessions: The Paradox of Keeping While Giving*, Berkeley: University of California Press.

White, Lynn Jr. (1964), *Medieval Technology & Social Change*, London etc: Oxford Uni. Press.

Whitehead, A. (2007), *The Concept of Nature*, New York: Cosimo, Inc.

Wray, L. Randall (2012), *Modern Money Theory: A Primer on Macro-economics for Sovereign Monetary Systems*, NY: Palgrave Macmillan.

Yantsch, Erich (1979), *The Self-organizing Universe*, Oxford: Pregamon Press.

Zuolo, F. (2004), *Sen's Capability Theory: Spinoza beyond Aristotle* 1-8, https:// www. researchgate.net/publication/268433701_SEN%27S_ CAPABILITY_ THEORY_SPINOZA_BEYOND_ARISTOTLE·

찾아보기